Die Straße ist ein gefährlicher Ort geworden für Berber, aber für Richard Brox war sie drei Jahrzehnte lang auch das Reich der Freiheit, der Selbstbestimmung und der Würde. Seine Website mit Tipps und Bewertungen sozialer Anlaufstellen in vielen Städten der Republik machte ihn zum wohl bekanntesten Obdachlosen Deutschlands. Hier erzählt er seine Geschichte, die erschütternden Erlebnisse eines begabten Jungen, der es schafft, aus den Gewalterfahrungen seiner Kindheit und der Drogenkarriere seiner Jugend auszubrechen und sich freizukämpfen. Es ist zugleich ein Lehrstück über die Schattenseiten unserer Gesellschaft und ihre soziale Verwahrlosung.

Richard Brox wurde 1964 in Mannheim geboren. Er kam früh, mit fünf, in das erste Heim und durchlief danach eine «Heimkarriere», flüchtete vor sexuellen Übergriffen, verweigerte die Schule, galt als schwer erziehbar. Nach einem Drogenentzug Mitte der 1980er Jahre verbrachte er 30 Jahre auf der Straße. Derzeit lebt er in Köln.
Dirk Kästel ist Journalist sowie Gründer und Vorstandsvorsitzender des Vereins *kunst hilft geben für Arme und Wohnungslose in Köln e. V.*
Albrecht Kieser gehörte lange zum Kollektiv des Rheinischen Journalistenbüros und arbeitet heute als freiberuflicher Autor. Er lebt in Köln.

Richard Brox
mit Dirk Kästel (Recherche) und Albrecht Kieser (Text)

Kein Dach über dem Leben

Biographie eines Obdachlosen

Mit einem Vorwort von
Günter Wallraff

Rowohlt Taschenbuch Verlag

7. Auflage April 2018

Originalausgabe
Veröffentlicht im Rowohlt Taschenbuch Verlag,
Reinbek bei Hamburg, Januar 2018
Copyright © 2018 by Rowohlt Verlag GmbH, Reinbek bei Hamburg
Dieses Buch wurde gefördert von *kunst hilft geben für Arme und
Wohnungslose in Köln e. V.*
Lektorat Frank Strickstrock
Umschlaggestaltung ZERO Media GmbH, München
Umschlagabbildung Tim Ilskens
Schrift aus der Minion Pro PostScript (InDesign) bei
Dörlemann Satz, Lemförde
Druck und Bindung CPI books GmbH, Leck, Germany
ISBN 978 3 499 63294 5

«*Nicht mit Brandsätzen und Brandanschlägen beginnt der Hass gegen Minderheiten zu keimen, sondern mit diskriminierendem Gerede, dem nicht der energische Widerspruch entgegengesetzt wird.*»

Rita Süssmuth

Für Ralph Scheuermann

* 1. 6. 1957; † 30. 6. 2017

Weggefährte in obdachlosen Zeiten, mit dem ich
die Schmerzen seiner Einsamkeit geteilt habe.

Inhalt

II

EIN VERSTÖRTES KIND

«DIE LIEBE DES HERRN»

ES GEHT NOCH SCHLIMMER

III

WENDEPUNKT

SPURENSUCHE

FESTGEMACHT

NACHWORT VON DIRK KÄSTEL

VORWORT VON GÜNTER WALLRAFF
Überleben

Ich habe erst das Werk von Richard Brox kennengelernt, dann den Menschen. Sein Werk, das war der Überlebens-Ratgeber für Obdachlose, den er im Internet aufgebaut hat. Ich war auf der Suche nach einem Insider, denn ich wollte an den Beginn meiner unerwünschten Reportagen anknüpfen und nach fast einem halben Jahrhundert erneut über Menschen berichten, die sich ohne Dach über dem Kopf durchs Leben schlagen.

So stieß ich auf eine Website, www.ohne-wohnung-was-nun.de*, und war beeindruckt von diesem *Hotelführer* und Ratgeber für Menschen auf der Straße: Da wurden präzise, differenziert und nachvollziehbar Vorzüge und Nachteile einer großen Zahl von Obdachloseneinrichtungen beschrieben. Jede einzelne musste der Verfasser besucht haben, von Vorurteilen ließ er sich offensichtlich nicht leiten, vorschnelle Verallgemeinerungen waren nicht sein Ding. Denn wenn er zum Beispiel einem bundesweit agierenden Sozialverband vorwarf, seine Unterkunft an dem einen Ort sei verkommen und versifft, konnte er derselben Institution durchaus bescheinigen, an einem anderen Ort führe sie ihr Haus ganz anständig. Außerdem schien der Mensch hinter dieser Internetseite Einfluss zu haben, er wurde ernst genom-

---

* Heute heißt seine Seite: *http://ohnewohnung-wasnun.blogspot.de/*

men, seine Kritik veranlasste schon damals manchen Betreiber zu Korrekturen.

Als wir uns im Dezember 2008 in Köln verabredeten, lernte ich den Menschen hinter dem Werk kennen. Seitdem sind wir in Kontakt; phasenweise war er sehr eng und intensiv, dann wurde er wieder lose, und dies Hin und Her dauert bis heute an.

Ich habe viel von Richard Brox gelernt. Nicht nur über Schach, weil er der weit bessere Schachspieler ist, jemand, der an Fernschachturnieren teilnimmt. Nur ein Spiel habe ich gegen ihn gewonnen, und das hoffentlich nicht aus Freundlichkeit, damit ich überhaupt noch weiter mit ihm spielte. Er hat mir auch viele neue Erkenntnisse über das Leben der Menschen ohne eigene vier Wände vermittelt. Damit meine ich nicht nur konkrete Hinweise, Adressen und Schilderungen von Einrichtungen, die mir bei den Recherchen zu meiner Reportage «Unter Null» sehr geholfen haben. Ich meine auch tiefere Einsichten in die Lebens- und Leidensumstände, denen Menschen ohne Obdach unterworfen sind.

Richard Brox, ein hochintelligenter Mann, dem die Straße, die ihn über Jahrzehnte gezeichnet hat, diese Klugheit nicht nehmen konnte, hat sich mir nicht vom einen auf den anderen Tag anvertraut. Warum auch? Es herrscht Vorsicht, ja Misstrauen unter denen, die *Platte machen,* weit mehr als unter denen, die in Arbeit sind und in Wohnhäusern leben. Wenn die anderen zu viel über dich wissen, kann sich so etwas womöglich irgendwann gegen dich kehren. Also schützt du dich besser mit phantasievollen Geschichten, umgibst dich mit Fabeln und Märchen, die höchstens einen Zipfel deiner Wirklichkeit sehen lassen. Spannend müssen sie sein und sie sollen spontanes Mitgefühl auslösen. Daraus folgen nämlich bei Menschen, die halbwegs empathisch reagieren, Zuwendungen, emotionale und pekuniäre. Darauf sind Obdachlose angewiesen. Richard Brox berichtet in seinem Buch von diesen Zusammenhängen, von seinen eigenen Legenden und wie er sich von ihnen befreit hat.

Ich habe von Richard Brox außerdem gelernt: Der Weg zur eigenen biographischen Wahrheit ist für viele *Berber* (und natürlich nicht nur für sie) schwer und langwierig. Menschen, die aus der Enge der Häuser auf die Straße geflohen sind, haben für ihre Flucht triftige Gründe. Und sich ihnen zu stellen, ist häufig kaum zu ertragen. Das ist ein weiterer Grund, warum die eigene Lebensgeschichte mit allerlei Legenden zugedeckt wird: nicht nur, um sich vor den Blicken der anderen zu schützen, sondern auch vor der eigenen Angst.

Die wirkliche Lebensgeschichte, die Richard Brox in diesem Buch offenbart, ist ungleich dramatischer als jene, die er mir erzählt hat, als wir uns schon eine Zeitlang kannten. Wie viel Kraft hat dieser Mann aufwenden müssen, wie viele Abgründe und Entsetzlichkeiten erneut durchleben müssen, um diese ergreifende Biographie zustande zu bringen! Von den Grausamkeiten lesen wir, die die Eltern in der Nazi-Zeit durchleiden mussten und die sich in der nächsten, in Richards Generation festkrallten, von der staatlich gebilligten oder zumindest nicht unterbundenen Gewalt, die bis in die 1990er Jahre den Alltag von Kindern in Heimen und Verwahranstalten prägte. Und von der großen Not der Straße.

Ich habe in meiner Rolle als Obdachloser für meine Reportage «Unter Null»* viele Menschen auf der Straße kennengelernt,

---

*   Die Reportage «Unter Null» hat Eingang gefunden in mein Buch «Aus der schönen neuen Welt», der Film «Unter Null» ist neben anderen Reportagen auf der DVD «Günter Wallraff – undercover: Reportagen aus der schönen neuen Welt» zu finden.

die von ähnlich dramatischen Gewalterfahrungen oder Lebensbrüchen gezeichnet waren wie Richard Brox.

Menschen aus allen Schichten und von jedweder Bildung und aus allen Berufsständen. Es waren familiäre Dramen wie Krankheit, Scheidungen, berufliche Abstürze oder der Tod des geliebten Partners, die diese Menschen auf die Straße geworfen haben.

Dazu einige Zahlen: Nach letzten Schätzungen – eine amtliche Statistik gibt es nicht (!) – haben immer mehr Menschen in Deutschland keine eigene Wohnung. Von 2012 bis 2014 ist ihre Zahl um 18 Prozent auf 335 000 Menschen gestiegen. Jeder Zehnte von ihnen *macht Platte*, lebt also auf der Straße, das sind 50 Prozent mehr als 2012; die anderen kommen bei Freunden und Verwandten oder in Notunterkünften unter. Bis 2018 wird ihre Zahl vermutlich um noch einmal um 60 Prozent steigen. Mehr als eine halbe Million Menschen werden dann über keine eigene Wohnung verfügen, 60 000 Obdachlose werden dann auf der Straße leben. Die meisten von ihnen sind Männer, aber die Zahl der Frauen und Kinder steigt stetig an. Ein gesellschaftlicher Skandal ersten Ranges.

Dass ich für meine Reportage «Unter Null» das Leben mit Menschen auf der Straße und in den Nachtasylen geteilt habe, wurde übrigens von manchen kritisiert. Das sei anmaßend, für mich ein Spiel auf Zeit gewesen. Ob als verkleideter Obdachloser oder als Schwarzer: ich könne das Schicksal der Betroffenen nicht wirklich teilen.

Sicherlich, ich bleibe auch als Obdachloser oder Schwarzer, als Fließbandarbeiter oder Psychiatriepatient der, der ich bin – und doch verändere ich mich, weil ich mich mit Leib und Seele einer anderen Realität aussetze. Wenn ich lange genug eine andere Identität annehme, träume ich sogar in ihr: als Schwarzer, als Obdachloser, als Türke Ali. Ich habe die Erfahrungen aus meinen anderen Identitäten mitgenommen, wenn ich wieder zu mir selbst und in gesichertere Gefilde zurückkehrte.

Ich hätte sonst Richard Brox nicht wirklich kennengelernt. Die gemeinsam durchgestandenen Nächte in Asylheimen haben ein weitaus tieferes Verständnis für einander ermöglicht, als es Interviews oder noch so ausführliche Befragungen jemals könnten. Auch wenn ich mit ihm nicht alle Erfahrungen geteilt habe: Auf der Straße bei fünfzehn Grad unter Null zu nächtigen, als türkischer Arbeiter ohne Schutzmaske Giftstäube zu entsorgen oder als Schwarzer in einen Zug voller alkoholisierter Hooligans zu steigen – so etwas kann ich anderen nicht zumuten. Da gehe ich mein ganz persönliches Risiko ein – auch das gehört zu meinem Berufsverständnis.

Ich habe mich durch meine leibhaftigen Erfahrungen, allein und an der Seite von Richard Brox, von Klischees gelöst, die auch ich über die *Abgerissenen* hatte. Als Zugehöriger, der ich wenigstens eine Zeitlang war, habe ich sie persönlicher, und das heißt mitfühlender kennengelernt; deshalb gebe ich heute auch den jungen Leuten, die mit ihren Hunden auf dem Gehweg lagern – nicht zuletzt, weil in den meisten Nachtasylen Hunde verboten sind –, aus Überzeugung immer wieder etwas Geld.

Die Langzeitfolgen des Lebens auf der Straße – die ständige Flucht vor der bedrohlichen Vergangenheit, die Unfähigkeit zu dauerhaften Bindungen – kann wohl niemand ohne weiteres überwinden, der viele Jahre Platte gemacht hat. Ich kenne das auch von Richard Brox: das Gefühl stetigen Scheiterns, den Hang, Kritik als Attacke misszuverstehen, die wütend verzweifelten Schuldzuweisungen, dazwischen eine Hilfsbereitschaft bis zur Selbstverleugnung. Es ist ungeheuer schwer, die eigene Seele im eigenen Körper wieder sesshaft zu machen und in ihr das

Selbstvertrauen zu verankern, das Menschen wie Richard Brox abhandenkam, weil es ihnen in ihrer Kindheit und Jugend aus dem Leib geprügelt wurde.

Ich wünsche Richard Brox diese Sesshaftigkeit. Ich wünsche ihm eine berufliche Zukunft, in der er auf eigenen Beinen steht, zum Beispiel als Streetworker, der seinen Leuten einen Weg zu sich selbst zeigt und der sich gegen das allmähliche Sterben auf der Straße stemmt.

Und ich wünsche seiner Autobiographie viele Leserinnen und Leser.

I

AUSGESETZT

In den Straßen von Mannheim

Ich bekam noch eine Galgenfrist. Eine Viertelstunde wird es gewesen sein, die sie mir gewährten. Dann musste ich endgültig raus. 21 Jahre war ich alt. Vor vier Monaten, im Dezember 1985, war meine Mutter meinem Vater gefolgt, wenn auch erst acht Jahre später. Nun waren beide tot. In diesen vier Monaten hatten die Behörden mir die elterliche Wohnung noch gelassen. Das sei eine «rechtlich nicht bindende» Schonfrist, machten sie mir mehr als einmal klar. Die Wohnung sei nicht angemessen für einen «Alleinstehenden». Zwei und ein halbes Zimmer – so viel stehe mir als Sozialhilfeempfänger nicht zu.

Nicht dass ich diese zweieinhalb Zimmer ständig genutzt hätte. Ich war schon seit dem Tod meines Vaters 1977, 51 Jahre alt war er nur geworden, ein Flüchtender. Ich war damals 13 und trieb mich herum, streunte durch Heime, über Straßen und schlief, wo ich mich zusammenrollen konnte. Dennoch: Das Elternhaus, das nur eine Wohnung in einem Mietshaus war, blieb meine Zuflucht, wenn ich nicht mehr weiterwusste oder wollte. Oder wenn mich die Sehnsucht zu meiner Mutter trieb.

An diesem Morgen im April 1986 kam um sieben Uhr die Polizei. Gemeinsam mit dem Gerichtsvollzieher und einem Räumkommando aus drei Muskelpaketen standen zwei Beamte in Uniform vor meiner Wohnungstür. Sie klingelten Sturm. Irgendwann merkte ich, dass sie mich meinten, kam schlaftrunken auf die Beine und öffnete. Das war nicht meine Zeit. Ich lebte in den Nächten, verquirlte wache und weggeträumte Stunden mit Hilfe von Alkohol und Kokain zu einer dicken Soße. Ich war nicht immer bei Sinnen, auch wenn ich bei Bewusstsein war. Was wollten diese Leute vor mir? Was war das für ein Wisch, den sie mir vor die Nase hielten? Warum drängten sie mich zur Seite? Sahen sich um wie die Habichte, die auf Beute niederstoßen wollten?

Was taten jetzt diese beiden Männer, die sich am Klavier meiner Mutter zu schaffen machten? Das waren Irre! Diebe! Leichenfledderer! Sie packten *ihr* Klavier an! Meine Mutter war doch gerade erst tot! *Ihr* Klavier! An dem sie gesessen, gespielt und gesungen hatte! Da hatte ich sie doch gerade noch sitzen sehen. Und ich hatte ihr zugehört. Wie sie spielen konnte! Wie sie singen konnte! Ich lehnte an der Wand des Wohnzimmers, noch immer im Schlafanzug und in einer Art Schockstarre.

Zwei Männer hatten Gurte umgelegt, sie stemmten mit ihnen das Klavier hoch und schlurften schwer atmend mit ihrer Last nach draußen. Ein dritter schnappte sich zwei Stühle, klemmte die Lehnen aneinander und stellte zwei weitere, Lehne an Lehne, daneben. Dann trug er alle vier weg, zwei rechts, zwei links. Alle Stühle, die wir hatten!

Offensichtlich wurde vor meinen Augen die Wohnung meiner Eltern leer geräumt. Das begriff ich allmählich, obwohl ich immer noch reglos an der Wand lehnte. Ich sah es und kroch immer mehr in mich hinein, je mehr hinausgetragen wurde. Da! Die Trompete meines Vaters! Ein heiliger Gegenstand. Sein Akkordeon! Ich registrierte es hinter einem Schleier aus Angst und Schrecken. Das Sofa! Mein Sofa, auf dem ich oft als Kind geschlafen hatte, wenn meine Mutter und mein Vater mich nicht in ihrem Bett haben wollten. Ein eigenes Bett hatte ich keines.

Die Möbel würden in ein Lager gebracht. So viel hatte ich mittlerweile verstanden, der Gerichtsvollzieher hatte es mir wohl mehrfach gesagt. Wo und wie lange sie dort aufbewahrt werden würden, wurde mir nicht mitgeteilt. Vielleicht registrierte ich den Hinweis auch nicht. Genauso wenig, wie ich registriert hatte, dass der Besuch des Gerichtsvollziehers angemeldet war. Am 1. April, an diesem klassischen Scherzkekstag, sollte ich allen Ernstes rausfliegen aus meiner Wohnung.

Ich hatte mich inzwischen angezogen, wie in Trance, vielleicht war mir kalt geworden, ich weiß es nicht mehr. Ich lehnte wieder an der Wand, irgendwer fragte, ob das meine Sachen seien, da in dem Schrank. Es sah nach jugendlichen Klamotten aus, ja, dann mussten es wohl meine Sachen sein. Und im Bad das Zeugs, ob das auch mir gehören würde? Ich solle jetzt mal endlich in die Pötte kommen und einpacken, was ich mitnehmen wollte. «In einer Viertelstunde ist hier Schicht», mahnte der Gerichtsvollzieher, der die ganze Prozedur mit verschränkten Armen beobachtete. Die zwei Polizisten waren schon nicht mehr anwesend; offensichtlich hatten sie wohl befürchtet, ich könnte womöglich ausklinken, gewalttätig werden, mich auf die Möbelpacker stürzen und ihnen den letzten Teppich oder den letzten Kochtopf entreißen. Ich tat tatsächlich nichts dergleichen, ich folgte der Aufforderung und präparierte zwei Plastiktüten. Ja, ich präparierte sie, ich steckte zwei Tüten ineinander. Sie sollten nicht reißen, ich würde sie vollstopfen, um wenigstens das Wenige zu retten, was hineinpasste. Und hineindurfte. Denn der Gerichtsvollzieher beobachtete sehr genau, was ich mitnehmen wollte. Den Schmuck meiner Mutter zum Beispiel konfiszierte er, denn die Räumung war zugleich eine Pfändung. Dass ich die

Eheringe meiner toten Eltern mitnehmen durfte, nannte er ein großherziges Entgegenkommen.

Ein paar Schuhe, einmal Klamotten zum Wechseln, Zahnbürste, Rasierzeug und ein Handtuch aus dem Bad: Das füllte eine Tüte. In die andere verfrachtete ich zwei Fotoalben, irgendwelche Dokumente, meine Geburtsurkunde, die in Papier eingewickelten Eheringe, einen Armreif meiner Mutter, eine billige Uhr meines Vaters, die teure wurde einbehalten. Nicht mal meine Schlagzeugstöcke und meinen Walkman ließ der gestrenge Gerichtsvollzieher mir. 20 Mark Handgeld durfte ich behalten, der Rest meines Barvermögens verschwand in der Aktenmappe des Beamten, als Taschenpfändung.

Die Wohnung war mittlerweile leer geräumt. Die Schritte der Männer hallten von den Wänden wider, die Stimmen klangen hohl. Den Boden kehrte niemand. Die Zimmer mussten nicht besenrein übergeben werden. Sie mussten nur leer sein. Ich stand noch drin, als einzig erwähnenswerter Rest. Der Gerichtsvollzieher schob mich sanft hinaus. Draußen ließ das Räumkommando den Lkw-Motor an. Er hustete eine schwarze Wolke. Deine Tüten, sagte der Gerichtsvollzieher. Was? Ah ja, meine Tüten. Ich schnappte sie mir. Die Schlüssel, sagte der Gerichtsvollzieher. Ich gab ihm meinen Wohnungsschlüssel und meinen Haustürschlüssel. Der Amtsgewaltige schloss die Tür zu meinem Elternhaus, zu meiner Elternwohnung, zweimal um und verstaute den Schlüssel in seiner Aktentasche. Tschüss, mach's gut, sagte er. Wie ein Kumpel sagte er das. Ich konnte ihm nicht folgen. Ich schüttelte den Kopf, er schob mich noch einmal sanft zur Treppe. Unten stieg er in sein Auto.

Ich war ohne Obdach.

Ein Blick zurück auf mein elterliches Haus. Ein graues hässliches Haus in einem hässlichen Stadtteil von Mannheim. Davon hat diese Arbeiterstadt an Rhein und Neckar mehr als genug. Der Lkw und das Auto mit dem Beamten waren weg. Ich war stocknüchtern und fror trotz des milden Frühlingsmorgens. Die Uhr zeigte elf, allzu lange hatte das Leerräumen nicht gedauert. Allmählich geriet ich in Panik, dazu gesellte sich Wut. Der Boden war mir unter den Füßen weggezogen worden. Ich stand draußen, mir wehte eine sehr windige Sorte Freiheit um die Nase, die ich bis dahin, auf meinen vielen Wegen in offenes Gelände, unter freiem Himmel noch nicht geschmeckt hatte. Bitter lag sie mir auf der Zunge.

Der Sachbearbeiter auf dem Sozialamt hatte mir schon seit Anfang des Jahres in den Ohren gelegen, dass ich mir etwas anderes suchen sollte. Eine kleinere Wohnung, noch billiger. Ich wollte nicht. Und so recht konnte ich auch nicht mit meinem viel zu häufig zugedröhnten Kopf. Dass ich es nicht einmal gemusst hätte, erfuhr ich leider viel zu spät. Viele Jahre später, viele Jahre klüger. Es war eine Willkürentscheidung, mit der mich der Sachbearbeiter aus der Wohnung warf. Es hätte in seinen Entscheidungsspielraum gepasst, wenn er mich dort gelassen hätte. Spielraum, was für ein Wort, wo es um ein Dach über dem Kopf geht. Und das Dach über meiner elterlichen Wohnung war mehr, es war bis dahin das Dach über meinem Leben gewesen. «Your last shelter», hätte mein Vater wohl gesagt. Wir sprachen manchmal Englisch miteinander.

Dass ich in dieser Stunde in einen dreißigjährigen Krieg gestoßen wurde, einen ums Überleben auf der Straße, war mir nicht klar. «Dreißigjähriger Krieg» – war das eine Metapher für mein kommendes Leben? Vielleicht nicht in diesem Moment, aber am nächsten Morgen. Da fing er an, dieser Krieg, der vielleicht auch nach 30 Jahren noch nicht zu Ende ist.

Weniger ist mehr?

Wie betäubt lief ich mit meinen beiden Tüten, in denen nun meine wichtigsten und letzten Habseligkeiten steckten, planlos durch irgendwelche Straßen. Kein Sofa, zu dem ich in der Not zurückkehren konnte, kein Klavier, keine Trompete, kein Zimmer, keine Küche, kein Bad, kein fließendes Wasser, kein Klo. Keine Musikanlage. Keine Musikanlage! Keine CB-Funkgeräte! Und kein einziges Buch. Ich konnte nämlich durchaus lesen, auch wenn ich zusammengenommen wohl nur vier Jahre die Schule besucht hatte. Ja, ich las sogar gerne. Wenn ich klar denken konnte und wenn mir danach war. Ich war ja nicht blöd.

Ich kannte Mannheim wie meine Westentasche, natürlich auch die schachbrettartige, für Fremde verwirrende Straßeneinteilung im Zentrum, wusste aber nicht, wo ich entlanglief. Meine beiden Plastiktüten fest umklammert. Gegessen habe ich nichts, getrunken habe ich auch nichts, nur umhergelaufen bin ich. Irgendwann abends landete ich auf Planquadrat U5, einer Anlaufstelle für Obdachlose. Der Typ war nicht unfreundlich, fragte nicht viel, ich auch nicht, ich zeigte nur auf meine beiden Plastiktüten und murmelte etwas von Zwangsräumung und dass ich jetzt kein Bett und nichts mehr hätte. Mannheim hatte für solche Fälle eine Übernachtungsstelle, eben die im Planquadrat U5. Für mich und meine zwei Plastiktüten. Und noch einige Obdachlose mehr mit ihren Tüten oder sonst welchen Behältnissen für sonst welche Habseligkeiten.

Ich bekam etwas zu essen, Abendbrot in der Kantine, und etwas zu trinken, Früchtetee. Ich hatte keinen Alkohol dabei, nicht mal daran hatte ich gedacht, als ich durch die Stadt geirrt war. Nach dem Essen steckte man mich in einen der Schlafräume, mich und weitere 19 Männer. Mir schien, jeder von uns hatte nicht einmal einen Quadratmeter Platz, auf dem er sich drehen und wenden konnte, ohne jemand anderen anzustoßen.

Zehn Doppelstockbetten standen im Raum. Gestank stand auch im Raum, er legte sich auf den Geschmack des Wurstbrots, den ich noch im Mund hatte. Die Krakeelerei der anderen, das Geschimpfe und Schnarchen schmerzten mir in den Ohren. Erschöpft fiel ich aufs Bett, ich hatte eines der unteren ergattert. Ans Fußende meines Bettes stellte ich die beiden Tüten. Ich sprach mit niemandem, ich wollte niemandem zuhören, ich überhörte das Gekeife, die Brüller, das Gejammere. Irgendwann schlief ich ein.

Als ich am nächsten Morgen aufwachte, standen die Plastiktüten nicht mehr an ihrer Stelle. Ich sprang aus dem Bett, in das ich mich in voller Montur gelegt hatte, aus Ekel vor der Matratze, vor dem Laken, vor der Bettdecke. Die Tüten standen auch nirgendwo anders. Sie waren weg. Ich schrie zwei oder drei der Männer an, die noch im Raum waren, erntete Schulterzucken und ein Grinsen. Einer murmelte, dass man so doof ja wohl nicht sein könne, das sei hier doch kein Tütenaufbewahrungslager. Ich kroch unter jedes der zehn Etagenbetten, schlug Decken auf, warf Kopfkissen zur Seite und auf den Boden. Nichts. Ein kaltes Kribbeln stieg mir von den Beinen nach oben bis zur Brust, bis ins Gesicht. In den Tüten war alles, was mir außer der Bekleidung am Leibe noch geblieben war. Erinnerung findet im Kopf statt. Aber geht Erinnerung ganz ohne Gegenstände? Ich war kein Buddha, ich war 21 Jahre und drogenabhängig. Ich hatte, so war es mir vorgekommen, als ich am Vortag mein Zuhause verlassen musste, meine wichtigsten Erinnerungen mitgenommen, eingefangen in ein bisschen billigem Schmuck und ein paar Gegenständen, die meinen Eltern oder mir selber ge-

23

hört hatten, in den wenigen Fotos meiner Familie, meiner Kindheit. Jetzt war nichts mehr da.

Ich stolperte heraus aus dem nach Pennernacht stinkenden Schlafraum zum Schließer der Notunterkunft, der in seiner Kabine hockte und auf das Ende seiner Schicht wartete. Ich habe nicht geweint, ich habe nicht einmal gejammert, so viel Selbstachtung besaß ich noch. Allerdings fehlte nicht viel, und mir wäre die Wut herausgeplatzt aus meiner Haut, als ich ihn fragte, ob jemand mit meinen Tüten an ihm vorbeigekommen wäre. Er schaute mich an wie ein Kleinkind, das von ihm wissen wollte, ob der Mond hier gerade als gelber Käse vorbeigerollt wäre. Hier sind zwei Dutzend Tüten vorbeigekommen, jeder hat welche, meinte er kopfschüttelnd, was glaubst du denn? Dann erklärte er mir, ich sei selbst schuld, ich hätte einfach besser aufpassen müssen.

Da drehte ich durch. Ich schrie, ich trat gegen seine Tür, er solle rauskommen, ich würde ihn fertigmachen, warum er mich nicht gewarnt hätte. Du Sau, ich schlag dir den Schädel ein, habe ich geschrien. Er hütete sich, aus seinem Kabuff zu kommen, ich war groß, ich war stark, und ich wollte an irgendjemandem meine Wut auslassen. Er wäre verrückt gewesen, hätte er sich dafür hergegeben. Er blieb, wo er war, und erteilte mir Hausverbot.

Als ich weiter tobte, meinte er hinter seiner Scheibe, ich könne ja bleiben. Aber dann würde die Polizei das übernehmen. So stand ich am ersten Tag nach der Zwangsräumung ohne alles, nur mit dem, was ich am Leibe trug, und mit 20 Mark um kurz nach sechs Uhr früh im Freien. Draußen rauschte der Verkehr, und die Freiheit rauschte in meinem Kopf. Frei von der Wohnung, frei von allen Dingen, die ich vor einem Tag noch mein Eigentum hatte nennen können. Ganz frei.

Ich brauchte Stunden – oder waren es Tage? –, bis ich den Gerichtsvollzieher anrief, in der vagen Hoffnung, er würde mir helfen. Ich hörte seiner Stimme an, wie er die Augen verdrehte. Als ob ich die unter Verschluss gehaltenen Reichtümer meiner Eltern plündern wollte. Er verwies mich auf die Polizei, die sei bekanntlich in solchen Fällen zuständig. An mein ehemaliges Hab und Gut ließ er mich nicht heran.

Die Polizei gehörte in meinem bisherigen Leben nicht zu meinen bevorzugten Anlaufstellen. Sie hatte mich eingefangen, wenn ich ausgerissen war, angehalten, wenn ich alkoholisiert oder drogenbenebelt durch die Gegend gewankt war, nicht unbedingt freundlich kontrolliert, weil ich meist unangenehm aufgefallen war. Ich ging trotzdem zur Innenstadtwache. Sie lag an der Kreuzung G4/H3, in einem von den nach dem Zweiten Weltkrieg lieblos wieder hochgezogenen vierstöckigen Bauten des Mannheimer Zentrums.

Ich stand vor dem Tresen, hinter dem der Uniformierte mir recht unbeteiligt zuhörte. Es sei bekannt, dass in Notunterkünften geklaut würde. Da könne man nichts machen. Diese Weisheit offenbarte er ohne jede innere Regung, ein routinierter Mann, wohl doppelt so alt wie ich und von zwei geklauten Tüten sicherlich nicht zu erschüttern. Ich stierte ihn an. Was noch, wollte er wissen, ob mir diese Auskunft nicht ausreiche. Ich nickte. Ich wollte eine Anzeige erstatten. Das sei verlorene Liebesmüh. Unnötiger Schreibkram. Er sprach als Autoritätsperson. Nicht dass er es ausdrücklich sagte, aber mir war klar, er wollte keine Anzeige gegen Unbekannt aufnehmen. Er hatte bestimmt recht. Es waren ja auch nur zwei Plastiktüten mit belanglosem Kram, nichts wirklich Wertvolles. Was waren schon Eheringe von Toten? Oder gar Fotoalben?

Ich musste also unverrichteter Dinge abziehen, mich abfinden mit meinem Verlust, der außer mir niemanden interessierte. Auf der Straße war alles wie immer, Leute gingen vorbei, Autos fuhren von hier nach dort, ein paar Radfahrer, ein Lkw, zwei Häuser weiter hockte ein Bettler und sammelte Geld für seinen nächsten Schnaps oder sein Essen, was wusste ich denn. Ich hatte plötzlich Angst davor, meinen nächsten Hunger nicht stillen zu können.

Ich schenkte dem Bettler keinen Blick, ich ging an ihm vorbei, weiter, irgendwohin. Die Schlafstelle war mir verboten. Also lief ich auch an diesem zweiten Tag als Zwangsgeräumter planlos und ziellos durch die Straßen von Mannheim. Warum habe ich keinen Freund aufgesucht? Warum habe ich nicht Unterschlupf bei einer Freundin gesucht? Mochte ich mich niemandem anvertrauen? Schämte ich mich meiner wohnungslosen und völlig besitzlosen Nacktheit?

Amtlicher Luxus

Ja. Ich schämte mich meiner Schutzlosigkeit. Wer selber nichts zu bieten hat, muss sich aufdrängen oder sogar unterwerfen, wenn er Hilfe braucht. Das ist schwer. Leichter ist es, sich auf eine Parkbank zu legen. Nein. Es ist nicht wirklich leichter. Dort stellt man sich öffentlich zur Schau, man ist erkennbar ohne Schutz. Ich war doch kein Penner!

Wenn ich in den nächsten Tagen auf einer Parkbank lag, dann immer nur für Minuten. So kam es mir vor. Denn wer auf einer Parkbank liegt, kann davongejagt werden wie ein räudiger Hund. Vielleicht lag ich trotzdem länger dort, wahrscheinlich bin ich auch eingenickt. Und wieder hochgeschreckt. Bevor mich jemand einen räudigen Hund schimpfen konnte. Hochgeschreckt bin ich, weitergelaufen. Parkbänke waren nicht die Lösung, das wusste ich.

Nach meiner ersten traumatischen Nacht als «echter» Obdachloser in einer Obdachlosenunterkunft blieb ich wie betäubt und fand keine Lösung. Ich erinnerte mich nicht daran, dass ich schon als Jugendlicher Platte gemacht hatte, dass ich monatelang mit Punks unterwegs gewesen war und das Überleben auf der Straße für mich nicht wirklich neu war. Aber all diese Erfahrungen waren wie weggewischt. Die Sicherheit, die ich damals erworben hatte, war einer abgrundtiefen Hilflosigkeit gewichen. Ich war nichts als Lethargie. Das Kokain, das ich mir besorgt hatte, half mir auch nicht auf. Es verstärkte nur den Nebel, in dem ich umherirrte wie ein Geist, der nicht nur sein Zuhause verloren hatte, sondern dabei war, sich selber zu verlieren.

Warum hatte ich mich nicht einmal in einer Kleiderkammer mit dem Nötigsten versorgt, bevor die nächste Nacht hereinbrach? Warum hatte ich mir nicht wenigstens eine Decke oder einen Schlafsack besorgt? Der Schock, zum ersten Mal ohne den heimischen Rückzugsort in der elterlichen Wohnung zu sein, hatte mich offensichtlich derart handlungsunfähig gemacht, dass ich an diesem zweiten Abend weiterhin nur mit dem, was ich am Leibe trug, die Nacht erwartete. Als es dunkel wurde, überraschte mich ein heftiger Regen. Es rauschte ein derartiges Aprilwetter nieder, dass ich mich in die nächste Telefonzelle flüchtete. Ich verließ sie in dieser Nacht nicht mehr. Ich kauerte mich hin, ich fror auf dem Betonboden, die dünnen stählernen Wände und die Glastür hielten die Kälte nicht ab, nur den Wind und den Regen. Ich schlief ein, schreckte hoch, schlief ein, schreckte hoch, dämmerte. Hatte ich nicht schon einmal, vor Jahren, in solch einer Zelle gelegen? Jeden Knochen spürte ich, meine Muskeln schmerzten, ob ich morgen noch leben würde?

Ein weiterer Tag war vergangen, als ich in der dritten Nacht erneut vor der Telefonzelle stand. Und wieder hier Unterschlupf suchte. Noch immer ohne Decke, ohne Schlafsack. Der nächste Tag rollte mitleidlos über mich hinweg. Der übernächste auch. Ich wusch mich im Wasser des Neckar, putzte meine Zähne mit Leitungswasser, das ich in eine Flasche abfüllte, und kam innerhalb einer Woche derart herunter, dass ich den allerletzten Pennern glich, von denen ich früher geglaubt hatte, sie gehörten einer anderen, viel tieferen Welt an. Jetzt war ich Teil von ihr. Und auch nicht. Denn ich blieb allein, sie hatten immerhin einander.

Nach einer Woche nahm ich all meine verbliebenen Kräfte zusammen und ging zum Sozialamt, zu dem Sachbearbeiter, der mich aus der elterlichen Wohnung entfernt hatte. Ich musste vor seinem Büro warten und setzte mich auf einen der einfachen Holzstühle, die an der Längswand des Flurs aufgereiht waren. Schließlich rief er mich hinein. «Sie erwarten jetzt, dass ich Ihnen morgen ein nettes Appartement vermittle, habe ich recht?», eröffnete er das Gespräch, ohne dass ich irgendetwas gesagt hätte. «Da hätten Sie sich rechtzeitiger bemühen müssen, Herr Brox. Sie haben die Räumung bis zum letzten Augenblick hinausgezögert. Jetzt haben Sie die Folgen zu tragen.» Ich stammelte nur, dass ich am Ende sei und Unterstützung bräuchte. Auf meine Sucht wies ich ihn hin, der Mann wusste davon und entgegnete, natürlich könne ich nicht so weitermachen, jetzt erst recht nicht. Aber Hilfe? «Sie werden sich gedulden müssen, Herr Brox. Es gibt Notschlafstellen, das wissen Sie. Derzeit haben wir nichts anderes.» Mit diesen Worten ging er zur Tür, öffnete sie und schob mich hinaus, wir standen noch beide, wir hatten uns in seinem Büro nicht einmal hingesetzt.

Es dauerte vierzehn Tage, bis ich zu einer Anlaufstelle für Obdachlose ging und mich mit Klamotten und einem Schlafsack versorgte. Es dauerte drei Monate, bis ich mich zum ersten Mal meinen alten Pflegeeltern, den Müllers, anvertraute. Da war ich aus dem Sog heraus, der mich in der Verwahrlosung fest-hielt, ich musste mich nicht mehr dafür schämen, mich ihnen anzuvertrauen. Ich hatte mir sogar angewöhnt, zwei Mal in der Woche im Herschelbad in Mannheim-Waldhof ausgiebig zu du-schen. Ich aß. Ich atmete wieder. Ich war bereits auf die zweitun-terste Stufe eines Obdachlosen zurückgekehrt.

Willi und Irmgard Müller gingen auf die sechzig zu. Willi war mit meinem Vater seit den 1950er Jahren bis zu seinem Tod befreundet gewesen. Wohl deshalb hatten sie mich auch aufge-nommen, als ich zwölf war und zu Hause nichts mehr klappte. Ein Jahr hatte mein Vater damals noch zu leben. Die Müllers hatten selber keine Kinder. Oder besser gesagt, sie hatten ein Kind gehabt, das früh gestorben war. Als ich bei ihnen lebte, hat-ten sie mich liebevoll wie ihr eigenes Kind behandelt. Und als ich fast zehn Jahre später bei ihnen wieder hilfesuchend an die Tür klopfte, haben sie das erneut getan. Aber das waren nur kurze Besuche, ein Luftschnappen nach den Tagen und Wochen auf der Straße. Und in den Unterkünften.

Denn irgendwann versuchte ich es trotz des Diebstahls in meiner ersten Nacht erneut. Ich suchte die Notschlafstelle in K4 auf, wo es eine weitere Einrichtung für unsereinen gab. Ja, für unsereinen, denn ich akzeptierte zwar nicht, dass ich dazuge-hörte zu den Ausgeworfenen. Aber ich nahm es hin. Ich wehrte mich nicht mehr. Auch wenn mich in manchen Momenten die Scham überwältigte und ich vor mir selbst als einer dastand, der alles verloren hatte, nicht mehr gebraucht wurde, gescheitert war und nichts mehr wert.

Um in K4 unterzukommen, musste man eine Art Arbeitsdienst ableisten. Für 5 Mark am Tag hatten wir Reinigungs-dienste zu verrichten, zum Beispiel die Betten abziehen, in der Küche spülen oder städtische Fahrzeuge und öffentliche Toi-letten reinigen. Wir konnten uns aber auch um sechs Uhr am Handelshafen melden, bei der Außenstelle des Arbeitsamtes. Auch ich wurde hin und wieder vermittelt und bekam für meine Hilfsarbeitertätigkeiten von den Arbeitgebern 20 bis 30 Mark am Tag. Wer einen Gesellenbrief vorzeigen konnte, kam auf ein paar Mark mehr. Diesen Luxusverdienst gönnte das Amt uns allerdings höchstens viermal im Monat. Es gab ja, damit wir uns über Wasser halten konnten, den Tagessatz, der uns Obdach-losen vom Sozialamt ausgehändigt wurde. Dafür musste man in die Ausgabe in C7 gehen, morgens zwischen acht und zehn hatte der Schalter geöffnet. Wer seinen Ausweis vorlegen konnte, bekam etwa 15 Mark.

Ein paar Monate später begann ich mit dem Betteln. Als mir nämlich zum wiederholten Male die Sozialhilfe gekürzt wurde. Denn ich hatte den Mann beschimpft, der uns in K4 und in al-len anderen Mannheimer Obdachlosenunterkünften unter der Fuchtel hatte und den Arbeitsdienst befehligte. Nicht nur, weil er das mit dem Luxusverdienst überhaupt nicht ironisch meinte. Sondern, weil er uns wahrhaft knechtete und zutiefst verachtete.

Eines Tages betrat er wieder einmal mit großmännischem Schwung den Frühstücksraum, blaffte die paar abgerissenen Gestalten an, die dort noch hockten, und schickte mich zum Kloputzen; mit kaltem Wasser und ohne Putzmittel, wie das unter seiner Regie üblich war. Eine der Frauen, die er ebenfalls auf dem Kieker hatte, sollte die Damentoiletten säubern. Vorher allerdings, so grinste er, solle sie doch mal mit ihm auf Seite kommen. Helle Augen hatte sie, wenn auch traurig verschattet, ihre Haare waren nicht verfilzt, seit dem ersten Tag, an dem sie zu uns gestoßen war, fiel sie allen auf, weil sie mit aschenputtel-artiger Energie gegen die Verwahrlosung ankämpfte und sich immer aufrecht hielt. Die Frau versagte dem Amtsgewaltigen die geforderten sexuellen Dienste, mehr schamhaft als empört. Aber entschieden. Ich hatte den Wortwechsel mitbekommen und beschimpfte unseren Aufseher. Ein «geborenes Schwein» sei er, fauchte ich ihn an. Einen Ausdruck, den ich immer im Kopf behalten habe. Denn der Amtsträger setzte durch, dass ich wegen dieser vielleicht tierschutzrechtlich bedenklichen Charakterisierung keine 15 Mark mehr, sondern nur noch 10 Mark Tagesgeld bekam, für einen Strafzeitraum von drei Monaten.

Wieder behütet

Ich mied die städtischen Notunterkünfte sooft es ging. Ich machte Platte und schlief wieder draußen. Wenn es kälter war, suchte ich nach einem Heizungsschacht, auf den ich mich legen konnte. Oder ich krümmte mich erneut in irgendeiner Telefonzelle zusammen, das ist zwar nicht bequem, aber für einen Obdachlosen schon fast ein privater Raum. Wenn nicht irgendjemand dringend telefonieren musste und mit dem Fuß gegen die Tür trat, um mich zu wecken, in der Nacht oder morgens früh. Dann geriet ich in Panik, ich wusste nicht, wo ich gerade war, brauchte einige Zeit, mich zu orientieren, musste meine Knochen zurechtrücken und erhob mich mühsam. Vielleicht war es doch besser in einem stinkigen Notschlafbett. Beklaut werden konnte ich ja nicht mehr wirklich. Vermutlich haben mich in dieser Zeit der ständigen Wahl zwischen Pest und Cholera die Drogen vor dem Wahnsinn gerettet. Oder haben sie mich im Gegenteil dort festgenagelt?

In den ersten zwei Jahren, die ich als Obdachloser in Mann-heim verbrachte, hat mich die Gewalt in den Unterkünften und auf der Straße seelisch immer wieder komplett zerlegt. Dieses Ausgeliefertsein! Meine Wut dagegen hat sie nicht aus der Welt zu schaffen vermocht. Die Gewalt blieb. Ob sie von Leidens-genossen ausging oder vom Aufsichtspersonal oder auch von ir-gendwelchen anonymen Passanten: Gewalt bricht ständig in den Alltag eines Obdachlosen ein. Sicherlich erlebt jeder Mensch in seinem Leben hin und wieder Gewalt und Aggressionen, auf der Straße, auf der Arbeit, in der Kneipe. Aber wer ein Zuhause hat, kann sich dorthin flüchten und sich von den Zumutungen erholen. Vorausgesetzt natürlich, dass nicht auch sein Heim ge-walttätig gestört ist.

Aber wer nicht einmal in ein eigenes Zuhause fliehen kann, wird den Aggressionen anderer Leute in keine Richtung entkom-men. Sie erwarten ihn überall, tatsächlich oder potenziell. Wem der Rückzug ins Eigene verwehrt ist, weil es kein Eigenes gibt, der lebt nirgends aufgehoben, es schwingt in ihm kein Gegen-gewicht gegen das Gewicht der ständigen Bedrohung und der gewalttätigen Realität, da ist nirgendwo Stille um ihn, nirgendwo kann er sich die Decke über den Kopf ziehen und ist allein, es gibt kein Atemholen. Seine innere Gefühlswaage gerät völlig aus dem Gleichgewicht und neigt sich ganz nach unten, in die Untiefen permanenter Unsicherheit. Angst wird sein nicht mehr abzuschüttelnder Begleiter. Du passt dich entweder der Gewalt an, oder du gehst unter. Ich passte mich an, um zu überleben.

Ich hatte immerhin, anders als die meisten Menschen, die ich in den Unterkünften kennengelernt habe, noch einen letz-ten Schutzraum, den ich hin und wieder aufsuchen konnte: die Müllers. Wenn ich nicht mehr konnte, wenn ich unterzugehen drohte in diesen Unterkünften und auf der Straße, dann klingelte ich bei ihnen. Und sie machten mir immer die Tür auf. Sie fragten nicht einmal, warum ich ein Vierteljahr gebraucht hatte, um ihre Hilfe in Anspruch zu nehmen. Sie gaben sie einfach. Ohne mir Vorwürfe zu machen.

Obwohl mein Lebenswandel ja durchaus zu Vorwürfen hätte Anlass geben können. 1987, in meinem zweiten Jahr ohne eigenes Dach über dem Kopf, saß ich zum Beispiel eine Geldstrafe ab, die ich für Dealerei erhalten hatte. Vier Wochen. Ob ich das den Müllers verschwiegen habe, weiß ich nicht mehr. Aber die beiden verfügten über genügend Menschenkenntnis und sahen mir als ihrem Ziehsohn an der Nasenspitze an, was los war, wenn ich mal wieder euphorisch aufgedreht mit viel zu großen Pupillen bei ihnen hereinschneite. Sie ließen mich trotzdem meine Sachen waschen, ich bekam zu essen und zu trinken, ich bekam das Bett, in dem ich schon als Kind gelegen hatte, ich zog am nächsten Morgen meine bei ihnen deponierten Wechselklamotten an und wurde wieder laufen gelassen. Nach einem Frühstück, versteht sich, das mich satt und sorglos wenigstens über die erste Hälfte des Tages brachte.

Aber so dankbar ich sein durfte und auch war: Bei Müllers unterzuschlüpfen war keine Lösung. Ich war erwachsen. Ich musste auf die Füße kommen, ich musste auf eigenen Beinen stehen. Tatsächlich leuchtete mir im Sommer 1988 ein Lichtlein am Horizont. Schon zwei Jahre hatte ich die verschiedenen Notunterkünfte der Stadt frequentiert, war Stammgast dort, auf den Parkbänken und bei meinen lieben Müllers. Zwei Jahre ohne alles Eigene. Nun ja, eine Reisetasche, die ich mir umhängen konnte, hatte ich mir besorgt. Da war eigener Kram drin, einen Walkman nannte ich wieder mein eigen, ein paar Kassetten, Hygieneartikel – ich achtete bei all dem bodenlosen Lebenswandel auf Basispflege. Man sah mir den Penner nicht mehr an.

Und Wechselklamotten warteten immer noch bei meinen alten Pflegeeltern.

Aus heutiger Sicht scheint mir, ich hätte es in diesen Jahren geübt, aber noch nicht gekonnt: das Leben auf der Straße, es annehmen, die Herausforderungen unter freiem Himmel bewältigen, dieses Leben sogar gestalten. Ich wurde noch hin und her geworfen, rannte koksaufgedreht meine Kilometer ab, lief leer, überlebte mehr, als dass ich lebte.

Dann bekam ich endlich eine kleine Wohnung – mein Bitten und Betteln bei der Stadtverwaltung hatte Erfolg gehabt –, und ich hatte zum ersten Mal wieder eigene vier Wände um mich, eine Verschnaufpause im Stadtteil Friedrichsfeld. Die Wohnung war von der Stadt angemietet worden, als zeitlich befristete Unterkunft für Obdachlose. Sechs Monate durfte man bleiben, eine Anlaufzeit sozusagen, um irgendeinen Sprung in irgendein neues, sicheres Leben zu schaffen. Nach Ablauf des halben Jahres war Ende mit Starthilfe und Hilfswohnung. Wer dann noch nicht wieder allein stehen konnte, fiel halt wieder um.

Als ich den Schlüssel in die Haustür steckte und sie aufsperrte, klopfte mein Herz heftig. Würde das der erste Schritt zurück in ein normales Leben werden? Die Wohnung lag im Souterrain. Ich stiefelte ein paar Treppen hinunter, öffnete die Wohnungstür – und schaute am helllichten Tag ins Dunkel. Souterrain, aha, das aufgehübschte Wort für Keller. So war es jedenfalls in diesem Fall. Ich konnte kaum Tageslicht sehen, nur wenn ich den Kopf in den Nacken legte und durch die schmalen Fensterluken nach oben blickte. Dann sah ich das Gras im Garten hinter dem Haus, immerhin. Ich wollte nicht undankbar sein, schaute mich um, das Mobiliar war in Ordnung, ich war von zu Hause wahrlich keine Designermöbel gewohnt, wir hatten immer zwischen Sperrmüll und geschenktem Zeugs gelebt.

Kurz nach mir kam mein Mitbewohner. Ein Alkoholiker, nicht besser dran als ich, der ich von Kokain abhängig war. Im ersten Moment war klar: Uns fehlte jeder Draht zueinander. Wir haben in diesen sechs Monaten zusammen im Keller wahrscheinlich nicht mehr als zwanzig zusammenhängende Sätze gewechselt. Jeder lebte für sich, nur das Putzen teilten wir uns. Darauf achtete eine Art Sozialarbeiter, vielleicht war er auch nur Reinigungsarbeiter. Seine Aufgabe sah er jedenfalls ausschließlich darin, einmal in der Woche nach der Sauberkeit in der Wohnung zu schauen und uns zum Putzen anzuhalten, weil die Wohnung ihm natürlich nie sauber genug war. Wir taten dann wie uns geheißen, wir wollten ja nicht vorfristig aus der Wohnung fliegen. Ansonsten waren wir uns selbst überlassen, und jeder ging seinen Geschäften, das heißt seinen Süchten, nach.

Die Wohnung verfügte sogar über eine Tür zum Garten, zu einer schmalen Grünfläche, auf der Romantiker möglicherweise eine Sitzgruppe aufgestellt hätten. Es gab keine Sitzgruppe. Dafür hatte ich ein viel größeres Glück. Im Haus wohnte nämlich zwei Stockwerke über mir Frau Raufelder mit ihrem erwachsenen Sohn Wolfgang, der etwa in meinem Alter war.

Frau Raufelder sprach mich an, nachdem ich ein paar Tage nach meinem Einzug mein Namensschild am Briefkasten angebracht hatte, neben das von meinem Mitbewohner. «Brox?», fragte sie. «Sind Sie verwandt mit der Familie Brox aus der Neckarstadt? Ich sagte ja, ich sei verwandt, aber in Mannheim-Schönau aufgewachsen. Sie lächelte und wollte wissen, ob mein Vater der blinde Brox sei. Und wie es ihm ginge. Ich nickte, ja, ich sei der Sohn des blinden Brox, aber mein Vater sei leider nicht mehr am Leben, er sei schon vor elf Jahren gestorben. Und meine Mutter sei ihm vor drei Jahren nachgefolgt. Frau Raufelder erschrak und kümmerte sich fortan liebevoll um mich.

Als ich das erste Mal bei ihr oben war, weil sie mich nachdrücklich zum Mittagessen eingeladen hatte, erzählte sie mir, woher sie meinen Vater kannte, vom Hörensagen nämlich. Ihr Mann, der auch schon längere Jahre tot war, hatte ihr viel von ihm erzählt, denn die beiden waren alte SPD-Genossen. Mein Vater war zwar nur passives Mitglied, zahlte aber jeden Monat von seiner Rente pünktlich und verlässlich seinen Beitrag. Herr Raufelder hatte ihn zu Lebzeiten immer wieder getroffen, «betreut», wie man in der Partei wohl sagte, auch wenn ich jemanden, der dem Foto auf der Anrichte in Frau Raufelders Küche ähnlich sah, bei uns zu Hause nie gesehen hatte.

Es waren die guten Geister wie Frau Raufelder und die Eheleute Müller, die verhinderten, dass ich in dieser Zeit dauerhaft in der Gosse und vielleicht sogar in einem frühen Grab landete. Sie waren immer wieder meine Rettungsanker, in ihren Häfen zog ich mich an Land, bei ihnen konnte ich mich aufwärmen, schlafen legen, meine Wäsche waschen und wechseln. Und sie steckten mir sogar hin und wieder Geld zu. Gute Geister, gute Menschen, aber ich kam nicht los von meinen Drogen.

VIEL STOFF
Meine Drogenkarriere

Trotz Frau Raufelders Fürsorge und trotz der eigenen Wohnung – ich schaffte es nicht zurück in die Spur. In welche Spur
auch? Irgendein Weg in die Zukunft hatte sich weder in meiner
Phantasie eröffnet noch in der Realität. Ich drehte mich weiter
im Drogenkreisel und verbrachte meine Tage mit Dealen und
Sniefen. Es wurde eher schlimmer als besser. Das halbe Jahr näherte sich rasant dem Ende – ach was, ich merkte es gar nicht,
äußere Geschwindigkeiten waren nicht mein Ding, wenn ich
selber aufgedreht durch die Tage rannte. Ich wurde vor die Tür
gesetzt, Verlängerung ausgeschlossen. Immerhin brachte man
mich übergangslos in die nächste Unterkunft, nun wirklich
wieder eine Absteige, schlimmer als mein Souterrain, weniger
schlimm als die Notschlafstellen. Im Mannheimer Männer-
wohnheim in der Toräckerstraße wurde mir ein Einzelzimmer
angewiesen, ich teilte es mit keinem anderen Menschen, aber
mit zahlreichen Kakerlaken. Und das «geborene Schwein» von
der Notschlafstelle in K4 führte erneut die Aufsicht über mich.

Es ging rapide abwärts mit mir. Eine zweite Verurteilung wegen Dealens ereilte mich Anfang 1989, diesmal sollte ich acht
Wochen absitzen, weil ich die Geldstrafe nicht zahlen konnte.
Die letzten zwei Wochen blieben mir erspart, die Müllers hatten
die Reststrafe gezahlt und mich freigekauft. Aber wohin freige-

kauft? In meinem Kopf rauschte es stetig, Bestleistungen vollbrachte ich nur noch im Drogenkonsum und im Gerenne durch die Stadt.

Auf Koks konnte ich wie aufgedreht weite Strecken zu Fuß zurücklegen, fast wie ein Ultra-Marathon-Mann. Wenn ich Pausen einlegen musste, fuhr ich schwarz mit der Straßenbahn. So war ich nicht nur Stammkunde bei der MVG, OEG und VBL und wie die öffentlichen Nahverkehrer sonst noch heißen, sondern auch bei der Polizei. Ein langes Register wegen Schwarzfahrens wurde dort für mich angelegt. Gezahlt habe ich nie.

Manchmal spielte ich Schach, gar nicht mal schlecht. Kokain erzeugt nicht nur die Illusion alle Horizonte überschreitender geistiger Potenz, ich wurde wirklich immer besser. Hin und wieder kreuzte ich im Schachverein Sandhofen auf und spielte dort als Gast die ein oder andere Partie. Am Brett mir gegenüber saß mehrfach Walter Maier, ein guter Spieler. Eines Tages erklärte er mir, dass er heute zum letzten Mal hier sei. Man habe ihn hinausgeworfen aus dem Verein. Ich fragte nach, ob er Vereinstrophäen geklaut habe, mit denen der Verein so überragend ja nicht gesegnet war, oder ob er Drogen genommen hätte. Was ich witzig fand. Er lachte wirklich und meinte dann, die Begründung sei politisch. Er gehöre der DKP an, das sei dem Vereinsvorstand nicht recht. Das fand ich nun wiederum einen Witz, einen schlechten allerdings. Dass ich mich so offen an seine Seite stellte, muss ihn beeindruckt haben, denn er begann mich zu umwerben, machte mich auch mit seinem Parteivorsitzenden bekannt, der gar nicht weit von meinem Elternhaus wohnte. Herbert Mies lud mich einige Zeit später in sein Einfamilienhaus ein, das einfach eingerichtet war. Als Arbeiter hatte er es nie zu Wohlstand gebracht und als späterer Journalist und Parteifunktionär auch nicht. Beeindruckend fand ich die Bücherregale in seinem Wohnzimmer.

Und die schlichte Herzlichkeit, mit der er und seine Familie mich behandelten.

Aber Politik machte mich nicht wirklich an, weder der Sohn von Frau Raufelder, der aktiver Grüner war und später sogar im Stadtrat von Mannheim saß, noch die SPDler in meinem Umfeld, noch die DKP vermochten mich aus meinem Zustand zu erlösen. Und auch Schach wurde nicht zu meinem Lebensinhalt. Zu meinem Lebensinhalt wurde der Abstieg.

Die ersten Karrieresprünge als Drogenabhängiger, wie sie viele Suchtkranke machen, hatte ich schon hinter mir, 1987 und 1989, als ich für vier und für acht Wochen in Haft musste. Man hatte mich als Kleindealer erwischt, bei der Sorte Broterwerb, die jeder von uns Drogis ausübt, wenn er nicht zu den Großen gehört oder als Drogenwrack selbst dazu nicht mehr taugt. Mittelstand halt. Ich dealte, um kostenlos an meinen eigenen Stoff zu kommen bzw. um meine Ausgaben reinzuholen. Anfangs, Ende der 70er Jahre, reichten mir noch ein paar Gramm Kokain in der Woche, später brauchte ich ein bis zwei Gramm täglich. Die kosteten damals 70 bis 80 Mark. Verdammt viel Geld und mit der Stütze vom Sozialamt nicht zu finanzieren, auch durch die freiwillige Zwangsarbeit nicht, wie sie Sozialhilfempfängern angeboten oder abverlangt wurde, je nach Mode und nach Amt. In der zweiten Hälfte der 80er Jahre summierten sich meine Konsumkosten wöchentlich auf mindestens 500 Mark, im Monat kam damit ein stattlicher Betrag von mehr als 2000 Mark zusammen.

Ich hatte mit zwölf meinen ersten Joint geraucht. Und drei Jahre später mit dem weißen Pulver begonnen. Schon sehr bald kam ich nicht mehr von diesem giftigen Muntermacher los, ohne heftige Entzugserscheinungen zu erleiden. Die chemische

Adrenalinpumpe blies mich immer häufiger neu auf, ich wurde stark, war stark, unbesiegbar. Grenzenlos. Abstürze ins bodenlos Depressive und in verzweifelte Schmerzen eingeschlossen.

Durch meine nie abgerissenen Kontakte in die US-Kaserne, in der mein Vater Musik gemacht hatte und in die ich ihn als kleiner Junge oft begleitete, bekam ich Zugang zu zahlungsfähigen Kunden. Einige GI's kannten mich von früher, andere vom Hörensagen als Sohn des blinden Schlagzeugers und Trompeters. Sie lernten mich seit den beginnenden 1980er Jahren als verlässlichen und schnellen Lieferanten kennen, der zwar ein wenig teurer sein mochte als die Konkurrenz in Frankfurt. Aber die musste man aufsuchen, man wurde, wenn man Pech hatte, mit schlechtem Stoff betrogen und, bei ganz großem Pech, obendrein auch noch bestohlen oder verprügelt oder gar denunziert.

Ich hingegen war vor Ort und dealte mit dem Zeug, das ich selber nahm. Damit war ich so etwas wie der Vorkoster von König Kunde. Und weil ich Erfahrung hatte, konnte ich guten von schlechtem Stoff unterscheiden und fiel selten auf übel gestrecktes Pulver herein.

Wie so oft hatte mich ein nur wenig älterer Drogenkonsument angefixt, in diesem Falle: angesnieft. Ein armes Schwein, das seinen Markt erweitern musste; ein mieses Schwein, das nicht davor zurückschreckte, auch Minderjährige in die höllischen Drogenhimmel zu katapultieren. Das wenigstens habe ich später als Dealer nie gemacht, Minderjährige waren für mich tabu. Ich war sogar bereit, Konkurrenten die Knochen zu brechen, die sich vor Schulen herumtrieben oder anderswo Kindern auflauerten, um sie kostenlos mit einem schnellen Kick einzuseifen und an die Kette zu legen.

Ich hatte recht früh versucht, mit legalen Drogen Freundschaft zu schließen. Mein Vater ließ sich jeden Dienstag und Freitag von einem Getränkelieferanten seine Ration Bier bringen und den Wein für meine Mutter. Ich stibitzte mir die ein oder andere Bierflasche. Er wusste nichts davon, sondern verdächtigte meine Mutter, sie würde heimlich von seiner Ration nehmen. Dann ertappte sie mich auf frischer Tat, und es setzte eine Tracht Prügel. Mein Vater hingegen lehnte Gewalt ab und züchtigte mich nur mündlich. Dabei hatte ich mich eigentlich den beiden auf diese Weise nah fühlen wollen. Denn beide tranken sich mit Alkohol ihre schrecklichen Kriegserinnerungen weg, oder versuchten es zumindest. Auch wenn ich keine Einzelheiten kannte – schon Monate vor meinem Griff zu Vaters Bier hatte er mir auf meine Frage genau das gesagt. Er müsse die Kriegsgräuel betäuben, die in ihm wühlten. Sollte ich nicht ebenso meine Erinnerungen an Gewalt und Entwürdigung in den Kinderheimen wegtrinken dürfen? Nein. Das war Erwachsenenart. Die Bierkisten und Weinflaschen landeten nach meiner Entlarvung im Keller, und den Schlüssel dazu verwahrte mein Vater.

Also trank ich heimlich außerhalb unserer Wohnung. Ich ließ es bei Alkohol und dem ein oder anderen Joint bewenden. Bis mein Vater starb.

Es war sehr düster, als er im September 1977 begraben wurde. Nicht, weil es regnete. Es regnet immer bei Beerdigungen. Sondern, weil ich mit meinen 13 Jahren trotzig und wütend herumstand und mit dem Fuß Steinchen wegschoss und er mich dafür weder tadelte noch anbrüllte, noch mir befahl, ihn zum Musikmachen in die Kaserne zu begleiten. Er war ja tot. Ich war nicht blöd, ich wusste, was tot sein bedeutete. Aber zwischen Wissen und Akzeptieren klafft ein riesiger Graben. Voll mit Verzweiflung.

Da drinnen hockte ich. Dort hinein bekam ich das Nasenpulver geschüttet. Ein Junge aus der Nachbarschaft, Heiner, der sich gerne aufspielte und mich in Ermangelung anderer Freunde zu seinem besten Kumpel erklärte, sah mich irgendwann da unten herumirren. Er wedelte von oben mit einem Tütchen Kokain, Koks, Coke, Cola, Marschierpulver. «Für dich eine Gratis-Probierportion!», rief er nach unten. Ich muss genickt haben.

Mit einer Spielkarte hackte er das klumpige Pulver klein, wie ein guter Koch Petersilie zerhackt. Und schenkte es mir wirklich, das weiße Gold. Ich zog mir so, wie er es vormachte, auf einem Tisch zwei Linien. «Nimm jetzt einen Fünf-Mark-Schein und roll ihn zu einem Röhrchen», erläuterte er weltmännisch und rollte seinen Fünfer bereits zurecht. Ich hatte keinen, gönnerhaft reichte er mir sein Röhrchen. Ich nahm meine erste Nase. Wie ein Blitz gleißte es in meinem Kopf auf, und alle schwarzen Gedanken wurden hinausgefeuert. Eine heiße Hand, groß war sie und kräftig, hob mich nach oben – aus dem Graben in die Sterne. Kein bewegungstotes Untenliegen mehr. Sondern Kraft und Durchblick. Alles wurde klar.

Die Euphorie dauerte Stunden. Stunden voller Energie und Klugheit, Phantasie und Schnelligkeit. Danach spürte ich, wie der Boden unter mir wieder nachgab, an den Seiten wegbröckelte, ich sank allmählich ein. Der Graben! Keine Hand mehr, die mich hielt. Die Nebelschwaden zogen erneut heran, ich steckte bald wieder fest, umgeben von Wänden aus dreckiger Erde. Allein.

Heiner war der Ausweg. Die nächste Lieferung und alle folgenden gab's nur noch gegen Cash. Ich würde das hinkriegen. Ich kriegte es hin und bezahlte. Mit Geld, das ich nicht hatte.

Klauen, damit fängt die Karriere an. Überall klauen, alles, was nicht niet- und nagelfest ist. Auch das Angeschraubte. In der Nachbarschaft, in den Läden in der näheren und weiteren Umgebung, bei Freunden und Bekannten. Ich praktizierte das

mit einem Lächeln, das die Angst und die Verzweiflung über-
tünchen sollte und das für viele wohl eher ein Grinsen war. Ein
freches Grinsen. Aber besser so als wieder im Graben.

Ich schlich auch zu Hause herum, durch unsere kleine Wohnung, die jetzt größer geworden war, mit einem Insassen weniger. Meine Mutter wurde nicht umtriebiger durch den gewonne-
nen Raum, sie war noch mehr in sich gekehrt, noch depressiver,
trank noch mehr, und sie konnte prügeln, das wusste ich. Sie
konnte auch singen und Klavier spielen. Wenn sie das tat, sehnte
ich mich nicht nach der nächsten Linie. Zu Hause klaute ich
nichts. Geholfen hat mir dabei sicherlich, dass sowieso nichts da
war.

In der Schule fand man auch zu selten etwas. Ein Kofferradio
vielleicht. Ein bisschen Geld von Mitschülern. Also kein Grund,
hinzugehen. Schule war definitiv abgemeldet. Ich war ja schon
früher kein treuer Kunde dort, als mein Vater noch lebte. Jetzt
machte ich mich gar nicht mehr auf den Weg. Mir kamen die
anderen, die Gleichaltrigen, wie Marionetten vor, Aufziehpup-
pen, albern gekleidet, aus Kindermündern purzelten alberne
Gespräche, ängstlich duckten sie sich vor den Lehrern, sie lernten, was ein Rechteck von einem spitzen Winkel unterscheidet.
Ich wusste, wie Frauen unter dem Rock aussahen und wie sich
das schön anfühlte. Kokaingestärkt. Was für Höhenflüge!

Das Jugendamt schickte mich in etliche Heime. Dass es mir
dort schlechtging, lag nicht nur am schwierigeren Zugang zum
Kokain. Irgendwann kriegte ich welches und war wenigstens in-
soweit gerettet. Ich pflegte also auch dort meine Abhängigkeit
weiter. Mich brachte nichts von diesem Weg ab. Mich hatte nicht
einmal erschüttert, dass zwei Jahre später ein Nachbarjunge
starb. Auch er war gerade mal 15 Jahre alt. Wie seine Mutter mir
sagte, hatte er sich mit einer Überdosis ins Jenseits befördert.

Ich blieb trotzdem dabei, ich genoss es, wenn der Kick sich im Körper ausbreitete, ich spürte, wie ich hibbelig wurde, mein Blutdruck stellte auf Volldampf um. Puls und Kreislauf schnellten nach oben. Ich mochte nicht mehr sitzen bleiben, ich rannte los. Durchmaß mein Revier wie im Zeitraffer, manchmal brannte sich mir eine Hausfassade bis in die letzten Einzelheiten ins Gehirn ein, dann war wieder alles verschwommen, am Hafen ertönte ein tief aufröhrendes Schiffshorn und entfesselte in meinem Kopf eine ganze Sinfonie, ich spürte unter meinen Schuhsohlen jede Unebenheit im Asphalt, jeden losen Kiesel, manchmal schmerzhaft, manchmal lustvoll – und stürmte weiter oder flog.

Bis meine Batterien nach zehn bis zwölf Stunden leer waren. Bis das Superbenzin in meiner Blutbahn aufgebraucht war. Dann ging es runter, der Abstieg, das Einsinken, nahte. Ich kam zwischendrin kurz zur Besinnung, als wäre ich gerade aus einem Kettenkarussell ausgestiegen und würde des festen Bodens unter den Füßen gewahr. Aber der Boden hielt ja nicht, er war locker, zu locker, es nahte nicht nur, es drohte der Abstieg, das Einsinken. Ich besorgte mir möglichst bald wieder mein Viertelgramm. Mehr war es anfangs nicht. Zwei Kicks pro Tag waren optimal. Wenn ich nichts hatte, fiel ich todsicher in den Graben. Da fressen dich die Raben. Kinderreime wie Monsterlachen.

Von 1977 bis 1989 war ich auf Koks, von 13 bis 25. Ein unvorstellbar langer Zeitraum, wenn ich daran zurückdenke. Ein Zeitraum, in dem ich wie ein Tiger im Käfig hin und her rannte, mir den Kopf an den Stangen rieb, ja ich schlug ihn mir mitunter blutig, weil mir danach war. Manchmal schlugen auch die Stangen nach mir. Ich glaubte die ganze Zeit, ich sei kraftvoll und frei, selbstbewusst und unverwundbar. Die Schläge, die mir andere zufügten, brüllte ich weg. Und machte weiter. Ich fand keine Ruhe, ich brauchte keine Ruhe. Ruhe und zur Besinnung kommen, das hätte mich umgebracht.

Ohne Drogen hätten mich die Gräben verschlungen, in denen ich mich angstvoll für immer viel zu lange Stunden wiederfand, wenn der Rausch verflog. Nein, ohne meine Scheinwelt hätte ich aufgegeben. Mein Koks heiterte mich auf. Ich stieg wieder aus dem Graben, ich flog hinaus, ich wurde hochgestimmt und lebenshungrig. Ein Gefühl, das ich zu Hause oder in den Heimen nicht erlebte.

In dieser Drogen-Euphorie begann ich sogar mit Kampfsport. Nichts und niemand würde mich mehr umhauen. Ich lernte gezielte Schläge, trainierte Ausfallschritte, hob die mir bekannten Straßenprügeleien auf höheres Niveau. Allerdings hielt ich auch das nicht durch. Ich ging beim Kampfsport schneller in die Knie, als für eine Karriere notwendig gewesen wäre. Und die festen Trainingszeiten waren auch nicht so mein Ding. Aber es reichte, um Lehrer oder andere Besserwisser, die mich blöd anquatschten, in ihre Schranken zu weisen. Ich habe gerne ausgeteilt, wenn es mir nötig schien. Es schien mir ziemlich oft nötig. So etwas hatte ich auch über den Mannheimer Profiboxer Charly Graf gehört und gelesen. Das war jemand, der mir gefiel. Ich bewunderte ihn sogar. Er war für mich ein Held. Die normalen Leute gefielen mir nicht. Kein Wunder, dass ich allein blieb. Und dass ich vor ihnen floh. Vor der Schule und vor den Heimen, die mich bis zu meinem 16. Lebensjahr drangsalierten, und vor meinem Zuhause, wo meine Mutter mich zwar aufnahm, wenn ich mal dort erschien, aber sich nicht mit mir befasste. Unmöglicher Gedanke, sich miteinander befassen. Wir kreisten in zwei viel zu weit voneinander entfernten Universen.

Nichts von all dem, was ich in diesen Jahren erlitten habe: das mütterliche Unvermögen, ihre Gewalt und ihre Einsamkeit, die Entwürdigung und Missachtung in den Heimen, die körperliche und seelische Brutalität der Erzieherinnen und Erzieher, die Vergewaltigungen, die ich erleiden musste – nichts von alldem habe ich in diesen Jahren meiner Drogenabhängigkeit zu verarbeiten vermocht. All das hat sich mit mir wie mit einem Fremden ereignet. Die Übergriffe haben sich in meinem Körper abgelagert und sich in meine Seele eingraviert, wie ein Ochsenkarren sich in einen weichen Waldweg spurt. Vor meinem Körper und meiner Seele bin ich in diesen Jahren immer geflohen. Erst viele Jahre später konnte ich stehen bleiben, mich wahrnehmen, ohne davonzulaufen, mich umdrehen und anschauen, was in diesen Jahren wirklich mit mir und in mir vorgegangen war. Dazu allerdings musste ich erst einen riesigen Schritt tun, ich musste mich vom Kokain losreißen. Da war ich bereits 25 Jahre alt, und meine Mutter war schon vier Jahre tot.

Über die Brücke

Als ich 1989 an einem trüben, grauen Novemberabend mal wieder in Mannheim aufkreuzte und die Feder in meinem aufgedrehten Innern allmählich ihre Spannung verlor, sah ich mich auf der Kurpfalzbrücke stehen, die über den Neckar führt. Ich rannte nicht mehr, ich war langsamer gegangen, hatte schließlich innegehalten und stützte mich nun mit beiden Händen am Metallgeländer ab. Plötzlich war alle Energie hinaus aus meinem Körper, ich merkte, dass ich zu Boden glitt. Nur das kalte Metall, in das ich mich verkrallt hatte, hielt mich oben.

Ich starrte in den Neckar, der mein Spiegelbild nicht zurückwarf, sondern es mitnahm in seinem grau gewellten Wasser und untergehen ließ. Ich könnte doch hinterherspringen. Ich würde ebenso spurlos versinken. Vor zwei Stunden war ich zu Hause vorbeigegangen, hatte draußen vor der elterlichen Wohnung gestanden, bis mir zu Bewusstsein kam, dass ich sie ja längst verloren hatte. Lange war meine Mutter schon tot, länger noch mein Vater. Ich sollte ihnen hinterherspringen, in den Fluss. 25 Jahre lang mehr leiden als leben, das reicht. Ich schätzte ab, wie ich mich hochstützen und hinüberwerfen könnte. Oder noch ein paar Schritte oben balancieren und mich dann theatralisch hinunterstürzen? Hinter mir ratterte eine Straßenbahn lärmend über die Brücke. Der Feierabendverkehr war abgeebbt. Zwei Fußgänger registrierte ich in meinem Rücken. Sie mich womöglich auch. Aber sie gingen weiter.

Oder ich tat den anderen Sprung. Den schwierigeren. Ich hatte noch nie einen Entzug versucht. Entzug war etwas für Memmen. Für Looser. Andererseits fühlte ich mich gerade nicht auf der Gewinnerseite. Ganz im Gegenteil. Der Graben tat sich wieder auf. Dieser nervtötende, jedes hochgepuschte Lebensglück schluckende, mich verschluckende Graben voll mit der zähflüssigen Verzweiflung. Ich kannte das ja. Ich wusste ja eigentlich, ich würde wieder herauskommen. Wusste aber ein ums andere Mal mehr und jetzt also schon tausendmal mehr, dass es nur für kurze Zeit war.

Also Entzug? Hilfe suchen? Ein peinliches Unterfangen. Ich müsste mich fremden Leuten vor die Füße werfen. Mich nackt ausziehen. Es würde weh tun, ich hatte das oft genug von denen gehört, die die Marter durchgemacht hatten und dann doch wieder zur Droge zurückgekehrt waren. Das auf keinen Fall. Niemals. Nicht aufhören und dann sofort wieder anfangen. Wenn, dann musste ich dieses eine Mal endlich konsequent sein.

Weiterleben ohne Drogen und ohne Alkohol. Mir grauste. Ich sackte zusammen, das Metallgitter der Brücke hielt mich noch einmal.

Ich weiß nicht, welcher Engel vorbeigeflogen kam. Ich löste jedenfalls meinen Klammergriff um die Brüstung, wankte zur nächsten Haltestelle der Straßenbahn und kaufte mir von den fünf Mark, die ich noch in der Tasche hatte, ein Ticket. Warum hatte ich plötzlich die Adresse präsent und wusste den Weg? Ich wusste ihn und fuhr hin – nach Wiesloch in die Klinik für Suchttherapie und Entwöhnung des Psychiatrischen Zentrums Nordbaden.

Ich musste mich nicht entblättern und in mir herumstochern lassen. Ich musste nur unterschreiben, dass ich freiwillig gekommen war und bleiben wollte und dass ich einen Entzug machen wollte. Sie nahmen mich auf, weil sie sahen, dass ich mich in akuter Gefahr befand. Ich zitterte am ganzen Leib, ich brauchte dringend eine Nase Koks. Ich hätte keine zwei Stunden mehr ohne durchgehalten. Und keinen Tag mehr mit.

14 Tage Entgiftung sollte ich machen. Dann kämen die Monate der psychologischen Entgiftung. Die würde im Kopf stattfinden müssen. Es waren nette Pfleger und Pflegerinnen, zuvorkommende Ärztinnen und Ärzte, die mich ruhig und zugewandt, aber auch bestimmt über die Eckdaten meines Verbleibs in der Klinik aufklärten. Kein Kasernenton, keine Befehle, keine gebellten Kommandos. Ich fühlte mich aufgehoben, ich fühlte mich wohl. Sie ließen keinen Zweifel daran, dass ich mich für längere Zeit von der Außenwelt fernhalten müsse. Bis ich die körperliche und die seelische Entgiftung so weit hinter mich gebracht hätte, dass ich nicht beim ersten Angeblasenwerden wieder umkippte.

Die Schmerzen würde ich selber am besten verstehen lernen,

die könne mir niemand wirklich erklären. Das sagten sie auch. Aber sie würden mich begleiten.

Über den zwei Wochen körperlicher Entgiftung, deren erste Stunden ich bereits zitternd hinter mir hatte, schien eine eigenartige Sonne. Sie war grell, sekundenlang machte sie mich blind. Sie war verhangen von Wolken. Sie war von trübem Gelb. Über lange Stunden schien sie nicht. Dann, wenn ich den Mut verlor, wenn die Schmerzen überhandnahmen, wenn ich Medikamente erhielt, um durchzuhalten. Sie schien, wenn ich plötzlich wieder wusste, ich wollte da durch, ich wollte nie wieder zurück, ich wollte mich frei machen von der Abhängigkeit.

Ich kotzte mir die Drogenseele aus dem Leib, ich schiss den Drogenteufel aus Magen und Darm hinaus, sodass sie zu bersten schienen. Mein Puls jagte nach oben, das Herz schlug mir aus dem Mund, dann wieder schnappte ich nach Luft und bekam sie nicht zu fassen, die Lungen wollten kollabieren. Ich wurde ans Bett festgeschnallt, weil ich tobte, weil ich mir sonst mit bloßen Händen und Nägeln die Haut vom Fleisch und das Fleisch von den Knochen gerissen hätte. Es war nicht schön, nein. Aber ich fühlte mich zu keiner Zeit einem fremden Zwang unterworfen. Ich wollte. Ich wollte. Ich musste wollen, weil ich es wollte.

14 Tage dauerte die Entgiftung. Dann war ich durch. Die Sonne schien tatsächlich, eine milde Spätherbstsonne, von draußen in mein Fenster hinein.

Ich war nicht durch. Nein. Sie hatten es mir ja gesagt. Mein Körper war durch, fast jedenfalls. Er forderte nicht mehr mit der Unbedingtheit brüllender Schmerzen den Nachschub. Er verlangte ihn trotzdem noch, schwankend zwischen Verärgerung und Aufatmen. In den folgenden zwei bis drei Monaten fauchte mich das Verlangen nur noch an, hin und wieder, seltener, fast nie. Am Ende hatte ich es aus meinem Leib verbannt.

Aber weil Koksen aus allen Körperzellen pure Energie herausholt, eingebildete und tatsächliche, produziert Nichtkoksen die pure Erschöpfung. Ebenso wirklich wie phantasiert. Damit musste ich umgehen lernen. Mit dem nicht mehr künstlich wegzuwischenden Zustand der Nicht-Energie. Keine grellen Scheinwerfer in den Augen mehr, kein hochloderndes Leuchten aus jeder Pore. Sondern gewöhnlicher Alltag. Ich lernte den Unterschied zwischen Entgiftung und Entwöhnung in vielen Gesprächen mit den Experten in der Klinik und mit meinesgleichen, die wir uns alle da hindurcharbeiten mussten, wenn wir nicht aufgaben.

Ich lernte wieder zu gehen. Spazieren zu gehen und nicht, angetrieben vom Koks, Wege und Straßen entlangzuhetzen. Das Zentralgebäude der Klinik war nach einer Generalsanierung gerade wieder in Betrieb genommen worden. Es war alles neu, und wenn man nach draußen ging, sah man das imposante Hauptgebäude vom Anfang des 20. Jahrhunderts in seiner ganzen Herrschaftlichkeit. Die Pracht war umgeben von einem schönen großen Park. In dem ging ich spazieren, ich flanierte, ich schaute in die kahlen Bäume, die sich bald wieder mit Knospen schmücken würden. Die Natur beruhigte mich. Ein absurder Gedanke noch vor wenigen Wochen.

Ich erschrak, als ich erfuhr, dass während des Nationalsozialismus psychisch kranke Patienten in diesen alten Gemäuern gefangen gehalten und schließlich in die Vernichtungseinrichtungen deportiert worden waren. Die Klinik war Bestandteil des Euthanasieprogramms gewesen. Nichts Konkretes hatten meine Eltern von ihren Erfahrungen in der NS-Zeit berichtet. Aber klar war mir auch nach dem Wenigen gewesen, dass es schreckliche Zeiten für sie gewesen waren. Der Horror vor den Verbrechen des Regimes war mir als familiäres Grundwissen mitgegeben worden. Ich schaute den Ort mit anderen Augen an. Doch das Gefühl der Dankbarkeit blieb. Es galt ja nicht der Geschichte, es galt den Menschen, die mich jetzt begleiteten und mir stetig weiterhalfen.

Ich las wieder. Zum ersten Mal stieß ich auf ein Buch von Günter Wallraff: «Ganz unten». Ich verschlang es. Mit diesen Geschichten konnte ich mich auf Anhieb identifizieren. Ich war auch «ganz unten». Das Buch habe ich in einem durchgelesen, sogar mehrfach. Danach wollte ich auch so wie Wallraff werden: Missstände und Unrecht aufzeigen und anderen Menschen helfen. Oder Kinder- und Sachbücher schreiben. Es war gut, wieder zu träumen, von mir und meiner Zukunft zu träumen. Pläne zu schmieden und in Gedanken den Aufbruch vorzubereiten.

Ich blieb sechs Monate freiwillig in der Entzugsklinik. Die erste Wohngemeinschaft, in die ich nach der Entgiftung verlegt wurde, hatte den Alltag noch unter Aufsicht zu bewältigen. Dann kam ich in die nächste WG, in der wir nicht mehr unter Aufsicht waren. Wir kamen uns alle wie Wiedergeborene vor. Wir hatten durchgehalten. Wir kannten andere, die es nicht geschafft hatten. Und von einigen hatten wir erfahren, dass sie draußen zu Tode gekommen waren. Also waren wir wirklich Wiedergeborene. Wir feierten uns, ohne Drogen, ohne Alkohol, dafür mit der doppelten Freude der Geretteten. Im Sommer 1990 wurde ich als geheilt entlassen. Wir alle zögerten, wir hatten Sorgen, Angst vor draußen, also musste man uns fast schon hinausschubsen in die Außenwelt.

Außenwelt, das meinte glücklicherweise, nur außerhalb der Klinik leben, nicht schon ohne jede Unterstützung auskommen müssen. Ich wusste nicht, wie das aussehen würde, eins war für mich allerdings klar: Nach Mannheim, in die alte Szene, wollte ich auf keinen Fall. Dahin brachten mich keine zehn Pferde zurück. Ich wollte in der Fremde mein Heil suchen. Und hoffte auf irgendeinen Anschub dorthin.

Doch es ging nicht in die große weite Welt hinein. Ich sei dafür noch nicht stabil genug, meinten die Psychologen. Ich solle besser in die Höhle des Löwen gehen. Dahin, wo mein Elend angefangen hatte: nach Mannheim, mitten rein. Es sei wichtig, dass ich den Versuchungen der Drogen im normalen Alltag widerstehe. Ich sei ja nicht allein, ich könne weiterhin auf ihre Hilfe rechnen. Wenn ich es in dieser Stadt schaffen würde, clean zu bleiben nämlich, dann würde mir das mit ziemlicher Sicherheit überall auf der Welt gelingen. Ein weiteres Jahr in einer betreuten Wohngruppe für ehemals Drogenabhängige sei der richtige Weg, um dem Teufelszeug dauerhaft zu entkommen.

Ich willigte ein. Nicht dass ich mich in dem Wohnprojekt wohlfühlte. Vielleicht war das auch gar nicht die Absicht. Mir setzte die ständige Konfrontation mit der Szene, den Dealern, den Usern, den Opfern, hart zu. Einer meiner alten Kunden aus der Kaserne ging auf mich los, als ich ihm keinen Stoff mehr besorgen wollte. Er glaubte mir nicht, dass ich ausgestiegen war. Verzweifelt packte er mich, und ich musste ihn niederringen. Mein Lieferant spuckte vor mir aus, weil ich ihm nichts mehr abnahm. Überall Schlaglöcher, Untiefen, Versuchungen und Verletzte. Es stieß mich ab, ich wollte endlich weg hier.

Aber erst im Herbst 1992 war es so weit. Ich hatte zwar noch immer keinen Schulabschluss, eine Lehre hatte ich auch nicht gemacht. Aber ich hatte gelernt, auf eigenen Füßen zu stehen. Ohne Halt an Kokain und Alkohol zu suchen. Was für ein großartiger Erfolg. Ich packte meinen Rucksack mit Seife, Rasierzeug, Zahnbürste und -creme, steckte ein paar Klamotten dazu, Unterwäsche zum Wechseln, ein Paar Socken, T-Shirt, Pullover und eine Regenjacke. Als ich alles beisammenhatte, kaufte ich mir noch eine Djembe, eine westafrikanische Trommel, und zog los.

Endlich zog ich los. Weg von Mannheim. Weg von all den Schatten. Unter einem wolkenlosen Himmel wollte ich sein.

IM OSTEN GEHT DIE SONNE AUF
Meine Lehrjahre auf der Straße

Der Himmel über der Straße sah nüchtern betrachtet gut aus. Keine Fäden, keine Flecken, keine Kreise vor dem Blick ins Freie. Der Tag war hell, warm und sonnig. Wenn man aufbricht, mit so viel Lust und Neugier wie ich damals, dann ist das so, egal, ob Regen aus grauen Wolken fällt. Ich war 28 Jahre alt und zum ersten Mal seit meinem dreizehnten Lebensjahr drogenfrei. Andere hatten schon Frau und Kind, einen Beruf und ein Auto. Ich hatte eine wenig glückliche Kindheit in einem wenig glücklichen Elternhaus und in zahlreichen grausigen Heimen und danach eine zugedröhnte Jugend. Und ich hatte mein erstes erwachsenes Jahrzehnt, weiterhin zugedröhnt, an dessen Ende ich mich herausgekämpft hatte aus kokaingetriebener Ruhelosigkeit, Kleinkriminalität, Knast und Verzweiflung.

Worauf konnte ich mich stützen? Auf die Tatsache, dass ich den Entzug durchgehalten hatte und noch lebte. Darauf also, dass ich die Kraft gehabt hatte, mich aus der Drogenhölle herauszuwuchten. Darauf, dass ich etwas lebensklüger geworden und nicht auf den Mund gefallen war. Bei allen Entbehrungen war ich kräftig geblieben, spielte immer noch ganz gut Schach, und Lust auf Musik hatte ich auch. Die Traumata, die ich mir zu Hause und in den Heimen eingefangen hatte, konnten allerdings jederzeit über mich herfallen. Deshalb verließ ich Mannheim. Denn dort hatten sie mich gepackt. Ich hoffte wohl, sie an meinem Heimatort zurücklassen zu können. Aber natürlich hatten sie sich in mich eingegraben. Trotzdem war es gut, endlich wegzukommen aus der Schönau. Das musste auch ohne Schulabschluss und ohne Beruf möglich sein.

Ich würde Berber werden. Gar nicht mal, weil ich keine Alternative sah. Ich wollte Berber werden. Berber, das hieß für mich: weiterwandern, wenn mir danach der Sinn stand. Bleiben, wenn ich es wollte. Nie an Orte oder Menschen gebunden sein, die ich nicht mochte. Und für nichts und niemanden Verantwortung übernehmen außer für mich selbst und meine nächste Mahlzeit. Und irgendeine Schlafstelle.

Ja, das war die krasse Verweigerung jeder weiteren sozialen Einbindung. Für mich logisch. Denn meine bisherige Erfahrung war: Jede dieser Einbindungen ging am Ende auf meine Kosten. Ich wäre mehrfach beinahe daran verreckt, dass ich nicht rechtzeitig geflohen war. Auch wenn ich mich mit den Erfahrungen in meinem Elternhaus und in den Heimen nie wieder intensiv befasst, geschweige denn sie verarbeitet hatte – ich fühlte, dass ich für weitere Bindungen vorerst nicht zur Verfügung stehen durfte. Das würde in nächsten existenziellen Katastrophen enden. Also Berber werden. Und zwar am liebsten allein.

Na ja, das mit dem Alleinsein meinte ich ganz so absolut nicht. Allein zu zwei'n war durchaus auch in meinem Sinne. Ich hatte ja einiges nachzuholen, was andere normalerweise zehn Jahre früher beginnen. Sexuelle Erfahrungen wollte ich schon gern einsammeln. Ich wollte, so betrachtet, ein Reisender mit Affärenstopps werden.

Bevor ich nun loszog, hatte ich einen preiswerten Rucksack in einem Second-Hand-Laden erstanden und ihn sorgfältig gepackt. Drinnen waren Wechselwäsche, ein Ersatzpullover und eine Hose, ein paar T-Shirts, mein Kulturbeutel nebst Handtuch und der Schlafsack. Außen hatte ich ein zweites Paar Schuhe und die Isomatte festgeschnallt. Über die Schulter gebunden trug ich außerdem meine Djembe. Hätte ich einen Knüttel und die schwarze Kluft getragen, man hätte mich für einen Zimmermannsgesellen auf der Walz halten können. Also das ganze Gegenteil eines heruntergekommenen Obdachlosen, der kaum mehr einen Fuß vor den anderen setzen kann. Ich war ein freier Wandersmann und fühlte mich auch so, als ich auf die Stadtgrenze von Mannheim zu marschierte. Der Rucksack und die Trommel drückten ein wenig, kein Wunder, ich war ja lange nicht zu Fuß gegangen. Durch mein anderes Leben, das ich gerade zurückließ, war ich nur hindurchgerauscht. Und das ohne Gepäck auf dem Buckel.

Aber ich ging tapfer weiter, ich wollte Schritt für Schritt das, was vor mir lag, erobern und Schritt nach Schritt hinter mir lassen, was hinter mir bleiben sollte. Mir half, dass man Mannheim nicht auf der Bundesstraße verlassen muss. Die ist für Autos. Für Wanderer gibt es bessere Wege, nicht so laute. Einer führt den Rhein entlang. Den nahm ich. Von Süden wehte ein leichter Wind, das Wasser plätscherte träge gegen das Ufer, ein Lastkahn tutete, ich ließ den Mannheimer Hafen hinter mir und ging Richtung Norden, auf die große Brücke zu, die die A6 über den Rhein trägt.

Die Rheinschiene stinkt hier nach Chemie. Die BASF hat in Ludwigshafen, auf der anderen Seite des Flusses, ein riesiges Werk, und ob es nun die Abwässer sind oder die Dämpfe aus den vielen Anlagen: Der reine Spätsommer riecht anders. Aber allmählich entfernte ich mich aus dem Geruchsfeld der Fabrik, und angenehmere Düfte erreichten meine Nase, feuchte schwere Erde, die erste Schicht zu Boden getaumelter Blätter.

Nach zwei Stunden setzte ich meinen Rucksack ab, schob die Djembe von der Schulter und streckte mich. Tief sog ich die Luft ein und blinzelte zur Sonne hin, die sich gemächlich einen feinen Schleier aus Abendwolken vors Gesicht zog. Weil ich nicht aufs Geratewohl losgegangen war, sondern auch Verpflegung in meinen Rucksack gepackt hatte, sah ich meiner ersten Nacht als Berber zuversichtlich entgegen. Ich wollte unbedingt unter freiem Himmel schlafen, das würde komfortabel werden, die Wolken schauten nicht bedrohlich und dunkel aus, sie versprachen eine milde, trockene Nacht. Die Autobahnbrücke wollte ich noch unterqueren und so weit gehen, dass mir der Autolärm nicht mehr in den Ohren dröhnte. Ein paar Kilometer also noch, vielleicht zehn? Ich bepackte mich wieder und brüllte plötzlich einen Schrei in die Welt, dass ich selbst erschrak. Es war ein unartikulierter Laut, aber er hörte sich doch an wie das Wort Freiheit.

Als ich am nächsten Morgen aufwachte, stand mein Gepäck brav an meiner Seite, die beiden leeren Bierflaschen, mit denen ich mein abendliches Festessen beendet hatte, lagen still im Gras. Niemanden hatte ich zu fragen gehabt, ob ich mich hinlegen durfte. Kein fremdes Schnarchen hatte mich geweckt, ich hatte von allein die Augen aufgeschlagen, vielleicht weil im Osten gerade die Sonne aufgegangen war. Mein Schlafsack war von einem feinen Wasserfilm überzogen – ein Hauch aus reinem Silber, den ich staunend betrachtete.

Ich war gestern Abend noch eine ganze Weile weitergewandert, hatte Lampertheim rechts liegen lassen und in der Dämmerung einen ruhigen Platz am Rande einiger Felder gefunden. Den Rhein hörte und roch ich. Er floss, nur durch eine Reihe hoher Bäume von mir getrennt, träge in seinem Bett nach Norden. Ich hatte Hunger und jetzt nur noch ein Stück Brot mit wenig Käse. Ich aß beides mit Genuss und in Ruhe, wischte mein Messer an der Hose ab und ging danach zum Rhein und wusch Gesicht und Hände. Dann verstaute ich Schlafsack und Matte im Rucksack und zog beladen mit Trommel und Gepäck wieder los. Nach Worms wollte ich gehen, das war zu schaffen. Von dort, von der anderen Rheinseite, würde ich den Zug Richtung Osten nehmen. Weil es keine Fußgängerbrücke über den Fluss gab, musste ich den letzten Kilometer zwar auf der Straße zurücklegen. Aber ich war ausgeruht. Und ausgeruht nervte mich der Autolärm erheblich weniger.

Mich zog es in den Osten, in die neuen Bundesländer. Von dort rannten die Leute reihenweise weg, besonders die Männer, hatte ich gelesen. Da gab es Platz für mich. Ich wollte nicht mehr die Enge, nicht mehr das dichte Aufeinanderhocken in einer Industriestadt wie Mannheim. Ich wollte mehr Land und weniger Menschen. Der Osten kam meiner Stimmung auch deshalb entgegen, weil wir beide vor kurzer Zeit neu geboren worden waren. Deshalb mit anderen Augen in die Welt schauten. Und wahrscheinlich auch mit anderen Augen angeschaut wurden, mit sympathisierender Neugier womöglich.

Mein Ziel war Eisenach, der erste mir geläufige Ortsname jenseits der alten Staatsgrenze, die bei vielen im Westen immer Zonengrenze geblieben war. In Worms besah ich mir den Fahrplan und entschied, mit dem Zug bis Kassel zu fahren. Von dort aus würde ich mich zu Fuß und per Anhalter langsam dem «Neuen Land» nähern.

In Kassel regnete es. Mir war nicht nach Schlafen im Nassen zumute. Wohin also? Ich hatte nach der langen Bahnfahrt noch 30 Mark, die mussten noch für ein paar Tage reichen. Ich wusste ja nicht, wann ich wieder an Geld kommen würde. Und selbst wenn ich morgen früh den Tagessatz für Obdachlose auf dem Sozialamt bekam, konnte ich mit den nicht mal 12 Mark zusätzlich keine großen Sprünge machen. Also suchte ich eine der Notschlafstellen für Obdachlose auf. Sie wurde von der Heilsarmee betrieben. In dieser Schlafstelle bin ich in meinen Jahren als Berber noch oft gewesen. Denn sie hatte Charme. Den Charme einer zugewandten Belegschaft nämlich, die sich mit den kärglichen Mitteln, über die sie verfügte, um uns kümmerte. Die Einrichtung war deshalb sauber und das Essen gut. Entscheidende Pluspunkte.

In der Unterkunft fiel mir ein weitaus älterer Mann auf, der sich durch seine gepflegte Kleidung und seinen großen Rucksack aus der Masse der übrigen Schutzsuchenden hervorhob. Er hielt sich trotz seiner vermutlich fast 70 Jahre aufrecht, und sein an Wangen und Kinn tief eingekerbtes Gesicht ließ ahnen, dass er über eine große Lebenserfahrung verfügte. Er unterhielt sich mit niemandem, nahm sowohl sein Abendessen als auch das Frühstück allein an einem Tisch in der hinteren Ecke des Speiseraums ein. Ich wagte nicht, mich zu ihm zu setzen, aber ich beobachtete ihn genau. Die Ruhe, die er ausstrahlte, faszinierte mich. Nur einmal schaute er kurz hoch, und ich glaubte in seinem Blick ein freundliches Blinzeln entdeckt zu haben, das mir galt. Auch ich war ja besser gekleidet als die anderen hier. Ich hatte keine Plastiktüten dabei, sondern demonstrativ meinen Rucksack neben mich auf den Stuhl gestellt. Auch der unterschied mich von den anderen. Wie ein Beweisstück, dass ich Berber sei, schien er mir in diesem Augenblick, und ich war stolz, dass er zu mir und ich zu ihm gehörte.

Als ich von der Toilette zurückkam, war der alte Berber weg. Seinen Platz hatte er aufgeräumt. Nun hielt mich nichts mehr, ich brachte mein Frühstückstablett zurück und packte mir meine Habseligkeiten auf den Rücken. Draußen regnete es weiter in Strömen. Ich nahm wohl doch besser noch einmal den Zug. Bis Bebra wenigstens. Für die knappe Stunde Fahrtzeit zog ich kein Ticket, ich hoffte auf mein Glück. Das hatte ich gleich doppelt: Ich wurde nicht kontrolliert, und Bebra begrüßte mich mit Sonnenschein.

Ich stieg aus dem Zug und stiefelte, beladen, wie ich war, in die nächste Bäckerei, nicht weit vom Bahnhof entfernt. Ich bin nicht sesshafter Wandersmann und derzeit ohne Einkommen, stellte ich mich vor, ob sie mir etwas Brot vom Vortag geben würden. Sie gaben, ohne lange zu fackeln. Ich erzählte, dass ich aus Mannheim kam und in die neuen Bundesländer wollte. Ob sie wüssten, wie ich in Richtung Grenze marschieren könne, Eisenach sei mein Ziel. Die gemütliche ältere Frau hinter dem Tresen wusste es und erklärte mir den Weg. Als ich aus dem Ort hinauswanderte, traf ich zu meinem Glück noch auf eine Fleischerei. Auch dort zeigte sich die Chefin – oder war es nur die Verkäuferin? – großzügig, und jetzt hatte ich außer einem Laib Brot noch ein paar Wurst- und Schinkenreste als Verpflegung. So schmeckte Freiheit. So sollte das Berberleben sein.

Oft habe ich solche Großzügigkeit und Hilfsbereitschaft in den kleinen Geschäften kennengelernt. Dass ich davongejagt wurde, passierte auch, aber selten, sehr selten. Für das «Schmalemachen», also für solcherart Bettelei bei Bäckern, Schlachtern oder Lebensmittelläden, stellte ich mich irgendwann mit meinem Berbernamen vor: «Kurpfälzer Wandersmann». Das klang wie ein Titel, fast wie eine Institution sogar. Einige Jahre später schrieb ich meine ersten Interneteinträge unter diesem Namen. Da hatte ich also doch ein Stück Mannheimer Heimat mitgenommen in die Fremde, die Kurpfalz halt, in deren Mitte Mannheim liegt.

Der Tag wurde warm. Mir auch. Nach zwei Stunden stellte ich Rucksack und Djembe an der wenig befahrenen Straße ab und hielt den Daumen hoch. Die Landstraße, die noch vor kurzer Zeit vor einem Stacheldrahtverhau endete, war noch nicht hergerichtet für den Durchgangsverkehr. Und wohin auch? Das Niemandsland zu beiden Seiten der Grenze war noch nicht wieder aufgeforstet, bebaut oder sonst wie von menschlichem Treiben in Besitz genommen. Diesseits war das sogenannte Zonenrandgebiet ziemlich entvölkert gewesen und blieb es, trotz «Zonenrandförderung». Jenseits der Grenze hieß die Gegend Sperrgebiet, viele waren zu DDR-Zeiten von dort zwangsweise umgesiedelt worden und auch nach dem Fall der Mauer nicht zurückgekehrt. Eine echte Tote-Hosen-Gegend also. Schön für Schmetterlinge und andere seltene Arten. Aber ein bisschen menschenfeindlich dann doch.

Das erzählte mir ein nettes älteres Ehepaar, das mich nach einer guten Stunde Wartezeit an der Straße mitnahm. Ihr Trabi, der gemächlich, von einer Stinkwolke gefolgt, herangerollt war, hielt direkt an meiner Seite, und die Beifahrerin schaute mich prüfend aus dem heruntergekurbelten Fenster an. Sie trug keine Lockenwickler und hatte den Schoß nicht voller Bananen – die damaligen Ossi-Witze waren von dieser Qualität –, sondern trug eine kurze Bubikopffrisur und zog an einer Ostzigarette. Ich fragte, wohin sie führen. «Bis ins nächste Kaff», war die Antwort, «nach Dankmarshausen.» Hatte ich noch nie gehört, natürlich nicht. Aber es lag auf dem Weg nach Eisenach, das bestätigten mir die beiden auf meine Nachfrage, und ich durfte mit. Die nette Frau stieg aus; ich quetschte mich auf die hintere Bank. Sie setzte sich wieder nach vorn, und mit einem vorsichtigen Ruck zog sie die Autotür zu. Ihr Mann kuppelte den ersten Gang ein, und wir zuckelten los. Ich kam mir nun wirklich wie auf einer Entdeckungsreise in ein anderes Land vor, wie auf einer Zeitreise in die Vergangenheit, mit leichtem Schweiß am Kunstledersitz klebend.

Hinter der weiterhin deutlich erkennbaren Grenze – weder waren sämtliche Warnschilder abgebaut noch der größte Teil der Sperranlagen – änderte sich alles: der Straßenbelag, der jetzt nicht mehr aus lange nicht geflicktem Asphalt, sondern aus großen Steinplatten oder Kopfsteinpflaster bestand; der Straßenrandstreifen, der nicht mehr als Straßengraben, sondern als erdiger Fußgängerweg angelegt war; die Straßenbäume, die nicht gefällt waren und die aus der Straße eine Alleenschönheit machten; die Gebäude, die nach einiger Zeit Dankmarshausen ankündigten und die grau und vom Zahn der Zeit angenagt waren. Wenn jemals, hatten sie den letzten Farbanstrich vor dem Krieg erhalten. Es fehlten Reklameschilder, es fehlten Straßenmarkierungen, es fehlten Ampeln.

Für mich als Städter war das platte Land ja ohnehin eine Offenbarung davon, was man alles nicht brauchte. Hier war plattes Land plus. Hier war Fortschrittsverweigerung pur. Hier war gemütliches Gestern. Auf den ersten Blick und für meine Augen. Ich machte keine politische Analyse von dem, was ich sah. Mir gefiel es einfach. Ich war vom ersten Moment an verliebt in das, was man damals «neue Bundesländer» nannte – und in das, was sie mitgebracht hatten ins neue Gesamtdeutschland.

Mittlerweile hatten mir die zwei Ex-DDRler ein Butterbrot nach hinten gereicht. Sie hatten wissen wollen, was ich so machte und was mich in die Gegend verschlagen hätte. Ich erzählte ihnen von meiner Obdachlosigkeit und davon, dass ich als freier Wandersmann die neuen Länder erkunden wolle. Flugs reichte mir die freundliche Beifahrerin noch einen Apfel hinterher. «Sie müssen bei Kräften bleiben, junger Mann», meinte sie. «Da scheint also doch etwas dran zu sein, dass bei euch im Westen auch nicht alles so golden ist», fügte sie hinzu. Ihr Mann nickte. «Kapitalismus halt.» Ich sah im Rückspiegel, wie er seine Stirn kräuselte. «Das haben wir ja schon zu spüren gekriegt. Und es wird noch schlimmer werden.» Nach einer Pause sagte er mehr zu seiner Frau als zu mir: «Dankmarshausen liegt ein bisschen abseits. Wollen wir ihn nach Marksuhl fahren? Da kommt er besser weg.»

Sie stimmte zu, und der Trabi knatterte hinaus aus dem Dorf über weitere schmale, baumgesäumte Kopfsteinpflasterstraßen durch eine sanftgewellte Hügellandschaft. Wir ließen eine riesige weiße Restehalde des Kaliabbaus hinter uns, eine Abfallpyramide, die sich im Panorama der Gegend dick und breit und hoch machte. «Wir sind noch weniger geworden hier in der Gegend», bestätigte der Fahrer die Zeitungsmeldungen, die ich gelesen hatte. «Alle hauen ab, hier ist nichts mehr zu holen. Was meinen Sie, was an Arbeitsplätzen weggefallen ist. Jetzt sagen sich hier wirklich Hund und Katze gute Nacht.» Seine Frau lachte. «Aber wir bleiben hier. Schon wegen der Enkel. Die sind immer ganz begeistert, wenn sie aus Frankfurt kommen. Dahin ist unsere Tochter nämlich gezogen. Ihr Mann ist allerdings über alle Berge, angeblich in die USA. Seltsame Zeiten.»

Ich hörte zu. Leeres Land, ja, das war mir recht. Nette Leute. Ich bedankte mich herzlich, als sie mich nach einer knappen halben Stunde Rüttelei in Marksuhl absetzten.

Eisenach erreichte ich mit einem weiteren Lift am Nachmittag. Die Stadt verfügte über keine Notschlafstelle. Obdachlosigkeit gab es in der DDR ja nicht. Zumindest nicht offiziell. Der Anblick in der Stadt war ähnlich überwältigend wie der in den Dörfern, die ich durchquert hatte. Brachflächen und Baulücken mitten im Ort, eingebrochene Häuser, seit 47 Jahren nicht beseitigte Kriegsschäden. Die Häuser, die standen, schauten grau. Eine Ruhe ging von ihnen aus! Eine Niedergeschlagenheit und Resignation auch. Sehr müde waren sie geworden. Jahre später, als mich meine Berberreisen ins deutschsprachige Ausland führten, erkannte ich, dass auch in anderen europäischen Ländern Grau die Einheitsfarbe war. Dann nämlich, wenn Armut oder Industrie, erst recht zusammengebrochene Industrie mit noch mehr Armut, vorherrschten. Aber hier, auf meinem ersten Tripp, überraschte mich das doch.

Nicht dass mich das Grau störte. Mannheim-Schönau, mein Stadtteil, sah auch beschissen aus, trotz der paar schönen Ecken. Hier jedoch schien mir alles friedlicher, langsamer – und leerer. Trotz der vielen neuen oder gebrauchten Westautos. Und trotz der Reklameschilder, die in Eisenach aussahen wie vom Mars gefallen. Dresdner Bank. Deutsche Bank. Allianz. Allianz. Allianz. Obi-Baumarkt. So etwa, in dieser Reihenfolge und Häufung.

Das liebe Ehepaar hatte mir in Eisenach noch 20 Mark in die Hand gedrückt, ohne dass ich auch nur mit einem Sterbenswörtchen darum gebeten hätte. Ich war ihnen sehr dankbar, so brauchte ich meine eiserne Reserve nicht anzugreifen, auch wenn ich mich für die Nacht natürlich in der billigsten Pension am Ort einmieten wollte. Nach einigem Suchen und Fragen stellte sich heraus: Das war die Jugendherberge. Nachdem ich mich bis dorthin durchgeschlagen und mein Gepäck abgestellt hatte, ging ich noch einmal los und sah mir die Stadt intensiver an, merkte, dass entgegen meinem ersten Eindruck doch hier und da gebaut wurde, und sog auf meiner Wanderung durch die Straßen den typischen Geruch ein, der noch lange Jahre in den DDR-Städten hing: der scharfe Mix aus Hausbrand und Trabi-Abgasen.

Pünktlich zum Abendessen war ich zurück in der Jugendherberge. Den alten Berber in einer Ecke erkannte ich sofort. Diesmal lächelte er unverkennbar, als ich mich an einen Tisch ganz in seiner Nähe setzte. «Komm rüber, Jung», sagte er und winkte mir mit der Hand, damit ich mich zu ihm setze.

«Du bist neu?», begrüßte er mich. Ich nickte, etwas verlegen. «Ich seh's dir an. Aber grün hinter den Ohren bist du nicht mehr, das seh ich auch.» Er lachte. «Knast? Drogen? Und jetzt die große Freiheit?» Er lachte wieder. Dann wollte er wissen, woher ich kam. Ich erzählte ein bisschen von Mannheim, dass ich jetzt clean sei, hätte ein bisschen gedauert, und dass ich mir den Osten angucken wollte. Das gefiel ihm, er sei jetzt das zweite Mal in der Gegend, hier sei alles ziemlich anders als bei uns, man könne dazulernen. «Aber Berber bleibt Berber, egal, wo wir sind», stellte er dann fest. «Du weißt, worauf es ankommt?» Ich schaute ihn fragend an. «Wir sind aus demselben Holz, verstehst du? Deshalb belügen wir uns nicht, wir betrügen uns nicht, und wir bestehlen uns nicht. Hast du verstanden? Sonst bist du unten durch, und jeder Berber ist dein Feind. Halt dich also dran.» Er schaute mich mit ernster Miene an. Mir wurde etwas mulmig, aber ich nickte. «Na klar. Das muss sein. Nur so geht's», antwortete ich, und er war offensichtlich zufrieden.

Dann erzählte er ein bisschen von sich. Er war aus Schwaben und hatte auch schon im Knast gesessen. Wegen einer Lappalie, wie er fand. Ende der 1950er Jahre hatten seine Leute ohne Erlaubnis der Behörden Wein gekeltert. «Nicht den besten, zugegeben», lachte er. Seine Arbeit bestand darin, den Wein auszuliefern. Mit einem uralten Kleinlaster. Dabei war er erwischt worden. Wahrscheinlich mehr als ein Mal. Und dafür in den Kahn gefahren. «Danach ist nicht mehr viel gelaufen.» Er kratzte sich am Kopf. «Nach und nach bin ich zum Berber geworden. Lief besser so.»

Ich lernte einiges in diesem Gespräch. Nicht nur die Urtugenden unter den Berbern. Auch, dass es nicht unüblich war, wenn sich ein älterer Berber eines jungen annahm. Der wurde sein Spannemann, sein Lehrling. Er konnte den Alten jederzeit mit Fragen löchern, sollte sich aber auch nicht gegen ihn stellen, sondern annehmen, was der ihm beibrachte. Horst Gaufer, so hieß der Alte, wurde mein erster Lehrmeister. Wir sind zwar nie zusammen gegangen, aber ich habe ihn immer wieder getroffen, in großen Zeitabständen, an unterschiedlichsten Orten. Von ihm habe ich jede Menge Tipps erhalten, auch Adressen und Kniffe, wie man beim Sozialamt zu seinem Geld kam und womöglich noch zu ein bisschen mehr, als eigentlich für einen vorgesehen war.

Als ich am nächsten Morgen in den Speisesaal kam, war Horst weg. Ich suchte in der ganzen Jugendherberge vergeblich nach ihm. Er war verschwunden, ohne eine Nachricht für mich zu hinterlassen. «So ist das also», dachte ich. Aber ich war nicht enttäuscht. Nein, es gefiel mir, dass man unter Berbern offensichtlich nicht verpflichtet war, sich über seine nächsten Schritte zu informieren. Man konnte allein und für sich bleiben, auch wenn man gerade jemand kennengelernt hatte. Ich war gern für mich. Ein Einzelgänger.

Auf den Spuren der Liebe

Für mich stand fest, ich hatte die richtige Wahl getroffen. Ich wollte die ganze DDR durchqueren, von West nach Ost, mindestens bis nach Chemnitz würde ich mich durchschlagen. Und ich tat genau das. Lange Strecken ging ich zu Fuß, noch längere fuhr ich per Anhalter oder mit der Bahn. Ich habe in mehr als zwei Jahren viele Regionen und Städte in den neuen Bundesländern kennengelernt. Nicht nur auf der Straße oder in Notschlafstellen und Jugendherbergen. Sondern gern auch in den Wohnungen meiner Liebsten. Während damals nämlich viele Männer fluchtartig das Land verließen und ihre Ehefrauen mit oder ohne Kinder zurückließen, ging ich den entgegengesetzten Weg. Zum ersten Mal begriff ich meine Möglichkeiten, als ich bei einer Tasse Kaffee in einer Bäckerei saß und mal wieder über den Preis staunte, den ich zu bezahlen hatte. Weniger als einsfünfzig kosteten mich der Kaffee und das dick mit Fleischwurst belegte Brötchen. Ich konnte zuversichtlich in den Tag schauen, da ging nur wenig von dem Geld weg, das ich in meinem Hut auf dem Marktplatz gesammelt hatte.

Ich war in Potsdam, Berlin war nicht mehr weit. Ich blätterte eher gelangweilt als interessiert in einem der zahlreichen Anzeigenblätter, die damals überall herumlagen. Darin inserierten Versicherungsmakler, Autoverkäufer, Bankfilialen, Möbelhäuser – all die Hektiker aus dem Westen, die den Neubürgern aus dem Osten unbedingt etwas andrehen wollten. Dazwischen war der ein oder andere journalistische Text gequetscht, der von einer bevorstehenden Straßensanierung berichtete, dem Niedergang eines Brieftaubenvereins oder einer weiteren Fabrik und der weitgehenden Entvölkerung eines weiteren Stadtteils. Blühende Landschaften halt. Aber zwischen diesem Unkraut auf Trümmerhalden schauten wirkliche, lebendige Blüten hervor. In Privatinseraten. Da suchten nämlich zurückgelassene Frauen einen neuen Partner. Das machte mich neugierig. Ich dachte, da kommt doch Richard gerade recht, und ich fasste mir ein Herz.

Ich notierte mir zwei oder drei Chiffrenummern aus den Inseraten auf einem Zettel. Dann holte ich mir in einem Schreibwarenladen – ja, so etwas Altbackenes gab es damals noch häufig – einen Schreibblock und ein paar Briefumschläge. Zum Nachdenken und Schreiben zog ich mich auf eine Bank zurück, die am Rand einer Parkanlage stand und für Liebesphantasien wie gemacht schien. Ich schrieb aber nur zwei Sätze, wortgleich auf drei verschiedene Blätter, um sie in drei Briefumschlägen zu verstauen. Dass ich ein Wandersmann sei, schrieb ich. Und dass ich mich mit Gelegenheitsarbeiten durch die Welt schlüge. Mein Alter teilte ich natürlich auch mit. Weil ich keine eigene Wohnung hätte, möge eine Antwort doch bitte an die Adresse der Zeitung gerichtet werden.

Dorthin trug ich meine drei Umschläge und fragte die etwas mürrische Dame, ob sie eventuelle Antwortpost an mich hier aufbewahren könne. Ich käme auf jeden Fall vorbei. Überraschend freundlich beschied sie mich mit einem «Ja, selbstverständlich»; das sei möglich, und ich spürte keinen Anflug von Missbilligung wegen meiner Obdachlosigkeit, die ich als Grund für meine Bitte angab. Drei Tage später waren tatsächlich zwei Antwortbriefe gekommen.

Ich nahm sie an mich und suchte wieder meine Liebesbank auf. Klopfenden Herzens, muss ich sagen. Was da auf mich zukommen würde? Ablehnungen konnten es ja logischerweise nicht sein. Wer mich nicht wollte, schrieb mir nicht. Also zwei Zusagen. Ich riss den ersten Umschlag auf. Er begann mit «Lieber Richard», und die Absenderin schlug vor, dass wir uns in zwei Tagen, am Samstag, nachmittags um vier, im Café Kronbeck treffen sollten. Sie hätte als Erkennungszeichen eine große Tüte von Edeka dabei. Ein Telefon habe sie leider nicht, es würde aber bestimmt auch so klappen. Mit «Schöne Grüße, Steffi» endete der Brief. Heute war Freitag, also morgen Nachmittag. Okay, das konnte ich einrichten. Der zweite Brief. «Hallo», war hier die

Anrede, etwas unpersönlich, fand ich, dafür war ein Foto dabei, das mir sehr gefiel. Und eine Telefonnummer. Ich möge doch einfach mal anrufen heute oder morgen Abend, dann könnten wir uns verabreden.

Um es kurz zu machen: Steffi traf ich tatsächlich am Samstag, einmal und nie wieder. Es hakte überall, wir waren uns auf Anhieb unsympathisch. Dafür zog ich zwei Tage später bei Ute ein. Und blieb drei Wochen bei ihr. Drei sehr vergnügliche und liebevolle Wochen. Dann allerdings musste ich wieder raus. Nicht weil sie es gewollt hätte. Sondern weil ich ein dickes Problem hatte. Mit ihren beiden Kindern, sieben und neun Jahre alt. Sie waren nett und zuvorkommend und überhaupt nicht unfreundlich zu mir. Im Gegenteil, sie waren anscheinend froh, dass sich wieder ein Mann im Haus befand, und sie begannen, in mir einen Papaersatz zu sehen. Ihr richtiger Papa war zwei Jahre zuvor getürmt und blieb seitdem wie vom Erdboden verschwunden. Nur zwei Ansichtskarten, die er aus Münster geschickt hatte, bewiesen, dass er noch am Leben war. Einen Absender hatte er nicht auf die Karten geschrieben.

Als ich merkte, dass die Kinder mich zu mögen begannen, schnürte es mir die Kehle zu. Kind sein hieß für mich, enttäuscht zu werden und immer wieder auf Erwachsene zu treffen, die dich fertigmachen, stehenlassen oder dir sogar Gewalt antun. Kinder in meiner unmittelbaren Umgebung spülten meine eher schlechten Kindheitserinnerungen nach oben. Manchmal konkrete Bilder, erlebte und durchlittene Szenen, hauptsächlich aber das dumpfe Gefühl, dass ich entweder mit meiner Sehnsucht nach elterlicher Nähe ins Leere falle oder niedergemacht werde. Nicht dass ich als Kind nur Opfer gewesen wäre. Ich war selber ein ziemlicher Haudrauf und habe an vielen Gleichaltrigen ungewollt ausgelassen, was Erwachsene mir antaten. Prügeleien, aus denen ich meist als Sieger hervorging, gehörten zu meinem Alltag. Lehrer und gutmeinende Erwachsene hatten oft ihre liebe Not mit mir.

Utes Kinder rückten mir zu nah. Ich konnte nicht auf ihre Wünsche eingehen, ich wollte nicht zur Verfügung stehen, ich mochte und konnte ihre Not und Hoffnung nicht sehen, ich floh. Ute war natürlich enttäuscht, aber nach einiger Zeit konnte sie nachvollziehen, warum ich unsere Beziehung beendet hatte. Ich stehe heute noch mit ihr in Kontakt.

Ich folgte also meinem Plan weiter und setzte meine Reise gen Osten fort, mit ein wenig Abschiedsschmerz im Herzen. Aber ich war jung, eine andere Ute würde meinen Weg kreuzen, ich war ganz zuversichtlich. Als ich Richtung Chemnitz aufbrach, mied ich Berlin, Berlin war mir zu groß, jetzt noch jedenfalls, ich bog nach Süden ab.

Ich hatte mir vorgenommen, mit zwei oder drei Stopps bis nach Chemnitz zu reisen, danach vielleicht noch ein bisschen weiter bis nach Görlitz an die Grenze zu Polen oder Richtung Tschechien. Nach meinen bisherigen Erfahrungen schien es mir jedoch nötig, planvoll vorzugehen und nicht aufs Geratewohl irgendeinen Ort anzusteuern, an dem sich dann keinerlei Möglichkeiten für einen Obdachlosen fanden. Ich habe deshalb oft in den Räumen der örtlichen Post gesessen und Telefonbücher anderer Städte und Regionen durchgesehen, um irgendeine Einrichtung zu entdecken, an die ich mich würde wenden können. Die rief ich dann an, bevor ich weiterreiste. Das hat nicht immer geklappt. Weshalb ich immer wieder auch Platte machte, also draußen schlief.

Aber draußen schlief ich nicht nur, weil es da, wo ich war, keine Notschlafstellen gab. Es gab Nächte, in denen ich allein unter dem Himmel sein wollte. In denen ich erleben wollte, wie sich die Dunkelheit zurückziehen musste, weil der nächste Tag nahte, angekündigt von einem Konzert unterschiedlichster Vogelstimmen. Wenn mich die ersten von ihnen morgens um drei oder halb vier aus dem Tiefschlaf holten und ich ihnen eine Weile mit geschlossenen Augen zuhörte, spürte ich ihren Gesang durch mich hindurchströmen. Ein Gesang, der alle harten und schwarzen Klumpen wenigstens für diese ersten Morgenstunden dieses einen Tages in mir auflöste und die in mir festgewachsene Traurigkeit fortspülte.

Mit Horst, meinem Lehrmeister, habe ich ein paarmal darüber gesprochen. Auch er kannte solche romantischen Anwandlungen und ließ sich gern von ihnen forttragen. Die anderen Berber, die ich nach und nach kennenlernte, schienen sich in solche Regionen nicht zu begeben. Und die Stadtratten, also ortsgebundene Überlebenskünstler, die ich auf der Straße und in den Notunterkünften traf, schon gar nicht. Vielen von ihnen ging es um die nackte Existenz, um die nächste Flasche, den nächsten Schuss. Weil ich auch mal bei ihnen saß und mit dem ein oder anderen sprach, verstand ich allmählich, wie unterschiedlich, ja gegensätzlich die vielleicht für Außenstehende homogene Szene der Obdachlosen war.

Ich hatte in Mannheim ja schon viele unterschiedliche Typen kennengelernt, aber nicht wirklich begriffen, was da abging auf der Straße. Ich war selbst zu sehr damit beschäftigt, mein nacktes Überleben zu sichern, an Stoff zu kommen, an Geld, an Geld, an Geld. Und auch meine Zeit als Punk, nachdem ich als Sechzehnjähriger aus dem letzten Horror-Heim abgehauen war und in einer Gruppe dieser Bürgerschrecks Zuflucht gefunden hatte, hatte mich noch nicht gelehrt, wie verschiedenartig die Menschen auf der Straße sind.

Mittlerweile sah ich: Jeder klammerte sich meist an seinesgleichen. Die Alkoholiker saßen bei den Alkoholikern, die Heroinabhängigen hockten zusammen; auch die Stricher suchten einander, wenn sie nicht ihrem Job nachgingen; selbst die wohl größte Gruppe unter den Obdachlosen, die mittlerweile oder schon immer psychisch schwer angeschlagen waren, suchten einander und blieben meist in ihrer Gruppe. Die Punks bildeten vielleicht die einzige Ausnahme, sie definierten sich nicht durch eine besondere Macke, sondern durch eine gesellschaftspolitische Haltung: die Ablehnung der herrschenden Konventionen und Spielregeln. Unter ihnen gab es Säufer, Drücker und Verrückte, aber auch welche, die jede Droge ablehnten. Nur kiffen taten sie alle.

Die Berber hielten sich von allen fern. Sie blieben ja auch nie länger an einem Ort, es lohnte sich für sie gar nicht, sich mit Leuten aus den anderen Szenen anzufreunden. Auch ich fand meine Bekannten fast ausschließlich im Berbermilieu, sammelte über die Jahre vierzig oder fünfzig Namen und Telefonnummern und traf manche von ihnen, wenn auch in langen Zeitabständen, immer wieder.

Bekannte waren es. Freunde zu finden war für mich schwierig. Vielleicht aber ist es für alle auf der Straße schwer, echte Freundschaft mit anderen zu schließen. Der Boden, auf dem wir stehen, gibt uns nicht wirklich Halt, er gibt nach, er ist von trügerischer Festigkeit. Wir selber sind alle durch große Lebensängste gegangen und tun das fast täglich erneut. Das hat Spuren in uns hinterlassen. Keine guten Voraussetzungen, um Vertrauen zuzulassen und zu schenken. Wer von uns hat jemals wirklich Vertrauen erlebt?

Ich habe auf der Straße viele Menschen kennengelernt, die in ihrer Kindheit Gewalt erlitten hatten. Schwerste Gewalt bis hin zu sexuellem Missbrauch. Bei mir war es nicht anders gewesen.

Aber ich scheute mich noch, zurückzuschauen und mich mit meiner Vergangenheit zu beschäftigen. Nein, ich musste erst leben, mehr leben. Dann erst würde ich mich umdrehen und mit dem auseinandersetzen, was einmal gewesen war.

EIN FREIER BERBER
Meine Wanderjahre auf der Straße

Mit der Zeit, besser gesagt: mit den Jahren, wurde ich in einigen der Notschlafstellen deutscher Städte Stammgast. Nicht in den üblen Kaschemmen, logisch. Sondern in denen, in denen man uns Berbern und auch den ortsansässigen Obdachlosen mit Respekt begegnete. In Kassel zum Beispiel fühlte ich mich im Haus der Heilsarmee sehr wohl. Hier gab es schon Anfang der 1990er Jahre keine Massenschlafsäle mehr, sondern höchstens Vierbettzimmer und eine Verpflegung, die nicht an Schweinefraß erinnerte.

Wer noch nie eine Mittagsmahlzeit in einer der oft schrecklich abgerockten Notunterkünfte erlitten hat, wird kaum erahnen, was ich mit diesem Lob meine. Sicherlich ist auch eine Betriebskantine kein Sterne-Restaurant, und viele Beschäftigte stöhnten damals über zermatschte Kartoffeln und zerkochtes Gemüse. Essen für Obdachlose soll aber in vielen Notunterkünften bis heute anscheinend beweisen, dass uns nicht einmal zermatschte Kartoffeln und zerkochtes Gemüse zustehen. Wir sind ja auch keine normalen Leute. Wir sind die unterste Schicht. Und so war meistens das Essen. Auf dem Teller fand ich angefaultes Gemüse, ich roch Soßen, die schon gegoren waren, und das Fleisch verbarg sich als schmaler Streifen in einem Klumpen von Sehnen und Knorpeln.

So etwas zu essen war ein ständiges Ringen um die eigene Würde und um die eigene Daseinsberechtigung. In den Augen vieler guter und weniger guter Bürger waren wir ja Arbeitsunwillige und schamlose Betrüger am Gemeinwohl und fraßen ihnen frech weg, was sie an Steuern zahlen mussten. Was hätten sie sich nicht alles Schönes kaufen können, wenn sie uns nicht hätten durchfüttern müssen! Wir waren die Überflüssigen im Überfluss. Nein: am Rand des Überflusses. Diese Haltung verführte die schlimmsten solcher Bürger dazu, Obdachlose totzuschlagen.

Auf eine abgemildert aggressive Haltung stieß ich in den Einrichtungen der «Wohlfahrtspflege», die uns mit Kakerlaken in den Betten und mit Schweinefraß auf dem Teller traktierten. Warum gab es uns überhaupt?! Ja, warum gab es uns? Weil manche straucheln und fallen, ganz einfach. Und andere auf gemeinste Weise zu Fall gebracht werden. Und weil man sie nicht am Wegesrand liegen lassen darf, wenn man sich Mensch nennt und eine Gesellschaft menschlich.

Ich habe auf meinen Wanderungen und in den Unterkünften die erschütterndsten Schicksale kennengelernt, das grausigste Scheitern. Viele von uns schleppten die Gewalt ihrer Kinder- und Jugendzeit als schwere Bürde mit tiefster Traurigkeit durch ihre Tage. Das verschlang ihre ganze Kraft. Sie waren nie wirklich auf die Beine gekommen und duckten sich ständig unter den bereits empfangenen und unter den künftigen Schlägen. Andere hatten zuvor ihren Mann oder ihre Frau gestanden, im zurückliegenden Leben. Sie waren sogar weit gekommen, hatten es zu etwas gebracht: schöne Wohnung, nette Familie und brave Kinder – und waren ganz unvermittelt zu Fall gekommen. Einen Professor, den ich sah, wie er sich auf seiner Pritsche in einer der schlimmsten Massenunterkünfte in Hannover an sein

Reclamheft mit Texten von Platon klammerte, hatte der Tod seiner Frau und seiner zwei Kinder bei einem Autounfall umgehauen. Warum er sich trotz Trauerbegleitung, Therapie und seines guten Jobs nicht in der Bahn halten konnte? Ich weiß es nicht. Wissen die es, die ihm und seinesgleichen auf der Straße ums Verrecken niemals auch nur einen Pfennig oder einen Cent in den Becher geworfen hätten?

Julian, der so wie ich keinen Schulabschluss hatte, lernte ich kennen, als er nicht mal 20 Jahre alt war. Ein ganz schmaler Mensch, seit seinem zwölften Lebensjahr machte er Platte. Er war vor seinem Vater davongelaufen, der ihn immer wieder windelweich geprügelt hatte. Seine Großmutter nahm ihn auf, kam aber mit ihm nicht zurecht, und er lief auch ihr davon. Ich kenne die Geschichte seines Vaters nicht, warum er geprügelt hat und warum er drogenabhängig war. Genauso wie seine Mutter, die das Geld für ihre Sucht auf dem Strich zusammenkratzte. Julian kannte die Geschichte seiner Eltern auch nicht. Er rannte irgendwann, atemlos verletzt, weg und holte sich sein Geld im Strichermilieu. Nach nur wenigen Jahre infizierte er sich mit HIV.

Oder Ralph, der aus Ludwigshafen stammte, ich hätte ihm also über den Rhein zuwinken können. Er machte als junger Mann eine ganz normale bürgerliche Karriere. Seine Eltern, sie Ärztin, er Ingenieur, ließen ihn an der Uni studieren, Geschichte und Fremdsprachen. Als ich ihn kennenlernte, war er schon ausgestiegen, hatte seine Eigentumswohnung versoffen, seinen Mercedes und sein Sparguthaben von einigen zehntausend Mark. Er dröhnte sich auch noch mit Psychopharmaka zu, mit Tavor und Lyrica, die er nahm wie andere Haribos. Was ihn aus der Bahn geworfen hatte, konnte ich nur ahnen. Wir sprachen nicht darüber, er erwähnte nur so nebenbei den frühen Tod seines älteren Bruders; da sah ich, wie seine Augenlider flatterten. Er hatte ihn verloren, als er selbst 14 war. Seine Eltern starben, als er 40 Jahre alt war, kein ungewöhnliches Schicksal also. Aber was heißt das schon?

Ralph lernte ich im Sommer 2002 kennen und habe ihn bis zu seinem Tod im Juni 2017 nie aus den Augen verloren. Zufällig waren wir im selben Vierbettzimmer im Haus St. Martin gestrandet, einer Obdachlosenunterkunft in Ludwigshafen. Ralph war in schlechter körperlicher Verfassung, das merkte ich schnell. Aber als es aus irgendeinem Grund um Musik ging, kam dann doch Leben in den Mann. Beide waren wir die kompletten Hardrock-Fans. Die Musik war unser Klebstoff. «Die Boxen müssen die Schallmauer durchbrechen!» Das war sein Motto – ich konnte ihm nur zustimmen.

Ralph hatte vom Leben auf der Straße noch nicht viel Ahnung, und ich bot ihm an, mit mir auf Trebe zu gehen. So wurde er mein Spannemann, obwohl er ein paar Jahre mehr auf dem Buckel hatte als ich. Wir zogen Richtung Norden, verdingten uns in diesem Sommer häufig als Tagelöhner bei den verschiedensten Landwirten, halfen bei der Ernte, misteten Pferdeställe aus, machten kleinere Reparaturen. In Verden an der Aller hatten wir das Glück, dass der Sozialarbeiter der überfüllten Notschlafstelle uns an ein Haus weitervermittelte, in dem wir für zehn Euro pro Nacht in zwei Einzelzimmern unterkommen konnten. Ein sehr christlich geführtes Haus, der Herbergsvater wollte uns abends zu Kamillentee und Beten abholen und zeigte sich enttäuscht, als wir den Gang zur nahe gelegenen Tankstelle vorzogen und uns dort das ein oder andere Bier gönnten. Als wir wieder das Heim betraten, schnupperte der gute Christenmensch leicht angewidert, verkniff sich aber eine Standpauke, sondern mahnte uns nur, wir sollten uns bitte anständig benehmen.

Natürlich taten wir das, keiner von uns musste bei solch einer Gelegenheit provozieren, auch wenn wir nicht vor dem Hauschef dienerten. Als am nächsten Abend ein für Ralph wichtiges Fußballspiel im Fernsehen lief, schaute ich es mit ihm zusammen an, obwohl ich mit Fußball nichts am Hut hatte. Er hingegen, der mit Rugby nichts anfangen konnte, meinem Lieblingssport, bei dem ich keine TV-Übertragung verpasste, es gab ja ohnehin nur selten welche, hockte neben mir, wenn dann doch mal ein Rugby-Spiel gezeigt wurde. Wir merkten, dass wir bei aller Unterschiedlichkeit auf gleicher Wellenlänge lagen.

Als wir Hamburg erreicht und uns ein paar Tage in der Hafenstadt herumgetrieben hatten, trennten wir uns wieder. Der eine hierhin, der andere dorthin, wir waren beide Einzelgänger, wir blieben Einzelgänger. Aber wir feierten in den kommenden Jahren jeden Geburtstag zusammen und riefen uns immer mal wieder an. Manchmal verabredeten wir uns an einem Ort, an dem sich unsere Wege kreuzten. Es entstand eine Verbundenheit zwischen uns, bei der keiner befürchten musste, dass er verraten würde, wir blieben uns erhalten, eben weil wir beide ein Leben lebten, das ohne tiefere soziale Bindungen auskam. Wir beurteilten uns nicht danach, was wir hinter uns hatten, sondern wie wir uns in der gemeinsamen Zeit verhielten. So hielt ich es auch mit anderen Menschen.

Aber selbst diese Messlatte taugte nicht unbedingt. Klaus zum Beispiel war ein aggressiver Typ. Auf den ersten Blick. Er raunzte mich an, als wir uns zum ersten Mal trafen, ich solle mich verpissen, warum ich ihn so anglotzen würde. Ich war mir keiner Schuld bewusst, verstand die Anmache aber auch nicht gerade als Einladung. Ich traf ihn mehrfach wieder, zufällig, in anderen Einrichtungen, in anderen Städten. Und merkte mit der Zeit, dass er seine Aggressivität wie einen Schutzmantel um sich gelegt hatte. Wie viel Angst steckte in diesem Kerl! Als wir zum vierten oder fünften Mal am selben Tisch saßen, bekam ich den anderen Klaus zu spüren. Das war ein gütiger, zugewandter, hilfsbereiter Mensch, der den letzten Groschen mit mir teilte, das letzte Stück Brot und der weiterzog, weil er mir das letzte freie Bett in der Notschlafstelle überlassen wollte.

Beeindruckt haben mich in diesen Jahren der Wanderschaft, zuerst im Osten der vergrößerten Republik, dann in allen anderen Himmelsrichtungen, auch etliche Sozialarbeiter. Kein leichter Job, denn wir Obdachlose sind, bei aller Unterschiedlichkeit, keine einfache Klientel. Zwischen Gestank und Gewalt, zwischen Selbstmord und Diebstahl, zwischen Selbstmitleid und Wut: Was sie mit uns täglich erleben, schlaucht. Viele von ihnen waren uns nie zugewandt; andere, die in ihrem Job vielleicht mit dieser Einstellung begonnen hatten, waren Zyniker geworden, gleichgültig, selber Alkoholiker oder einfach nur leer. Ganz anders zum Beispiel Hans-Peter. Er saß an der Pforte der Heilsarmee-Notunterkunft in Kassel. Mit ihm hatte ich 25 Jahre lang zu tun. Und er blieb in diesem Vierteljahrhundert immer derselbe. Einer, dessen respektvolle Geduld unendlich schien, der zuhörte, der einem einen guten Rat nicht aufdrängte und der um dein Leiden wusste, auch wenn du ihm nie etwas davon erzählt hattest.

Zum ersten Mal war ich ihm nach meinem Aufbruch aus Mannheim begegnet. Da hieß die Einrichtung noch Wilhelm-Österlein-Haus. Sein freundlicher Blick hat mich auf eine Weise umhüllt, dass ich heute, wenn ich daran denke, in Tränen ausbrechen könnte. Damals habe ich kurz gestutzt, so viel Empathie war ich nicht gewohnt. Ich war ja völlig fremd und gerade angekommen. Aber ich habe mich angenommen gefühlt. Er stand auf, reichte mir die Hand, zeigte mir dann das Haus und führte mich in den Speisesaal. Die Belegschaft in dieser Einrichtung kochte selbst, die Obdachlosen halfen mit. Bei meinem zweiten Besuch, ein paar Jahre später, stellte ich fest: Aus den Mehrbettzimmern waren Zweibettzimmer geworden, das Haus war neu angestrichen worden und wirkte nun auch außen so freundlich, wie es innen schon vorher gewesen war. Hans-Peter saß immer noch am Eingang. Er war das, was Unbedarfte oder Spötter einen Gutmenschen nennen. Er war ein guter Mensch.

Oder Alex Schamm in Berlin. Dahin hat es mich doch irgendwann getrieben, und eine Zeitlang war ich in einem von ihm betreuten Wohnprojekt einquartiert. Die Ein-Zimmer-Wohnung war eine Übergangswohnung mit Bad und Küche – Übergang ins bürgerliche Leben oder zurück auf die Straße. In der Küche hatte der Kühlschrank gerade seinen Geist aufgegeben. Alex suchte mit mir in der Nähe bei einem Gebrauchthändler einen intakten, und wir fanden einen, der nicht zu teuer war. Ob wir uns eine Sackkarre leihen dürften, fragte ich den Händler. Mein «Betreuer» winkte ab. «Machen wir so», meinte er. Ich solle nur eben helfen, ihm den Kühlschrank auf den Rücken zu hieven. Er beugte sich etwas vor, damit der Kühlschrank an seinen Schulterblättern zu liegen kam, seine Schaufelhände stützten das Ungetüm von unten, und los ging's. Während der zweihundert Meter bis zu unserem Haus und der fünf Stockwerke hoch – Berliner Stockwerke! – setzte er seine Last nicht ein einziges Mal ab. Oben schnaufte er ein wenig. Und dann ging er wieder zurück in sein Büro. Seine Tipps und Ratschläge, die er dort ausbrütete, taugten wenig. Aber wenn seine Hilfe handfest sein konnte, taugte sie immer. So einer war er. Auch einer von den wirklich Guten.

Nebenjobs

Ich war ja auch nicht gerade schwächlich. Aber was Alex mir da vorgemacht hatte, brachte ich nicht zustande. Er war Möbelpacker gewesen. Mit dem Geld, das er so verdiente, hatte er sein Sozialarbeiterstudium finanziert. Wenn ich selbst solche oder ähnliche Jobs machte, dann nicht, um damit meinen Schulabschluss oder gar eine Ausbildung zu bezahlen. Daran dachte ich nicht im Traum. Ich war noch viel zu sehr davon überzeugt, dass ich dazu nicht taugte. Ich arbeitete, um zwischendurch mal etwas mehr Geld zu haben als das wenige vom Sozialamt oder das, was ich durch Betteln oder Musikmachen auf der Straße verdiente.

Viele Berber, die ich kennenlernte, schlugen sich mit Gelegenheitsarbeiten durch. Berber bekamen damals nicht in allen Städten den Tagessatz vom Sozialamt. Viele Ämter verlangten eine Meldebestätigung. Die hatten wir nicht. Also verdingten wir uns auf Baustellen, in Pensionen oder in Restaurants. Als Tellerwäscher, Bauhelfer oder auch mal bei der Ernte auf einem Bauernhof; nur wenige konnten Berufe vorweisen, die für bessere Tätigkeiten benötigt wurden, als Koch zum Beispiel.

Ich hatte nichts gelernt. Und trotzdem landete ich einmal in einem echten Vorzeigejob. Als Küchenhelfer. Nicht in irgendeiner Schnitzel-mit-Kartoffeln-Klitsche. Sondern im Restaurant des späteren DFB-Kochs Fritz Westermann. Ich spielte zwar keinen Fußball, aber dafür gehörte gutes Essen zu meinen Leidenschaften. Ich war auf einer meiner Wanderungen an einem Landgasthof in Rheinland-Pfalz vorbeigekommen, der Duft seiner Küche hatte mich schon im Griff, bevor ich das Haus überhaupt sah. Ein hübsches Haus, von einem geschmackvollen großen Garten umgeben, nicht super edel, aber erkennbar von der gehobenen Sorte. Eher nichts für einen armen Schlucker wie mich, der seinen Durst oder Hunger stillen wollte. Also lieber weiter, damit mich der leckere Duft nicht noch länger peinigte. Aber irgendetwas ließ mich anhalten, als ich schon vorbei war, und zurückschauen. «Doch», dachte ich bei mir, «doch, hier sollte ich nachfragen, vielleicht haben sie einen Job.» Das gehört zu den schönen Seiten des Berberlebens: Du kommst nicht nur in Regionen, in die du als Sesshafter nie gelangen würdest, du setzt dich auch Situationen aus, in die du sonst nie geraten wärst.

Ich drehte also um und betrat, wenn auch etwas zögerlich, die Gaststube. Links war der Tresen, der Gang daneben führte wohl zur Küche. Ich sah, wie eine Tür aufschwang, dahinter erkannte ich den Spülraum, erst dann die Küche. Der Kellner, drei Teller sicher balancierend, rauschte an mir vorbei, ohne mich eines Blickes zu würdigen. Ich stellte meinen Rucksack und meine Djembe ab und wartete. Liebenswürdig fragte mich eine junge Frau, die hinter dem Tresen auftauchte, nach meinem Begehr. Ob sie jemanden in der Küche bräuchten, fragte ich zurück, als Tellerwäscher zum Beispiel oder Küchenhelfer. Sie nahm meine Frage mit in ein Büro und kehrte kurz darauf zurück. Ja, ich könne bleiben, gegen Kost und Logis und ein Taschengeld von 300 Mark im Monat.

Ich war begeistert. So ein schöner Laden. Und es wurde Winter. Das Angebot musste ich annehmen. Ich ließ mir die kleine Schlafkammer im oberen Geschoss zeigen und pries meine Nase und mein Glück. Sogar ein Fernseher stand hier drin, es roch nicht nach Schimmel – was ich auch schon erlebt hatte, denn es war ja nicht meine erste Stelle in einem Restaurant –, und ich konnte vom Bett in die Baumwipfel und in den Himmel schauen.

Ich hielt die beiden tiefsten Wintermonate durch. Nicht dass es mein Traumort gewesen wäre. So war es schon seltsam, wie deutlich die beiden anderen Handlanger und ich am Rande der Belegschaft dieses Gasthauses abgestellt wurden. Die festangestellten Kollegen suchten keinen Kontakt mit uns; es ging ohnehin anscheinend nur um Arbeit. Zwölf Stunden dauerten die Schichten, am Trinkgeld wurden wir drei Hilfskräfte nicht beteiligt, obwohl unsere Arbeit sicherlich nicht unwesentlich zum geregelten Ablauf des Betriebes beitrug. Doch auch unter uns dreien kam kein Miteinander auf, jeder riss die Stunden ab, es war körperlich sehr schwere Arbeit. Die Hitze, das Wasser, die Hetze; jeder war froh, wenn der Feierabend nahte. Aber ich beklagte mich nicht, die Verpflegung war gut, und abends durften wir zwei Flaschen Bier mitnehmen. Ich verkrümelte mich meist in mein Zimmer und sank bald hinab in traumlose Nächte.

Als die Tage wieder länger wurden, habe ich meinen Rucksack gepackt und ließ mich nicht mehr länger halten. Obwohl der Küchenchef schimpfte, was ich für ein undankbarer Gesell sei, sie so hängenzulassen. Ich sah es anders, bedankte mich bei Herrn Westermann und wünschte beim Rausgehen allen eine gute Zeit. Ich hatte sie ja wirklich hier gehabt.

Hartes Brot und kalte Nächte

So gute Zeiten hatte ich wahrlich nicht immer. Auch wenn ich glaubte, dass das Schlimmste hinter mir lag, in Mannheim nämlich: in den unwirtlichen Heizungskellern der Hochhäuser an der Neckarpromenade, die mir manchmal ein Bekannter aufschloss, der dort wohnte – immerhin war es da unten wärmer als in den Telefonzellen, die mir sonst häufig als Nachtasyl dienten. Meine Heimatstadt hatte mir auch sonst viel Bitteres mitgegeben, wenn ich zum Beispiel in meinen wirrsten Drogenzeiten hungrig am Ende der Markttage auf der Straße zurückgelassenes Obst aufklaubte und mir in den Mund stopfte. Nicht satter machte mich die Knickerigkeit eines Pfarrers, vor dessen Tür ich bettelte und der mir nach missbilligendem Murren schließlich eine Plastiktüte mit alten Brotkanten und etwas Schmierwurst herausreichte.

Aber auch als freier Berber konnte ich den Zumutungen mancher Angebote, die die Gesellschaft für Obdachlose bereithielt, nicht immer ausweichen. Es gab Schlafstellen, die man eigentlich nur bewaffnet aufsuchen sollte, so gewalttätig aufgeladen war die Atmosphäre. Das lag nicht nur am speziellen Publikum, das sich hier suchte und fand. Es lag auch an der Einrichtung selbst, die von Verachtung triefte: Alles war dreckig, die Betten, die Wände, der Speiseraum, die Toiletten; angeschlagenes Mobiliar war niemals ersetzt worden, gesplitterte Spiegel oder sogar Fenster waren nie erneuert worden, Lampen hingen an nackten Kabeln von der Decke. Alles schien geradezu arrangiert, als wollte man uns sagen: Ihr Pack seid nichts Besseres wert.

In der städtischen Notunterkunft in Osnabrück waren wir in einem Acht-Bett-Zimmer untergebracht. Als beim Frühstück einer der Insassen nicht auftauchte, dachten wir uns noch nichts dabei; er wird verschlafen haben, er hat das Träumen wahrscheinlich nötiger als das Essen. Als sein Platz beim Mittagessen auch leer blieb, alarmierten wir den Betreuer an der Pforte. Wenig später kamen die Polizei und der Notarzt. Wir standen im Flur, als sie aus dem Zimmer zurückkehrten und unseren toten Mitbewohner gleich mitbrachten, in einem blauen Sack. Woran er gestorben war, konnten wir nur vermuten, wahrscheinlich am Goldenen Schuss oder an Herzversagen. Am selben Abend kam ein Neuzugang. Der Betreuer wies dem Neuling das Bett des Toten zu. Es lagen dasselbe Laken und dieselbe Decke darin, auch der Kopfkissenbezug war noch der alte. Der Betreuer war schon wieder draußen, als wir anderen kapierten, dass er den Neuen ins Totenbett schicken wollte. Wir protestierten, zwei von uns holten den Betreuer zurück, und erst jetzt war er bereit, wenigstens frisches Bettzeug herauszurücken.

Solche Erfahrungen zeigten mir, dass es oft besser für mich war, die Nacht draußen unter freiem Himmel zu verbringen. Nicht immer allerdings. In Finsterwalde bei Cottbus hatten ein paar Leute mir und meinem Kumpel ein recht großes Areal gezeigt, wo wir unsere Isomatten ausrollen und in unsere Schlafsäcke kriechen konnten. Als wir es uns am Rand der Wiese gerade gemütlich machen wollten, tauchten drei Stadtratten auf, also ortsansässige Obdachlose, und beschimpften uns wütend, wir hätten hier nichts zu suchen, das sei ihr Platz. Die Situation eskalierte so schnell, dass nach wenigen Wortwechseln die Fäuste flogen. Die Ortspolizei war in Kürze zur Stelle und nahm uns alle mit auf die Wache. Da klappte es allerdings nicht mit dem Heimatbonus, den die Stadtratten für sich reklamierten. Gegen einen von ihnen lag ein Haftbefehl vor, der andere blieb auch gleich da, in der Ausnüchterungszelle, weil er ziemlich zugedröhnt und nachweisbar derjenige war, der den Streit vom Zaun gebrochen hatte. Wir durften gehen und suchten uns einen Schlafplatz auf der anderen Seite des Ortes. Glücklicherweise regnete es wenigstens nicht.

Der Regen ist für Leute, die «Platte machen», eine wirklich unangenehme und außerdem in vielen Nächten unverhofft hereinbrechende Belästigung – je mehr es nach Norden geht, desto wahrscheinlicher. Am Anfang meiner Berberreisen bin ich einmal mitten in der Nacht von einem starken Regen überrascht worden und war innerhalb von Minuten bis auf die Haut durchnässt. Der Schlafsack natürlich auch, mein Rucksack mit allen meinen Klamotten ebenfalls. Es war am Rand irgendeines Dorfes, natürlich hatte nichts mehr auf, wo ich hätte unterschlüpfen können. Es gab wohl nicht mal eine städtische Penne. Und ich hätte auch niemanden herausklingeln wollen, die hätten wahrscheinlich an einen Überfall gedacht. Nach einer halben Stunde fand ich immerhin eine Scheune, unter deren Vordach ich etwas geschützter stand; dort zitterte ich mich bis zum Tagesanbruch durch die Stunden, lief auf und ab, um nicht völlig auszukühlen – es war Frühsommer –, und wrang meine patschnassen Sachen aus. Wie trocknet man nasse Klamotten, wenn man sie nicht zu Hause vor die Heizung hängen kann, weil man kein Zuhause hat? Oder wenn man keinen Waschsalon in der Nähe mit Trocknern aufsuchen kann, weil es keinen gibt? In dieser gottverlassenen Gegend hatte ich nicht einmal eine Notschlafstelle gefunden, die häufig eine Waschmaschine und Trocknungsmöglichkeiten zur Verfügung stellt. Und Geld, um in eine Pension zu gehen, hatte ich auch nicht. Glücklicherweise wehte am nächsten Tag ein starker Wind, und ich konnte alle Sachen auf meine Leine hängen, die ich zwischen zwei Bäumen gespannt hatte.

Das Erlebnis war mir eine Lehre: Wenn du Platte machst, schau dich vorher um, wohin du bei Regen flüchten kannst. Oder noch besser: Such dir gleich ein überdachtes Plätzchen, eine offene Scheune, eine Baustelle, auf deren Haus das Dach schon gedeckt ist, ein leerstehendes Gebäude, in das du hineinkannst. In der Nacht werden Baustellen selten bewacht, und wenn du früh genug wieder raus bist, kräht kein Hahn nach dir. Solche Plätze sind allerdings nur etwas für Durchreisende, nichts für Leute, die einen Daueraufenthalt brauchen. Die fallen auf, für die kann es schon beim zweiten oder dritten Besuch gefährlich werden.

Mit Hund

Es gibt auch andere Gefahren, denen behauste Leute nicht ausgesetzt sind, mit denen Berber hingegen immer rechnen müssen. Je größer Not oder Verzweiflung auf der Straße, umso eher greifen Obdachlose zur Gewalt, um ihre Interessen durchzusetzen. Fluchtmöglichkeiten gibt es dann nicht, es sei denn, du lässt deine paar Habseligkeiten zurück. Du kannst nicht in deine eigenen Wände und die Tür hinter dir abschließen. Du hast deinen Hausstand bei dir, deine Tür ist immer offen, du bist die Tür.

Ich bin dem Rat alter Berber oft gefolgt und habe mir einen Kumpel gesucht, wenn ich Platte machen musste. Sehr bald habe ich mir sogar einen festen Kumpel zugelegt, dem ich blind vertrauen konnte und der mir nicht mehr von der Seite wich: einen Hund. Lucy war ein Mischling, ich fand sie in einem Tierheim. Der Leiter führte mich durch eine Gasse, rechts und links waren die Zwinger. Einige der Hunde bellten, als wir an ihnen vorbeigingen, andere kümmerten sich nicht, Lucy stand an ihrem Gitter, und, ja, sie grinste mich an. «Die kommt aus verwahrlosten Verhältnissen», sagte mein Begleiter, «sie kränkelt ein wenig.» Mir wurde ganz warm ums Herz, und ich dachte, klar, die gleiche Wellenlänge, das teilt sich sofort mit. Ich nahm sie, legte die 70 oder 80 Mark hin, die wegen der Impfungen fällig waren, und gab ihr einen Namen, sobald wir das Tierheim verlassen hatten. Nicht dass sie keinen gehabt hätte. Aber ich habe ihn vergessen, denn als sie meine Hündin wurde, wurde sie Lucy. Das klang wie Susi. So hatte der Hund meiner Pflegefamilie geheißen, bei der ich als Kind ein halbes Jahr sehr glücklich gelebt hatte.

Lucy war eine gutmütige, ruhige Vertreterin von gutem Wesen, nicht ein einziges Mal hat sie jemanden auch nur angekläfft, der sich uns ohne böse Absicht näherte. Wenn ich in einer Fußgängerzone meinen Becher hingestellt hatte oder Djembe spielte (dann stand ein Hut daneben), gab's außer Geld auch schon mal was zu essen. Seitdem Lucy neben mir lag und mit ihren treuen Hundeaugen die vorbeiziehenden Menschen anschaute, lagen vor ihrer Schnauze häufig erheblich mehr Spenden als auf meiner Seite. Und wer Geld gab, gab es oft genug mit dem Kommentar: «Kaufen Sie aber Ihrem Hund davon was Gutes!» Das tat ich auch, ich pflegte meinen vierbeinigen Goldschatz hingebungsvoll, und Hunger musste sie nie leiden.

Ich kaufte sogar eine zweite Isomatte, auf der sie lag. Und wenn es kalt wurde und wir draußen übernachteten, schlüpfte sie zu mir in den Schlafsack, nachdem wir uns ihre zweite Matte untergeschoben hatten. Ich rüstete sogar noch weiter auf und kaufte ein kleines Zweimannzelt. Dahinein krochen wir, wenn das Wetter uns keine andere Wahl ließ. In diesen Jahren sah ich schließlich aus wie ein Packesel, mit meinem auf 20 Grad minus geeichten Daunenschlafsack, den zwei Isomatten, dem Zelt, meinen Klamotten und meiner Djembe. Kamen wir in eine neue Stadt, schloss ich als Erstes mein Gepäck am Bahnhof in ein Schließfach ein und atmete, leichtgewichtig geworden, auf. Dann musste ich nicht aufpassen, wenn ich mit Lucy stundenlang an irgendeiner Ecke saß und mir die Hände an der Djembe rot trommelte.

Lucy wurde nicht nur meine feste Begleiterin, sie wurde meine Beschützerin. Obwohl sie einen ruhigen Charakter hatte, konnte sie gefährlich die Zähne fletschen, wenn sie den Eindruck hatte, das sei jetzt mal angebracht. Und hin und wieder war es angebracht – mit der angenehmen Folge, dass Streithähne unter den Obdachlosen oder pöbelnde Bürger und Menschenfeinde sich schnell wieder verzogen. Lucy wurde außerdem meine Gesprächspartnerin. Ich konnte ihr alles erzählen, was mir auf dem Herzen lag, ich konnte mit ihr meine Begeisterung für die Natur teilen oder mich mit ihr freuen, wenn ich mich freute. Sie hörte zu, sie legte den Kopf manchmal schief, manchmal wuffte sie zustimmend. Wenn ich für ihren Geschmack genug Djembe gespielt hatte, stupste sie mich mit ihrer Nase an und sagte mir damit: «Schluss jetzt mit Trommeln, ich bin dran, mit Kuscheln oder Gassigehen!» Wenn wir abends zur Ruhe kamen und sie ihren Kopf auf meinem Bein ablegte und ich ihr Fell kraulte, spürte ich, dass wir glücklich waren.

Eines Morgens war sie tot. Sie lag neben mir und atmete nicht mehr. Im letzten halben Jahr war sie schwächer geworden, ein Tierarzt, den ich zu Rate gezogen hatte, vermutete eine Vergiftung durch einen Zeckenbiss. Es traf mich also nicht völlig unvorbereitet. Aber ich war dennoch wie vor den Kopf geschlagen. Wir hatten draußen geschlafen, irgendwo auf dem Land, und ich blieb einfach sitzen. Ich weiß nicht mehr wie lange. Ich weiß nur, dass ich irgendwann aufstand, meinen Rucksack leerräumte und Lucy vorsichtig hineinlegte. Ich nahm sie auf meine Arme und ging mit ihr in den Wald. Dort kratzte ich mit meinem Taschenmesser und meinem Löffel und mit bloßen Händen ein Loch in den Boden. Drei Stunden grub ich. Dann legte ich sie hinein und bedeckte sie mit Erde und mit Laub. Ich stand noch eine Zeitlang vor ihrem Grab, dann drehte ich mich um und kehrte zurück. Meine Sachen lagen noch an Ort und Stelle. Ich habe nie wieder einen Hund gekauft.

Schach

Ich hatte keinen Schulabschluss gemacht, aber Schach spielen, das konnte ich. In meinem Rucksack trug ich ein kleines Reiseschach und einen kleinen Schachcomputer von Mephisto mit mir herum. Oft packte ich es aus, spielte allein auf irgendeiner grünen Wiese oder einer Parkbank, arbeitete Partien aus einem Schachbuch im Lesesaal einer Bibliothek ab, spielte aktuelle Wettkämpfe von Großmeistern nach, die in der Tagespresse gedruckt wurden. Schach war Gehirnfutter für mich. Als Eigenbrötler, als meist Alleinreisendem, war dieses Spiel mir wie auf den Leib geschneidert. Ich konnte im Geviert der 64 Felder sorglos herumwandern, hier war alles schwarz oder weiß, die Anzahl der Figuren überschaubar; die Bedrohungen waren nicht wirklich existenziell, sie endeten nur mit dem Tod des Königs. Ich war kein König.

Ich war auch kein Bauer. Ich zog die Bauern. Den König auch. Und die Dame. Ich thronte über ihnen. Und es war doch nur ein Spiel. Ich vergaß, wie oft ich schon beinahe gestorben war, ich vergaß die stinkende Matratze der Notschlafstelle, ich vergaß, dass ich keine Geliebte hatte, ich vergaß, dass ich kein Geld hatte. Schach war die Erholung vom Leben.

Wenn ich in eine Stadt kam, suchte ich nicht nur nach einem geeigneten Schlafplatz, sondern meist auch nach einem Schachklub. Und selten verzichtete ich darauf, ihm einen Besuch abzustatten. Manchmal fragte ich vorher telefonisch an, ob das okay sei. Besuche von Fremden waren nichts wirklich Ungewöhnliches für einen örtlichen Verein. Immer mal wieder tauchte ein Vertreter für Arzneimittel auf, ein Handelsreisender, ein Urlauber, auch Künstler auf Tournee sah man. Sie spielten die ein oder andere Partie mit, und weil die Menschen in Schachklubs immer gastfreundlich und neugierig sind, freuten sich alle.

Ich erinnere mich sehr genau daran, als ich zum ersten Mal einen mir fremden Schachklub in einer mir fremden Stadt betrat. Es war im Hinterzimmer einer Kneipe, der Raum war rauchvoll, und an den etwa zehn Tischen wurden zehn Partien gespielt. Nur Männer – ich habe keine einzige Frau gesehen, selten sah ich Frauen in den Klubs. Hin und wieder hörte man ein Klacken, wenn einer der Spieler die Uhr drückte. Ansonsten Stille, gelegentliches Stühlerücken, selbst die einzelnen Atemzüge konnte man hören und dezentes Füßescharren.

Ich begrüßte die Spieler und sagte, ich sei ein durchreisender Wandersmann, stellte mich vor, nannte meinen Namen und fragte, ob ich heute Abend ihr Gast sein dürfe. Es war nur ein kleines Zögern, dann nickte die Runde, und einer von ihnen ergriff das Wort, ja, natürlich, hier sei jeder willkommen, die Schachgemeinde kenne nur Freunde, beim nächsten frei werdenden Tisch sei ich dabei.

Man macht beim Schach nicht viele Worte, nicht vorher, während des Spiels ohnehin nicht, eher nachher, wenn einzelne Partien analysiert werden. Ich schlug meinen ersten Kontrahenten schon in der Eröffnungsphase. Ich bevorzugte das Damen-Gambit oder auch mal das Damen-Indisch. Und er lief mir in meine Eröffnungsfalle, sodass ich schon nach zehn Zügen einen Offizier mehr hatte. Den nächsten schlug ich im Mittelspiel, als ich einen Bauern opferte und dafür wenig später die Partie gewann. Mit dem dritten, er war der Cheffe im Verein, einigte ich mich auf ein Remis. Es standen erst drei, dann sieben, dann zehn andere Spieler um unseren Tisch. Am Ende des Abends wurde ich zwar zum nächsten Treffen eingeladen, der Vereinsvorsitzende fragte sogar, ob ich nicht Lust hätte, sie beim nächsten Ligaspiel zu unterstützen. Aber keine einzige persönliche Frage wurde an mich gerichtet.

Als ich in Melle, einer Kleinstadt im Osnabrücker Landkreis, den Schachklub aufsuchte und mich am Brett recht gut machte, zogen und zerrten sie mich als aktiven Spieler sofort in ihre zweite Mannschaft. Aber zwischen und nach den Spielen wollte niemand etwas mit mir zu tun haben. Klebte der Straßendreck doch an mir? Irgendwie? Fehlte mir der Geruch der Normalität? Vielleicht wusste ich einfach auch nicht, wie man sich unter normalen Bürgern unterhielt. Angeben konnte ich mit nichts, kein Auto, keine Frau, keine Kinder, kein Job. Und Smalltalk, so etwas konnte und wollte ich nicht. Auf der Straße gab es dieses Genre nicht – und was hatte ich denn für eine andere Schule absolviert als die Straße? Auch wenn sie mich das Leben lehrte und mir Abgründe dieser Gesellschaft offenbarte – vom Alltag der anderen wusste ich trotzdem kaum etwas.

Dennoch: Schach war mein Wurfanker ins gutbürgerliche Leben. Ich bin in den Vereinen denn auch auf mir zugewandte Menschen getroffen und habe mich von ihnen akzeptiert gefühlt. Solitäre, die mit den üblichen Vorurteilen nichts zu tun hatten. Lev Gutmann, den israelischen Ex-Nationalspieler und Großmeister, lernte ich kennen und rang ihm in unserem ersten Spiel ein von ihm freundlich angenommenes Remis ab. Er war von glutvoller Neugier, was ich denn für einer sei, so ein Herumtreiber und dennoch so stark. Ihm konnte ich viel von mir erzählen, er hörte interessiert zu, und ich gehöre heute noch zu seinen Bewunderern. Oder einen Allgemeinmediziner, den ich in Pinneberg traf und der mich, als er nach meiner Geschichte gefragt und sie sich angehört hatte, in seine Praxis einlud. Er hat mich auf Herz und Nieren untersucht, kostenlos. Wie wohl mir gute Menschen taten.

Vater sein

1994 kam ich zum ersten Mal in der neuen alten Hauptstadt Deutschlands an. Auch hier lernte ich eine junge Frau über ein Zeitungsinserat kennen. Das hatte ich diesmal selber aufgegeben. «Mannheimer sucht große Liebe aus dem Osten», hatte ich geschrieben. Und ich fand eine liebe Frau. In Potsdam, das liegt ja sozusagen nebenan. Eine selbstbewusste Frau war sie und stammte aus einer nicht ganz untypischen DDR-Karrierefamilie. Ihr Vater hatte als Armeeoffizier gedient. Als ich in ihr Leben trat, waren ihre Auseinandersetzung mit der Geschichte der DDR und ihre Abnabelung vom spezifischen Gerechtigkeitsverständnis ihres Vaters gerade in vollem Gange. Es hat ihr wahrscheinlich geholfen, dass ich ganz unbeleckt von der Geschichte ihres Landes war und nachvollziehen konnte, dass sie zwischen Wut und Verständnis pendelte.

Sie hatte nicht zu den Verliererinnen des Systems gehört, hatte schon zu DDR-Zeiten eine eigene Wohnung gehabt und war mit den Vorgaben der Partei nie ernstlich in Konflikt geraten. Aber einige ihrer Freunde hatten mehr Pech oder auch mehr Widerspruchsgeist gehabt. Und mit ihnen fühlte sie – jetzt erst recht, nachdem das Ausmaß der Bespitzelung bekannt wurde, in die auch ihre Eltern verwickelt waren. Ihr Ex hatte sich mit ihr noch vor dem Ende der DDR in dieser Frage vollständig zerstritten. Er war ein radikaler Kritiker der DDR-Zustände, sie wurde es erst, als ihr die ganze Dramatik der Stasi-Methoden zu Bewusstsein kam.

Ich lebte ein Dreivierteljahr mit ihr zusammen, und während sie sich mit den Zumutungen des untergegangenen Regimes auseinandersetzte, erholte ich mich von den Zumutungen der Straße und der Notschlafstellen.

Eigene Kinder wollte sie so wenig wie ich. Das gehörte zur Basis unserer Beziehung und unserer Sexualität. Die Verhütung sei ihre Sache, gab sie mir zu verstehen. Und dann war sie nach wenigen Wochen doch schwanger. Mich traf die Nachricht wie ein Keulenschlag. Ich würde zu meinem eigenen Kind nicht anders sein, als mein Vater zu mir gewesen war, das war mir sofort klar. Ich konnte nicht anders sein. Er hatte mich als Kind nicht lieben können, wie sollte ich mein Kind lieben können? Dafür fehlte mir nicht nur das Vorbild des eigenen Vaters. Dagegen stand auch noch die tiefe Enttäuschung, erfolglos nach seiner Liebe gesucht, ja gebettelt zu haben. Ich sollte den Quantensprung vom ungeliebten Kind zum liebenden Vater schaffen? Wie denn? Ich konnte das damals nicht so präzise benennen, ich verspürte nur Panik und eine kindliche Verzweiflung.

Wir diskutierten nicht über meine Ängste, meine Abwehr. Ich sagte einfach: «Nein.» Aber ich drängte sie auch nicht zu einer Abtreibung. Ich fand, wenn sie ein Kind wollte, dann war es auch ihre Sache zu entscheiden, ob sie es allein wollte. Ich jedenfalls stand nicht zur Verfügung. Aber ich ging auch nicht weg, ich verließ ihre Wohnung nicht, sie warf mich auch nicht hinaus. Wir machten einfach weiter, vielleicht in der Hoffnung, dass irgendeine höhere Macht uns einen Ausweg zeigen würde. Schließlich war es so weit, die Geburt kündigte sich mit starken Wehen an, und wir fuhren gemeinsam ins Krankenhaus. Ich stand ihr die nächsten Stunden bei und hielt unser neugeborenes Baby als Erster in den Armen. Auch der warme, weiche Körper des kleinen Mädchens taute meine Kälte nicht auf, ich war wie versteinert und erschrak, in welch fernen Gefilden meine Seele in diesem Moment weilte.

Ich bin bald nach der Geburt abgereist. Den Kontakt zu

meiner Tochter habe ich noch drei Jahre lang aufrechterhalten. Dann riss er ab. Aber ich weiß immerhin, dass sie zu ihrem Stiefvater, dem Ehegatten meiner Ex, ein gutes Verhältnis bekam.

IM NETZ UND HINTER GITTERN
Der Kurpfälzer Wandersmann

Berlin wurde fünf Jahre später noch einmal meine Schicksalsstadt. Ich war richtig satt. Das Frühstück in der Notübernachtung Franklinstraße hatte es gebracht, da hatte ich gestern geschlafen. Nicht der schickste Laden, aber immer noch besser, als draußen auf der Platte zu pennen. Berlin war für Obdachlose nicht gerade die hippste Stadt, verdammt viele Menschen lebten hier auf der Straße, man durfte froh sein, wenn man überhaupt irgendwo unterkriechen konnte. Aber, wie gesagt, es gab wenigstens ein gutes Frühstück. Danach musste ich raus, sie sperrten ab acht Uhr alles zu. Ich bin zum Bahnhof Zoo. Das sind ein paar Kilometer, zuerst habe ich den Landwehrkanal überquert, dann bin ich daran entlanggelaufen. Feucht und neblig war es, irgendwann führte der Weg am Tiergarten vorbei. Soll schön sein dort. Aber es war keine erquickliche Wanderung, das Wetter war schrecklich an diesem Tag. In der Bahnhofsmission habe ich ein zweites Frühstück bekommen. Ein Obdachloser muss darauf achten, dass er den Bauch voll hat. Reserven in irgendeinem privaten Kühlschrank gibt es nicht.

Ich blieb nicht im Bahnhof, das war für mich kein Ort. Zugig, Durchzug. Zweckgebunden: Anreisen oder Abreisen. Oder Essen. Daueraufenthalt in Bahnhöfen nehmen nur wirklich Abgerutschte. Ich nicht. Also wieder raus, obwohl es regnete und kalt war. November in Berlin, das ist kein Monat zum Wohlfühlen. Für den Normalbürger schon nicht. Und für diejenigen, die keine eigenen vier Wände haben, erst recht nicht. Aber was sollte ich machen? Die Notschlafstelle hatte erst nachmittags wieder geöffnet. Ich würde mich also herumtreiben, schauen, was läuft. In Berlin war ich nicht wirklich zu Hause. Ich schob mich durch den Regen, ich fröstelte mich durch den Regen, ich fror mich durch den Regen, meine schwarze Jacke würde nicht mehr lange dicht halten. Die schwarze Hose war schon nass. Man musste aufpassen, dass einen die Autofahrer nicht mit Fontänen aus den Pfützen vollspritzten.

Da vorn der Kurfürstendamm, Schlagader des reichen Berliner Westens. Neun Jahre deutsche Einheit, Geld- und Warenflüsse, Menschenströme. Ich staunte in solchen Bezirken manchmal gern, auch wenn ich nicht dazugehörte. Staunen durfte man ja. Mir war aber heute nicht nach Wundern und Augenaufreißen vor der Glitzerwelt zumute. Ich überquerte den Damm, zog die Schultern hoch, ein kurzer Blick auf das Straßenschild, Joachimsthaler Straße, an der Ecke das Café Kranzler, ein pikfeiner Schuppen, ich schaute mir das Pflaster an.

Die schmucken Gründerzeitfassaden machten selbst im Novembernieselregen einen freundlichen Eindruck. Eine Synagoge kam in den Blick, besser gesagt: der Hinweis, dass hier die Orthodoxe Jüdische Gemeinde ihren Sitz hatte. Ich schaute hoch, rechts und links, auf ähnlich gestaltete Häuser. Synagogen sind eingefügt in ihre Nachbarschaft. Selbstverständlicher als christliche Kirchen, die immer allein stehen. Warum eigentlich?

Ein Schild stach mir ins Auge: «Stunde 50 Pfennig». Direkt neben dem Vorderhaus der Synagoge, deren Gebetsräume im Hinterhaus lagen. Das Schild hing oben vor dem dritten Stock. «Stunde 50 Pfennig»? Kein Stundenhotel, sicher nicht, nicht hier, nicht so billig. Ein Schild über dem Schild klärte mich auf: «Internetcafé». Das war was? Soweit ich sehen konnte, Räume hinter den Fensterscheiben, trocken also. Aber ich hatte keine Ahnung, was mich da erwartete. Was war ein Internetcafé? Ich hatte vom Internet gehört. Aber so, wie man von einer fernen Galaxie hört; wie das Leben da funktionierte, wusste ich nicht. Gab es überhaupt ein Leben dort?

Aber ein Café gab es, das war offensichtlich. Ich hatte noch 1 Mark 50, das würde für drei Stunden reichen, dann machte die Notschlafstelle bald wieder auf. «Ich probier das mal», dachte ich, «wahrscheinlich ist es dort warm. Mit Sicherheit ist es trocken. Ich habe durchaus Chancen, dass sie mich nicht rausschmeißen. Ich sehe nicht abgerissen aus, auch wenn ich Obdachloser bin.» Ich achtete auf mein Leben, meine Gesundheit, meine letzte Habe und mein Äußeres. Ich war drogenfrei, mittlerweile seit fast zehn Jahren. Und ich sah manierlich aus. Auch wenn ich nicht zur Miete lebte und die Straße vorzog.

Ich war 35 Jahre alt, trug eine rötlich blonde Stoppelfrisur, mitunter ließ ich sie ganz herunterscheren, dann hatte ich eine Glatze. Meine kräftige, sportliche Figur steckte in schwarzen Klamotten. Wer es auf Obdachlose abgesehen hatte und an ihnen seine Wut auslassen wollte, war bei mir an der falschen Adresse. Rechte griffen mich nicht an. Die nahmen andere, die Fälle häuften sich leider in letzter Zeit. Es war nur wenige Wochen her, dass sie in Berlin-Lichtenberg Kurt Schneider totgeschlagen hatten; er war in meinem Alter. Vier Rechtsextreme hatten ihn ermordet. Für sie war er eine asoziale Null, Sozialhilfeempfänger; er hatte zwar noch eine eigene Bude, aber er war in ihren Augen nichts wert.

Wenn mich solche Vögel sahen, dachten sie eher, ich wäre

einer von ihnen. Die Verkleidung hatte ich mir genau aus diesem Grund zugelegt. Ich war kein Rechter, ich war auch kein Linker. Ich war politisch schon immer in der Mitte. Sie sollten mich alle in Ruhe lassen, ich machte keine aktive Politik, das Überleben auf der Straße war auch so hart genug. Ich wollte nicht angepöbelt werden. Reichte das?

Ich ging die Treppe hoch in den dritten Stock und öffnete die Tür. Und war dann doch etwas kleinlaut. Ein junger Mann schaute mich an, taxierte mich kurz, ich schien so weit okay zu sein, dass er mich nicht direkt rausschmiss. Etwas zögerlich fragte ich ihn, ob ich für 1 Mark 50 drei Stunden hierbleiben könne. Weil ich auf der Straße lebte und weil die Notunterkunft erst nachmittags wieder aufmachte. «Richard», sagte ich, «ich heiße Richard.» Ich stellte mich in solchen Situationen gern vor, das Gesicht, in das jemand guckt, ist das eine, aber erst der Name macht dich zu einer Person. Er nickte. Es war knuffig warm, und ich war sehr erpicht darauf, hierzubleiben, obwohl mich das Summen der bestimmt dreißig oder vierzig Computer einschüchterte und die Leute davor alle erheblich jünger waren als ich und mich wahrscheinlich nicht gerade als einen der Ihren ansahen. Aber es schaute sowieso niemand hoch.

Nur der junge Mann am Tresen schaute hoch. Ich könne bleiben, kein Problem, aber ich dürfe mich nicht einfach nur aufwärmen, da bekäme er Stress mit dem Chef, ich müsse mich schon an einen der Computer setzen. «Ich hab keine Ahnung», erwiderte ich, «nicht mal, wie man so ein Ding anmacht.» Er grinste und antwortete, das sei das geringste Problem. «Da hinten», meinte er und wies mit einer Hand in die hintere Ecke eines der beiden großen Räume, «da hinten sind ein paar Kumpels von mir, die zeigen dir, wie das geht. Nette Leute, brauchst du keine Angst zu haben.» Mein Geld wollte er nicht, dafür schob er mir einen Kaffee hin. Vielleicht werde ich doch noch ein Berliner.

In der Ecke standen sieben Leute um zwei Computer herum, an einem arbeitete ein Professor. So nannten ihn jedenfalls die anderen; ich hatte es gleich aufgeschnappt, zwei Leute hatten ihn gerade genau so, mit «Professor», angeredet. Jetzt sprach er mich an. «Ah, hallo, du bist Richard. Komm, setz dich.» Und er zog einen freien Stuhl zu sich herüber. Ich setzte mich, hängte meine nasse Jacke über die Stuhllehne, hinter mir die Heizung. Sie dampfte, die Jacke, ich dampfte vor Behagen gleich mit. Und realisierte erst jetzt, dass der Professor mich mit meinem Namen angeredet hatte. Irre, war er ein Hellseher oder was? Professor Gedankenleser, Professor Hirnforscher oder wie?

Ich schätzte ihn auf Mitte, Ende zwanzig. Die anderen waren jünger, schien mir. Er bemerkte mein Erstaunen und lachte. «Ich hab 'ne E-Mail bekommen, von vorne, da hast du dich doch vorgestellt.» Häh? E-Mail? War das so was wie Funk? Walky-Talky? «Ich weiß echt nicht, wovon du redest, ich hab noch nie vor so einem Ding gesessen.» Es schlug jetzt nicht das geballte Gelächter der Experten über mir zusammen, es geschah vielmehr ein Wunder. In meinen Augen jedenfalls war es eins. Der «Professor», hin und wieder unterstützt von einem seiner Freunde, erklärte mir geduldig und in allen nötigen Einzelheiten das mir unbekannte neue Universum, die ferne Galaxie des *world wide web*.

Heute kann ich mich kaum noch hineinversetzen in meine internetlose Zeit. Ich muss mich regelrecht anstrengen, wenn ich jene kommunikationsbeschränkten Jahre verstehen will. Aber 1999, als ich das *world wide web* kennenlernte, war es gerade mal zehn Jahre alt, ach was, sechs Jahre; die erste Website wurde 1993 veröffentlicht. Bis 1995 hatte selbst Bill Gates vom Internet noch keine Notiz genommen, und erst 1998 kam Google auf die Welt. Deshalb musste ich mich eigentlich nicht schämen, dass auch ich ein Jahr später noch nicht wusste, was eine E-Mail ist. Der Professor und sein Team klärten mich auf, wiesen mich ein und legten mir sogar einen eigenen E-Mail-Account an. So konnte der Kurpfälzer Wandersmann, den ich mir schon vor Jahren als Spitznamen zugelegt hatte, höchstselbst via Internet Nachrichten austauschen. Mit dem Professor zum Beispiel. Ein Wahnsinn war das.

Der supernette Schwarm, der mich im Internetcafé unter seine Fittiche nahm und mich drei Stunden lang in die Geheimnisse des www einführte, gehörte dem Chaos-Computer-Club von Berlin an. Auch was darunter zu verstehen war, wusste ich nicht. Chaos? Die hier schienen eher recht strukturiert und sowieso höchst kenntnisreich und hatten voll den Durchblick. Aber nun gut, wenn sie sich so nennen wollten; ich hatte ja auch mit der Kurpfalz wenig zu tun. Mannheim, meine Geburtsstadt, lag zwar mittendrin, aber die Kurpfalz war schon vor fast 200 Jahren aufgelöst worden. Sollten sie sich also CCC nennen; die Jungs waren jedenfalls näher an der Gegenwart und an der Zukunft dran als ich und nicht von gestern.

Ich habe mich in den drei Stunden einige Male unbeholfen angestellt. Von heute aus betrachtet. Aber woher sollte ich wissen, was eine Maus ist. Die sollte ich sogar in die Hand nehmen. Ich schaute mich um. Musste man sich hier ins Delirium saufen, um mitzuhalten? Sah hier jemand weiße Mäuse? Auch das Keyboard, das sie mir erklären wollten, kannte ich nur aus einer anderen Sphäre, in diesem Falle der Musik. Auf dem vor mir ruhenden Keyboard allerdings waren keine schwarzen und weißen Tasten anzuschlagen, da lag eine plattgedrückte Schreibmaschine auf dem Tisch, mit Zusatzknöpfen, auf denen Zahlen und allerlei kryptische Zeichen aufgemalt waren.

Der «Professor» war nicht nur Kenner des Computers, er entpuppte sich auch noch als geborener Pädagoge. Um mich an das Gerät heranzuführen, ließ er mich zuerst einmal mit der rechten Hand einen kleinen Text abschreiben. Nur mit der rechten. Dann kam die linke dran. Danach wusste ich so ungefähr, wo auf dem «Keyboard» die Buchstaben zu finden waren. Und ich hatte meinen ersten Text in einen Computer geschrieben! Noch dazu auf meiner eigenen Seite! Ich konnte ihn sehen! Im Internet!!! Denn die Jungs vom CCC hatten mir über beep-world.de eine eigene Homepage eingerichtet. Ein kostenloser Anbieter, mit dessen Erlaubnis jetzt meine Seite «kurpfaelzer-wandersmann. de» aufgerufen werden konnte, überall auf der Welt. Von jedem, der das konnte und wollte. Noch mehr Wahnsinn! Ich hatte mich lange nicht so stolz gefühlt.

Stolz ist kein Gefühl, mit dem Obdachlose oder Berber gesegnet sind. Wir sind keine stolze Gemeinschaft. Wir werden zu oft getreten. Trotzdem: Die Menschen legen sich ja in ihren verschiedenen Lebenslagen sehr unterschiedliche Gründe zurecht, worauf sie stolz sein können. Einen fetten Kreditvertrag abschließen, das macht einen Banker stolz. Einen Berber macht stolz, wenn er ein volles Bäckerbuch vorzeigen kann. Ein Bäckerbuch, das ist ein Notizheft, in dem uns ein Ladenbesitzer die Summe Geldes bestätigt, per Stempel und Unterschrift, die wir vor seinem Laden erbettelt haben. Hast du viele Einträge, steigt dein Ansehen. Geschummelt wird dabei nicht. Weniger jedenfalls als in anderen Branchen, vermute ich.

1999 in Berlin hatte ich ein Bäckerbuch. Ich versorgte mich mit dem nötigen Kleingeld durch Betteln auf der Straße, «Sitzung» oder «Schmale machen» genannt, oder über den Ladentisch, so heißt bei uns das Betteln in Läden und Büros. Nicht immer ein angenehmer Job. Eigentlich noch unangenehmer, als Tagelöhner zu sein. Das war ich auch oft in dieser Zeit. Beides brachte keine Reichtümer, finanziell war ich immer klamm. Umso besser, dass mein Start in die neue Welt des www kostenlos erfolgte. Und ich wurde sogar mit einem Schlag erheblich reicher.

Ich wurde zum Pionier unter meinesgleichen. Ich war der erste Berber, der einen eigenen Blog hatte. Als ich nach drei Stunden das Internetcafé verließ, glühte ich. Von außen, weil es so angenehm warm gewesen war, von innen, weil ich begeistert war, ja entflammt von den Möglichkeiten dieses neuen Universums. Für mich stand gleich fest, was ich in meinem Blog machen wollte. Schreiben, notieren, berichten, was ich auf meinen Reisen erlebt hatte, Tagebuch führen eben. Ich würde dann Freunden oder Bekannten davon erzählen, und sie könnten das nachlesen.

Warum war ich damals so wild aufs Schreiben? Vielleicht deshalb, weil ich so viel gelesen hatte in den letzten Jahren. Viel zu viel für einen wie mich. Ich war Einsiedler, ich tauschte mich nicht aus über das Gelesene. Ich verdaute allein. Vielleicht wollten deshalb jetzt meine Worte und Sätze und Beobachtungen raus in die Welt.

Das Lesen habe ich mir erst als Jugendlicher erobert. Zusammen genommen hatte ich am Ende der Schulpflicht ja nicht mehr als drei oder vier Jahre die Schule besucht. Ich hatte nicht mal den Hauptschulabschluss gemacht, war also ein klassischer Ungebildeter. Und las Ende der 1990er Jahre Fachliteratur der Bereiche Psychologie und Rechtswissenschaften. Texte zur Rhetorik fand ich spannend. Forschungen über die Körpersprache, über Mimik und Gestik interessierten mich besonders. Die Bücher fand ich in Stadt- und Universitätsbibliotheken. Dort saß ich stundenlang, tagelang, es war warm dort, regnete nicht und kostete ja nichts. Ich fraß mich durch die unterschiedlichsten Schriften. Dabei lernte ich übrigens auch schreiben, ich meine, einigermaßen fehlerloses und grammatikalisch korrektes Schreiben. Denn das hatte ich in meiner Schulzeit auch nicht gelernt. Ich war wirklich ein komplett schul- und bildungsferner Junge geblieben. Das Schulsystem hatte sich mir versagt. Und ich mich diesem System. Wir beide hatten nicht zueinandergefunden, sondern miteinander versagt.

Ich bin wenige Tage später erneut in dieses Internetcafé gegangen. Am Tresen war jemand anderes, aber ich kannte mich ja schon aus, legte eine Mark hin und rief meine E-Mail und meine Homepage auf. Dann habe ich geschrieben, was ich so die letzten Tage erlebt hatte. Ein bisschen von der Notunterkunft in Moabit, die, wie gesagt, nicht vom Feinsten war. Das lag auch am Leiter, der unsereinen ziemlich ruppig anging. Ein unangenehmer Mann. Das habe ich erzählt. Und über das üble Wetter habe ich berichtet, das anhielt. Ich habe eher für mich geschrieben, ein Tagebuch halt. Nach zwei Stunden war ich fertig und hab mich ausgeloggt. Zwei Tage später bin ich wieder da gewesen und hab geschaut, wie sich mein Text so macht auf meiner Homepage. Da war nur nichts. Weiße Seite. Ich zweifelte nicht an meinem Verstand, ich verzweifelte am System. War das jetzt Verarsche? Musste man doch etwas bezahlen? Hatte ich etwas übersehen?

Ich schrieb dem Professor eine E-Mail. Und bekam postwendend Antwort. Da hätte ich wohl einfach den Text nicht abgespeichert. Den Fehler mache jeder Anfänger. Noch mal werde mir das bestimmt nicht passieren.

Ich schrieb alles erneut auf, erweiterte noch den Text. Und fühlte mich weiter wie ein Pionier. Das war ich wohl wirklich, weil ich die Berber und andere Obdachlose ans Internet heranführte. Meine Seite hatte anscheinend einen Nutzwert, sie brachte den Leuten etwas. Obwohl es nur Aufzeichnungen vom Kurpfälzer Wandersmann waren. Aber es sprach sich herum, dass da einer der Ihren auf einer eigenen Internetseite vom Leben auf der Straße erzählte. Also sind sie in ein Internetcafé und haben nachgeschaut, was ich schreibe. Ich bekam das nicht gleich mit, sondern erst viel später. Da hatte meine Seite schon um die 500 Klicks pro Tag. Das war allerdings, um ehrlich zu sein, wirklich erst ein paar Jahre später. Bis dahin musste ich noch einige Abenteuer mehr bestehen, die mit dem *world wide web* auch eine ganze Menge zu tun hatten.

Eingeholt und weggesperrt

Die Anfänge dieser Geschichte lagen zwei Jahre zurück. 1997 hatte ich die Bekanntschaft eines klugen Bankexperten gemacht. Er hatte herausgefunden, wie er Geldinstitute mit ihren eigenen Waffen schlagen konnte. Der Trick gefiel mir. Er ging so: Hedgefonds suchten schon damals nach geldgierigen Anlagekunden. Die hohe Zeit der schwindelerregenden Zinserträge begann gerade. Das Internet revolutionierte und beschleunigte die Finanzgeschäfte und sog ganz neue Menschengruppen in ihre Kreise. Habenichtse wurden angefixt, Kleinanleger fanden sich über Nacht reich, wenn sie mit zehnprozentigen Gewinnmargen ihr eingelegtes Kapital vermehren ließen. Andere allerdings verloren dabei, zu denen gehörte man weniger gern, aber es störte letztlich niemanden, wenn auf der anderen Seite der Welt ganze Ökonomien in den Abgrund getrieben wurden oder im Haus gegenüber sich jemand verspekuliert hatte, besser gesagt: ein Hedgefonds-Manager sein Geld verbrannt hatte.

Mein Bankexperte drehte den Spieß um. Er kaufte eine Anleihe bei einem Hedgefonds für zum Beispiel 1000 Mark. Die
Anleihe war ihm nicht direkt vom Hedgefonds, sondern über
eine «normale» Bank verkauft worden, etwa die Commerzbank,
die Dresdner oder die Deutsche Bank. Am Nachmittag des Kaufs
stornierte er bei seiner Bank das Geschäft, und das Gleiche tat er
einen Tag später am Sitz des Hedgefonds in Luxemburg, nicht
persönlich natürlich, sondern durch ein Fax. Aus Luxemburg
bekam er deshalb seine Anlage noch einmal zurückerstattet,
den gleichen Betrag, versteht sich, den ihm freundlicherweise
die Bank, bei der er den Einkauf getätigt hatte, auch schon ausgehändigt hatte. Also hatte er jetzt 2000 Mark in der Tasche. Eine
unschlagbare Profitmarge von 100 Prozent, bestenfalls noch bei
Waffengeschäften oder großen Drogendeals zu erzielen. Und
Folge eines Kommunikationsfehlers zwischen Bank und Heu-
schrecken. Ihr Pech, dachte ich, das versuch ich auch. Es trifft
ja keine Armen.

Etwas zittrig, ich muss es zugeben, betrat ich also eines schönen Montagvormittags eine Bankfiliale der Dresdner Bank in
Braunschweig. Wartete brav, bis ich an der Reihe war, und zahlte
dann in bar 1000 Mark, die ich mir zuvor als Tagelöhner verdient hatte, für einen dieser Hedgefonds ein, wahlweise ADIG,
DIT oder DWS. Die am Schalter waltende Dame zuckte nicht
mit der Wimper, ich war ja auch adrett angezogen und benahm
mich wie jemand, dessen Tagesgeschäft in so etwas besteht. Ich
fischte das Geld auch aus keinem fettverschmierten Briefum-
schlag, sondern zog es aus einer Brieftasche, die ich mir für diesen Zweck eigens zugelegt hatte. Ich nahm lässig meine Bestä-
tigung für Kontoeinrichtung nebst Einzahlung über 1000 Mark
in Empfang und verließ lockeren Schrittes das Foyer der Bank.
Puh, der erste Akt lag hinter mir.

Sollten die geldschiebenden Institute ihre Panne mittlerweile bemerkt und behoben haben, dachte ich auf der Straße, ist das trotzdem kein Verlust für mich. Aber ich drück mir mal die Daumen, dass sie dumm geblieben sind. Zu meinen Gunsten. Es träfe doch endlich mal 'nen Armen.

In dieser Stimmung schickte ich am Nachmittag ein Fax nach Luxemburg mit meiner Stornierung. Persönlich hatte ich die Stornierung vorher bei meiner Dresdner-Bank-Filiale erklärt und ließ mir die 1000 Mark auf mein Konto gutschreiben. Am Dienstag, einen Tag später also, ging ich wieder zum Schalter der Dresdner Bank. Die Gutschrift aus Luxemburg war vermerkt worden. Ich löschte das Konto, hob die 2000 Mark ab und war wahrhaftig um 1000 Mark reicher geworden. Sowohl der Hedgefonds als auch die Dresdner waren dumm geblieben. Und ich fühlte mich ziemlich schlau. Ausgebufft und genial, Superbanker unter Schlichtbankern.

Allerdings wachte die Dresdner Bank einen Tag später dann auf. Die Gutschrift aus Luxemburg an die Bank wurde nämlich nicht eingelöst. Der Hedgefonds hatte ja die Meldung der Dresdner erhalten, dass sie es gewesen war, die mir den stornierten Betrag ausgezahlt hatte. So blieb die Dresdner auf den zweiten 1000 Mark sitzen. Aber da war ich schon über alle Berge.

Bis 1999, zwei Jahre lang, zahlte ich immer mal wieder einen Tausender oder auch etwas mehr ein, immer bei anderen Banken, immer an anderen Orten, und kassierte kurz darauf das Doppelte. Endlich mal lebte ich nicht mehr von Stütze und zusammengebettelten Groschen. Knapp 25 000 Mark kamen bis zum Ende meiner phantasievollen Heuschrecken-Melkung zusammen. Ich verfügte also jeden Monat um die 400 oder 500 Mark an Zusatzeinkommen. Wer zeit seines Lebens auf schmalem Fuß gelebt hat, kann sich vorstellen, was das bedeutet! Ich war zwei Jahre lang reich! Mir stand die Welt offen, die Restaurants, na ja, zumindest die Imbissbuden, und ich konnte sogar meine jeweils aktuelle Freundin dorthin ausführen. Ist es verwunderlich, dass ich angesichts meines luxuriösen Lebens wenige moralische Skrupel wegen der Herkunft meines Reichtums empfand?

Maßstab für mein Wohlergehen war meine Vergangenheit. Nur die. Und nicht etwa der Wohlstand der wirklich großen Betrüger, der wirklich Reichen, der echten Geldsäcke. Ich sah diese Leute gar nicht. Was ein Glück war. Sonst wäre ich womöglich auf die Idee verfallen, das ganz große Geld zu «erwirtschaften» und mich nicht mit meinen monatlich 500 plus zu begnügen.

So blieb es bei 25 000 Mark. Als ich am 9. September 2001, die beiden Türme auf der anderen Seite des großen Teiches standen noch, verhaftet wurde, in einer Notschlafstelle in Worms, war der Haftbefehl wegen dieser Summe ausgestellt worden, um die ich diverse Bankinstitute erleichtert hatte. 25 000 Mark Schaden hatte ich angerichtet. Mein Schaden war es nicht gewesen. Jetzt wurde er es. Der Haftbefehl war zu diesem Zeitpunkt bereits drei Jahre alt. Ich wusste nichts von seiner Existenz. Ich wähnte mich völlig sicher, denn ich hatte seit einiger Zeit freiwillig auf mein Zusatzeinkommen verzichtet. Bei meiner letzten Einzahlung, es war in der Commerzbank Berlin am Kottbusser Damm, musste ich nämlich länger warten als üblich. Die Bankangestellte bat mich um ein wenig Geduld. Ich wartete und sah sie nach kurzer Zeit mit der Polizei zurückkehren. Da fiel mir das Herz in die Hose, und ich gab mich schon auf. Wundersamerweise wurde ich nicht festgenommen, ich musste nur mein Konto auflösen und durfte als freier Mann das Gebäude verlassen.

Obwohl sie mich hatten laufen lassen, muss dann wohl doch noch ein Strafbefehl und später der Haftbefehl gegen mich erlassen worden sein. Aber die Ermittlungsbehörden wussten nichts von meinem Aufenthalt. Ein Zustellversuch in Hannover scheiterte, weil ich dort zwar irgendwann einmal gemeldet gewesen war, aber längst nicht mehr in der niedersächsischen Landeshauptstadt weilte. Mein Aufenthaltsort wechselte nach wie vor, ich war unstet geblieben, hatte keine eigene Wohnung bezogen, kein eigenes Haus angezahlt, sondern war von Notschlafstellen zu Affären mit einsamen Damen und von Affären zu Notschlafstellen gereist. Quer durch die Republik. Es war mir gutgegangen, ich hatte geliebt und wurde geliebt, ich hatte mit dreißig an sexuellen Abenteuern nachgeholt, was andere im Alter von zwanzig geschafft hatten. Als Berber war ich zu einem Seemann der Straße geworden, dem man ja auch nachsagt oder -singt, er hätte ein Liebchen in jedem Hafen.

Dann war Schluss mit lustig. Ich kam in Einzelhaft. Schon am ersten Abend, in der Polizeizelle, die gekachelt war und auf dem Boden über ein Betonbett verfügte und in der ich allein mit meinen Ängsten blieb, flippte ich aus. Ich trat gegen die Tür, ich schrie, ich schrie noch mehr gegen den lauten Widerhall der Kachelwände, ich trat weiter gegen die Tür. Am Morgen wurde ich, völlig übermüdet, in die Justizvollzugsanstalt Frankenthal überstellt. Dort begann meine Untersuchungshaft.

Wirklich beruhigt oder gar abgefunden mit meinem Schicksal hatte ich mich nicht. Es war ja nicht meine erste Knasterfahrung, aber anders als 12 und 13 Jahre zuvor konnte ich mich nicht auf einen kurzen, überschaubaren Zeitraum einstellen. Hier sagte mir keiner, wann ich wieder raus durfte. Hier ging es nicht darum, sich amtlich verordnete vier Wochen auszuschlafen, weil ich eine festgesetzte Strafe nicht hatten bezahlen können, und ein warmes Bett und regelmäßige Essenszeiten zu goutieren, für die ein um sein täglich Brot frierender Obdachloser schon mal den Freiheitsentzug in Kauf nimmt. Hier ging es um: Ende offen.

Dass sie mich in eine Einzelzelle sperrten, war für mich ein Glück. Als Einzelgänger wäre mir ein zweiter Insasse, der mir 24 Stunden auf der Pelle hockte, zum grausigen Alb geworden. Ich mied Notschlafstellen, wenn es ging, mit fremden Männern ein Zimmer teilen war für mich eine höchst unangenehme Vorstellung. Die Ausdünstungen und die Kakophonien solcher Zwangsunterkünfte – hätte ich sie hier für unabsehbare Zeit verordnet bekommen, wäre ich wohl durchgedreht. Es reichte aber auch so noch zu der ein oder anderen Explosion. Ich war gerne alleine, immer gewesen, aber zwangsweise über viele, viele Stunden eingesperrt zu sein, das braute regelmäßig in mir etwas zusammen, was raus musste. Dann tobte ich in meiner Zelle und schrie, trat gegen die Tür und randalierte, bis raus war, was raus wollte, und ich einigermaßen erschöpft wieder zur Ruhe kam. So ging das in den ersten Tagen mit ziemlicher Regelmäßigkeit. Das muss für die anderen Zelleninsassen in meinem Trakt nicht die angenehmste Musik gewesen sein. Es nervte. Es nervte ziemlich. Und meinen Zellennachbarn gegenüber, den nervte es besonders.

Als der nächste Zellenaufschluss kam und wir hinaus zum Hofgang geführt werden sollten, geschah es dann. Der Mann von gegenüber trat kurz vor mir auf den Flur – meine Tür wurde gerade geöffnet – und schnauzte mich an, ob ich nicht mal allmählich die Fresse halten und mit diesem idiotischen Lärm aufhören könne. Er war ein Schrank, der Kerl, er hatte hier im Trakt das Sagen, so viel hatte ich in den paar Tagen schon begriffen. In mir bereitete sich sofort die nächste Explosion vor, ich konnte gar nichts dagegen tun, und sie sprengte mir meinen Platz im Sozialgefüge des Gefängnisses frei, der mir in den kommenden

111

Monaten sicher blieb. Ich stürmte ohne zu überlegen auf den Schrank zu, rammte ihn mit voller Wucht und warf ihn mit einem Ringergriff zu Boden, dass es krachte. Der Arme hatte gar keine Zeit zur Gegenwehr gehabt, und ich hatte ihn glücklich oder unglücklich, je nach Standpunkt, erwischt. Danach war Ruhe: Ich selber kam zur Ruhe, und er ließ mich noch die zwei- oder dreimal brüllen, ohne zu motzen. Wir akzeptierten einander. Ich kann nicht sagen, dass wir Freunde geworden sind, aber wir respektierten uns.

Ich fand mich also allmählich mit der morgendlichen 6-Uhr-dreißig-Marmelade – geschmacklos, klebrig, gefärbt, gesüßt – und den maximal vier Scheiben Graubrot ab, das man sofort verschlingen musste, weil es sonst knochentrocken und steinhart wurde. Den Malzkaffee ohne Milch und Zucker musste ich nicht mehr mögen lernen. Bei meinem ersten Knasteinkauf ersetzte ich das malzige Morgengetränk durch echten Kaffee bzw. Kaffeepulver, das für sage und schreibe 20 Mark, also zum Vierfachen des Preises in der Freiheit, über die Ladentheke ging. Das Graubrot, von dem ich nur zwei Scheiben aß, verkrümelte ich, wie andere Insassen auch, gegen das ausdrückliche Verbot zu Vogelfutter und warf es den Boten der Freiheit vor meinem Fenster zu.

Ich fand mich auch mit der nur einen Stunde Hofgang ab, für die wir im Anschluss an das Mittagessen um zwölf Uhr aus den Zellen geholt wurden. Ein Mittagessen, das ich ebenfalls nicht lieben lernte, das ich aber auch nicht hasste. Zumal der Schließer mir immer gut auftat, ich musste also zwar auf Geschmack, aber nicht auf Menge verzichten. Auch beim Abendessen, das um 17.30 Uhr ausgeteilt wurde, bekam ich reichlich. Brot, Käse oder Wurst und Tee. Diese Bevorzugung hatte einen einfachen Grund: Schach.

Mein kleines Reiseschach hatte man mir zwar bei der Einlieferung abgenommen, ich erhielt es aber zurück und spielte ausgiebig in meiner Zelle gegen mich selbst. Immer wenn «Lebendkontrolle» war, wenn also der Schließer die Türklappe öffnete, um zu schauen, ob der Insasse sich nicht aufgehängt hatte oder sonst wie zu Tode gekommen war, sah er mich an meinem Tischchen sitzen und spielen. In der zweiten Woche fasste er sich ein Herz und sagte, er spiele auch. Ob wir nicht mal die ein oder andere Partie …? Das taten wir. Immer wenn er Zeit fand, klopfte er gegen die Klappe, ich öffnete, und wir bauten mein kleines Schachspiel auf. Es passte genau auf das Brett, auf dem sonst das Essgeschirr und der Trinkbecher platziert wurden.

Ich vergaß beim Spielen häufig, wo ich mich befand, dass meine Zukunft alles andere als geklärt war und nicht gerade rosig ausschaute, ja dass ich nicht einmal wusste, wie viele Tage ich hier noch abzusitzen hatte. Ich sah die nächsten Züge vor mir, ich studierte meinen Gegner, ich pokerte gerne und überraschte mit schwer einzuordnenden Fallen und Kombinationen. Mein Schachspiel war räumlich angelegt, ich hatte immer das ganze Brett im Blick, ich steckte nicht in den einzelnen Zügen fest. Vielleicht lag diese Spielweise daran, dass ich zwar viele Schachbücher las und mir viele Partien eingeprägt hatte, aber dennoch weiterhin intuitiv spielte. Das verschaffte mir auch in den Spielen mit meinem Schließer einen Vorteil. Er spielte in einem Verein und wirklich nicht schlecht, aber ich gewann fast immer. Mein Gegner eröffnete stets mit e4, und ich antwortete erfolgreich mit der sizilianischen Verteidigung. Hatte ich Weiß, eröffnete ich meist mit dem mir liebgewordenen Damen-Gambit.

Dann war der Tag der Verhandlung da. Ich hatte bis dahin keinen Anwalt gesehen, keine Akte, keine Anklage, nichts. Zwei

Gefängnisbeamte fuhren mich zum Gericht. Als wir ausstiegen, schnupperte ich die Stadtgerüche, hörte Stimmen ohne den halligen Nachklang, wie er dich zwischen Gefängnismauern begleitet, und sah ein wesentlich größeres Stück Himmel als im vergangenen fast halben Jahr. Ich atmete auf. Was war dagegen eine Verhandlung wegen dieser paar Mark!?

Auf dem Flur vor dem Sitzungsraum sprach mich ein Herr in einem Anzug an, eine Robe über dem Arm. Er sei mein Pflichtverteidiger.

Polizei und Staatsanwaltschaft hätten, so führte er aus, ganze Arbeit geleistet. Außer meinem Bankbetrug hatten sie auch all meine anderen Rechtsbrüche und Sünden aufgelistet: 19-mal Schwarzfahren mit öffentlichen Verkehrsmitteln und zweimal Beleidigung eines Amtsträgers mit «Sie Arschloch». Ich erinnerte mich: Ein Sachbearbeiter des Sozialamts hatte die mir zustehenden Unterstützungsgelder wiederholt verweigert. Das werde jetzt alles zusammen verhandelt, erklärte mir mein Anwalt und nannte mir folgende Alternativen, den Urteilsspruch betreffend. Entweder sei ich bereit, eine Haftstrafe von zwölfeinhalb Monaten in Kauf zu nehmen, also noch einmal sieben Monate auf meine Untersuchungshaft obendrauf. Danach sei ich ein freier Mann. Oder man entließe mich sofort aus dem Gefängnis, dann würde ich zu 18 Monaten auf 3 Jahre Bewährung verurteilt. Ich müsse mich allerdings für meinen Betrug zuungunsten der Banken entschuldigen und einen Offenbarungseid ablegen, damit wären dann die zahllosen Strafen für Schwarzfahren hinfällig, die in das Verfahren einbezogen worden seien. Im Gegenzug würden meine Platzverweise für zahlreiche Nahverkehrsbetriebe und ihre Anlagen aufgehoben.

Ich unterschrieb alles, ich entschuldigte mich inbrünstig, ich schwor dauerhafte Besserung. Der Richter war zufrieden, mein

Anwalt war zufrieden, der Staatsanwalt war zufrieden, und ich war es auch.

Rückblickend muss ich meinen Mitgefangenen Dank sagen für ihre Engelsgeduld mit mir und meinen anfänglichen Ausrastern. Und auch die Bediensteten ließen mich gewähren – es hätte ja auch ganz anders kommen können: mit einer verschärften Arresthaft. Aber sie nahmen mich, wie ich halt war. Zu meinem großen Glück. So musste ich mich in der Untersuchungshaft nicht an irgendwelchen Gegnern abarbeiten und kam klarer im Kopf und geradezu geläutert aus dem Gefängnis, jedenfalls mit dem festen Vorsatz, mich nicht noch einmal hineinzubegeben in die kriminellen Untiefen des leichten Geldmachens.

On the road, on the blog again

Nach der Zeit hinter Gittern hatte ich Straßenentzugserscheinungen. Mir fehlten meine Wanderungen, die Nase im Wind, die Tagebucheintragungen auf meinem Blog. Der Kurpfälzer Wandersmann zog also erneut los und schrieb wieder. Ich war nicht so offenherzig, meine Knastzeit im Internet auszubreiten. Solche Bekennerwut ging mir ab, ich musste mich nicht zur Zielscheibe irgendwelcher Saubermänner und -damen machen, obwohl etliche aus der Berberszene auch schon eingesessen hatten. Ich meldete mich einfach zurück, ich war niemandem Rechenschaft über die stumme Zeit schuldig.

Ich knüpfte wieder an der Musik an, ans streunende Leben und ans Netz. Daran also, was mich vor diesen fünfeinhalb Monaten umgetrieben hatte. Nun definitiv ohne die Möglichkeit, mir noch einmal leichtes Geld von einer Bank zu besorgen.

Fast jeden Tag machte ich wieder einen kleinen Eintrag in

meinen Blog und bekam mit, dass die Zahl der Viewer allmählich stieg. Sehr zu meiner Freude, natürlich. Ich wurde zwar nicht auf der Straße oder an Berber-Orten angesprochen; ich hatte ja auch kein Bild von mir veröffentlicht, und anscheinend brachte mich niemand in den vielen Unterkünften, die ich besuchte, mit dem Schreiber der Seiten in Verbindung. Aber der Blog brachte vielen Leuten einen Gewinn – und deshalb sprach er sich herum. Der Kurpfälzer Wandersmann berichtete nämlich auch immer nutzenorientierter. Ich erzählte nicht mehr nur und hauptsächlich kleine Begebenheiten aus meinem Berberleben; ich erzählte von Unterkünften und von Armenrestaurants, die ich besucht hatte. Wenn ich begeistert war, sagte ich es. Und wenn ich es schrecklich gefunden hatte, sagte ich das auch.

Anfang 2004 kam ich nach Gotha. Wie ich es mir mittlerweile angewöhnt hatte, schaute ich im Internet nach, welche Angebote für Obdachlose es in der Stadt gab. Ich fand keine einzige Adresse im Netz, gar nichts. Es gab keinen einzigen Eintrag. Das war nachgerade empörend. 2004! Das Internet wurde inzwischen von jedem genutzt, das hinterletzte Hotel produzierte sich dort, jedes kleine Restaurant präsentierte sich. Und für die Dutzende und Hunderte Menschen ohne Obdach bot die Stadt keinerlei Hilfestellung im Netz? Hielt man uns für blöde Hinterwäldler? Ich fragte mich also durch, ich latschte los wie in alten Zeiten und lief mir die Füße wund, bis ich die vier oder fünf Adressen beisammenhatte, in denen Obdachlose willkommen waren. Na ja, mehr oder weniger willkommen. Dann setzte ich meine Beobachtungen auf meine Seite und entschied: So mache ich es jetzt immer. Ganz systematisch werde ich überall, wo ich bin, die vorhandenen Obdachloseneinrichtungen aufsuchen und sie mit Adresse und mit meiner ganz subjektiven Bewertung auf meine Seite setzen.

Nach dieser Entscheidung, die sich sehr schnell in meinem Blog niederschlug, gingen die Klicks stetig nach oben. Der Kurpfälzer Wandersmann war nicht mehr die Plauderseite eines mitteilungsfreudigen Berbers, sie wurde zu einem Unterkunfts- und Restaurantführer für Berber und Stadtratten, für alle Obdachlosen und Nichtsesshaften, die Hilfe suchten und preiswertes Essen benötigten, Tipps über freigebige Kirchengemeinden inklusive.

Über meine E-Mail erreichten mich in wachsender Zahl Zuschriften und Anfragen. Ich beantwortete sie, wenn ich in einem Internetcafé die Zeit dafür fand. Dann erhielt ich den ersten Bericht über die Obdachloseneinrichtungen einer Stadt von einem anderen Berber. Ich kannte ihn nicht, er fragte, ob ich seinen Tipp nicht auch veröffentlichen wolle. Ich könne doch gar nicht allein alle Städte und all die Adressen abklappern. Das schien mir einleuchtend. Warum die Arbeit nicht auf mehrere Schultern verteilen? Die Frage eines anderen E-Mail-Schreibers, ob er seine Bewertungen von Notschlafstellen nicht selber direkt auf meinen Blog einstellen könne, lehnte ich ab. Das war mir dann doch zu unsicher. Ich wollte selbst beurteilen, was da unter meinem Namen erschien. Und hoffte auf mein Gefühl, das mir sagte, welcher Information ich trauen durfte.

Als ich von einem Bekannten die positive Bewertung einer Notschlafstelle in Wiesbaden zugeschickt bekam, die in der Nähe des Hallenbades liegt, stutzte ich allerdings. Ich war selbst vor kurzem dort gewesen und fand das Etablissement grausig. Die Doppelstockbetten in den vier Mehrbettzimmern waren verwanzt gewesen, die offenen Duschen hatten von Kakerlaken gewimmelt. Als ich mich bei der Heimleitung beschwerte, hatten sie mich rausgeworfen. Wenn es mir hier nicht gefallen würde, könne ich ja gehen. Und das sollte jetzt, nach wenigen

Monaten, alles besser, sogar lobenswert sein? Ich hielt die Bewertung zurück und beschloss, mir so bald wie möglich erneut ein eigenes Bild zu machen. Es fiel bestürzend aus. Nichts hatte sich geändert. Hatte mein Bekannter Tomaten auf den Augen gehabt? Oder wollte er sich womöglich lieb Kind bei den Betreibern machen? Immer noch waren teilweise bis zu dreißig Männer als Übernachter in einem einzigen Zimmer untergebracht.

Ich habe es nicht herausfinden können, aber ich habe seine Bewertung nicht übernommen, sondern meine eigene hineingesetzt. Ohne ein Blatt vor den Mund zu nehmen. Nach dieser Erfahrung bemühte ich mich, jede der mir unbekannten oder fragwürdigen Informationen erst einmal gegenzuchecken, ehe ich sie veröffentlichte. Das war ohne ein Team natürlich ein langwieriger Prozess. Es ging aber nicht anders, denn mittlerweile hatte ich den Eindruck, dass jede zweite Information überhaupt nicht stimmte oder bestenfalls zur Hälfte zutraf – bis hin zu den Adressen, die die Leute auf dem Mond oder in der Tiefsee gefunden haben mochten. Ich kam gar nicht umhin, wenn meine Seite seriös bleiben sollte, alles nachzuprüfen. Bis auf ein oder zwei Informanten, auf die ich mich verlassen konnte, machte ich das selber. Manchmal rief ich bei den Einrichtungen an, um die Basisinfos abzufragen – Verpflegung, Anzahl der Betten pro Raum, Anzahl der Räume –, und veröffentlichte das dann ohne Bewertung des Tipps.

Wenn ich eigene Informationen gesammelt hatte, gestützt auf persönliche Nachprüfung an Ort und Stelle, veröffentlichte ich sie mit Bewertung. Ich verteilte Noten für die Schlafstelle, für die Verpflegung und für die Beratung. Eine Sechs war selten dabei. Eine Fünf erschien mir miserabel genug. Die Notschlafstelle in der Annostraße in Köln erhielt zum Beispiel eine. Mir blieb schleierhaft, dass der Träger jahrelang nichts zur Verbesserung getan hatte. Ganz anders als andere Einrichtungen. Manche Heimleiter meldeten sich sofort nach der Veröffentlichung zurück, berichteten von geplanten Verbesserungen und bedankten sich sogar für das kritische Feedback. Ich hatte also wirklich etwas losgetreten. Ich wurde sozusagen zu einer öffentlichen Person, zur personifizierten Stiftung Warentest in Sachen Obdachlosenhilfe.

Im Frühjahr 2006 holte mich eine Redakteurin des Hessischen Rundfunks in ihre Sendereihe «Horizonte». Unter der Leitung von Bettina Oberhauser diskutierten die Gäste regelmäßig live im Fernsehstudio über alle möglichen Themen, diesmal über das Thema Obdachlosigkeit. Die Redaktion hatte mich als Impulsgeber, wie es so schön hieß, angefragt, und ich wurde während der Live-Sendung zugeschaltet. Als mein Handy kurz nach zwölf Uhr Mitternacht tatsächlich klingelte – die Sendung lief von null Uhr bis ein Uhr –, fand ich im ersten Moment vor Aufregung nicht den richtigen Knopf. Und ich habe wohl die ersten Sätze etwas hektisch hinter mich gebracht. Aber dann wurde ich ruhiger und berichtete von meiner Website und von meinen Erfahrungen. Ich musste die Gäste wohl ziemlich beeindruckt haben. Jedenfalls bezogen sich danach alle auf meinen Anruf. Ich war stolz. Zum ersten Mal in meinem Leben war ich im Fernsehen aufgetreten. Wenn auch nur mit meiner Stimme.

Im April 2007 kam ich nach Braunschweig und unterhielt mich in der dortigen Notunterkunft lange mit dem zuständigen Sozialarbeiter Dirk Hildebrandt. Das mit meinem Wandersmann, meinte er, sei ja schön und gut. Aber warum wollte ich meine Kenntnisse nicht ganz direkt und ohne Umschweife in eine Website packen? Als Ratgeber, den man auch sofort erkannte. Das leuchtete mir ein, und bald war die neue Seite aus der Taufe gehoben: «Ohnewohnung-wasnun.de». Ein paar

Monate später, nachdem ich meinen Kurpfälzer Wandersmann nach allen Regeln der Kunst ausgeweidet und alle brauchbaren Adressen, Bewertungen und Tipps auf die neue Seite geschoben hatte, schaltete ich ihn bis auf weiteres ab. Er hatte seine guten Dienste getan. Jetzt kam eine neue Etappe.

Ich schoss auf der neuen Seite ganz offen gegen untragbare Einrichtungen und rief auf, sie zu meiden. Andere lobte ich mit ebenso klaren Worten. Keine einzige juristische Auseinandersetzung musste ich deswegen bestehen, obwohl mir einige Träger mit Klagen drohten. Wenn sie zu arg zeterten, nahm ich die ein oder andere Bewertung aus dem Netz. Aber es gab auch die Einsichtigen: Eine der von mir kritisierten Einrichtungen in Offenbach am Main wurde sogar geschlossen, anscheinend waren auch die Betreiber nicht mehr von ihr überzeugt. Weit über eintausend Adressen hatte ich bereits gesammelt. Mehrere hundert tägliche Klicks verzeichnete mein Hostel- und Restaurantführer für Obdachlose und Arme.

2012 – vier Jahre zuvor hatte meine Zusammenarbeit mit Günter Wallraff begonnen – folgte mein Wegweiser für Alkohol-, Drogen-, Tabletten- und Spielsüchtige, der Hilfesuchenden eine Anlaufstation vorschlug, suchthilfe-deutschland.de. Ich war ja auch in dieser Beziehung ein Erfahrener. Beim Aufbau der Seite half mir ein ausgezeichneter Experte, Dr. Andreas Reimer von den Ordenswerken des Deutschen Ordens und Facharzt für Suchterkrankungen. Auch diese Seite wurde von vielen Betroffenen aufgesucht.

Plötzlich bekannt

Bei so viel Zuspruch kamen dann auch weitere Medien auf die Idee, von meiner Internetseite zu berichten, viele regionale Zeitungen, aber auch überregionale wie die Süddeutsche Zeitung oder die Frankfurter Rundschau. Auch DPA berichtete 2012 über mich. Am 5. Dezember 2012 folgte Anne Wills Talkshow in der ARD, bei der ich im Studio saß. Kurz vorher hatte mich Wieland Backes in sein «Nachtcafé» beim SWR geholt, wo mich auch die anderen Gäste, Rupert und Christel Neudeck, respektvoll und herzlich empfingen.

Bei Anne Will sollte ich eigentlich nicht persönlich, sondern nur mit einem kurzen Filmchen auftauchen. Die Redaktion hatte sich auf eine Diskussionsrunde illustrer Namen geeinigt, ein Obdachloser störte da wohl. Mit von der Partie war die Tochter von Franz-Josef Strauß, Monika Hohlmeier; die Gründerin der Hamburger Tafel, Irmgard Dose; dann der bundesweit bekannte Soziologieprofessor und Armutsforscher Christoph Butterwegge aus Köln und das DDR-Gewächs Vera Lengsfeld, ehemals Mitglied des Bundestages.

Dass ich dann doch alle diese Damen und den Herrn kennenlernen durfte, hatte folgende Vorgeschichte. Vorgesehen war ich für einen Einspieler von drei oder vier Minuten, sozusagen als Beleg für das Elend der Leute, über die man in der Sendung reden wollte. Ein Journalist hatte telefonisch mit mir Kontakt aufgenommen, ich war gerade in Baden-Baden, einen alten Bekannten besuchen, und sammelte Flaschen für ein bisschen Bargeld. Der Journalist fragte, ob er mich mit der Kamera einen Tag lang begleiten könne, besagter Einspieler solle dann aus diesem Material entstehen. Ich willigte ein, und er war froh. Auch weil er zufällig in Karlsruhe weilte und sofort in sein Auto steigen konnte, um mich in Baden-Baden zu treffen. Während der folgenden Stunden erzählte ich ihm aus meinem Leben, wir streunten durch die City der schmucken Badestadt, und ich sammelte fleißig ein, was ein paar Eurocent an Pfand versprach, und bettelte mit einem leeren Kaffeebecher die Passanten um ein wenig Kleingeld an.

Nach drei oder vier Stunden klingelte mein Handy, die Redaktion eines Kirchenradios aus München war dran, ob ich wohl ein paar Minuten Zeit für ein Interview hätte, es solle live in die laufende Sendung eingespielt werden. Ich hatte ja Zeit, beantwortete sechs oder sieben Minuten lang die Fragen, danach wurde Musik eingespielt, und anschließend wurde ich noch einmal dazugeschaltet, um die Fragen eines in die Sendung eingeladenen kirchlichen Würdenträgers zu beantworten, dessen Name mir entfallen ist. Auch seine Fragen habe ich wohl zur Zufriedenheit der Redaktion beantwortet, denn sie gaben mir noch einmal sechs oder sieben Minuten Zeit.

Der Journalist, der mich im Auftrag von Anne Will begleitete, hörte interessiert zu und ging danach ein paar Schritte zur Seite, er müsse mal kurz telefonieren. Als er zurückkam, fragte er mich, ob ich mir auch vorstellen könne, mit ins Studio von Anne Will zu kommen. Er habe ihr gerade von meinem Telefoninterview erzählt. Denn das habe ihn doch sehr beeindruckt. Ich stimmte zu, obwohl die Aufzeichnung der Talkshow schon am nächsten Tag, und zwar in Berlin, laufen sollte.

Wir brachen also die Aufnahmen ab, das Material reiche ohnehin, meinte der Journalist, und fuhren mit dem Auto zum Flughafen Karlsruhe. Von dort ging es dann nach Berlin. Ein Chauffeur brachte mich in ein Hotel, es war eins der sehr gehobenen Klasse. In meinem Zimmer mit eigenem Bad und kleinem Balkon lobte ich den Tag und den Abend und freute mich aufs Frühstück am nächsten Morgen. Es fiel mehr als üppig aus. Ich bin fünfmal zum Buffet gegangen, das allein an Wurst- und Käsesorten – von den verschiedenen Eierspeisen will ich gar nicht reden – mehr auftischte, als ich an allen Tafeln aller deutschen Städte zusammen genommen jemals gesehen hatte. So lebte es sich also, wenn man als Fernsehgast auserkoren wurde. Der Kontrast zum Thema der Sendung schlug mir nicht auf den Magen, ich brauchte mich meines Appetits nicht zu schämen und stärkte mich ausgiebig für die kommende Diskussion.

Gut, dass ich das gemacht hatte. Nicht nur, weil ich ja wieder dorthin zurückkehren würde, wo Schmalhans Küchenmeister ist. Zu den Tafeln zum Beispiel und zu den Teil- oder Vollverpflegungen der Notschlafstellen. Sondern weil ich gut gesättigt die Tiefschläge besser abfangen und verdauen konnte, die mich in der Sendung erwarteten. Von gänzlich unerwarteter Seite.

Wer mag, kann das Spektakel – zumindest bis zu dem Tag, an dem ich diese Zeilen schreibe – noch immer bei Youtube anschauen. Der provokante Titel lautete: «Betteln, schnorren, Spenden sammeln. Wird unser Mitleid ausgenutzt?» Aber man muss auch nicht die ganze Stunde anschauen, ich fasse kurz die für mich schlimmsten Momente zusammen: Frau Lengsfeld, die ja 1996 den Sprung von den Grünen zur CDU gemacht hatte, mitten im Bundestag, stellte immer wieder die Behauptung auf, Armut gebe es bei uns doch gar nicht. In Indien oder Osteuropa, da schon. Aber bei uns werde ein Drittel des Bruttosozialprodukts für Soziales ausgegeben. Was solle also das ganze Gerede von sozialer Kälte. So viel Schlichtheit, so viel Unkenntnis, so viel Ignoranz – eine ernsthafte Diskussion über Armut in Deutschland war mit dieser Frau gar nicht möglich. Frau Dose war noch schlimmer. Sie bestand darauf, dass es genügend Anlaufstellen für Betroffene gebe. Wer wolle, der könne. Zum Beispiel zur Tafel gehen. Dass ich als Obdachloser zu mancher dieser Tafeln gar nicht zugelassen werde, weil ich keine Anmeldebestätigung vorlegen kann, wie dort verlangt wird, quittierte sie mit einem Kopfschütteln. Warum hatte diese Frau, die alles besser wusste, überhaupt die Tafel gegründet? Die Tafel, meinte sie, sei das Bindeglied zwischen den Herstellern bzw. dem Handel und der Abfallentsorgung. Es werde viel zu viel produziert. Und das Entsorgen koste wahnsinnig viel Geld. Da komme die Tafel ins Spiel und übernehme kostenlos den Überschuss.

So gesehen, dachte ich, sollten die Nutzer der Tafel eigentlich noch ein Abfallentsorgungs-Honorar in bar bekommen. Für jedes entsorgte Brot und jede entsorgte Scheibe Käse. Eine erhellende Sicht auf die karitativen Motive in der «Branche». Aber ich hielt mich zurück. Mein Mitdiskutant Butterwegge regte sich schon genug auf. Auch über Frau Hohlmeier, die im EU-Parlament ein Bettelverbot gefordert hatte. Wegen der ausländischen Bettelbanden, von denen damals viel die Rede war und die auch mich nervten. Aber ein Verbot? Das hieß wirklich, mit Kanonen auf Spatzen zu schießen und uns Berber und die anderen Bettler auch gleich mit zu erledigen. So richtig überzeugen konnte ich Frau Hohlmeier mit meiner Kritik an ihrem Verbotsansatz nicht. Sie fand ja ohnehin, dass die Sozialversorgung hierzulande immer noch zu «üppig» sei. Gegen so viel negative innere Überzeugung wie bei Frau Dose und Frau Hohlmeier kam ich mit meinen Hartz-IV-Erfahrungen nicht an.

Nach dem verbalen Schlagabtausch ging es in der Lounge der Produktionsfirma von Frau Will weiter. Bei Alkohol und Fingerfood. Beides vom Feinsten. Also nicht von der Tafel. Frau Dose und Frau Hohlmeier, mit denen ich schließlich im Taxi zurück ins Hotel gebracht wurde, waren ziemlich heiter gestimmt. Weshalb sich Frau Hohlmeier die Freiheit nahm, verbal auf mich einzudreschen. So sehr, dass der Taxifahrer irgendwann meinte, sie solle doch mal eine Pause machen und den armen Mann – damit war ich gemeint – nicht derart beschimpfen.

Es war nicht unbedingt die helle Freude, als Outcast in der Ersten Liga der Wohlmeinenden aufzulaufen. Es ging dort eigentlich schlimmer zu als in der Kreisliga. Man bekam ein Bein gestellt und gleichzeitig auf die Fresse. Nur durfte ich nicht zurückschlagen. Ich war ja Unterklasse. Frau Lengsfeld immerhin versuchte nach der Sendung, mit mir persönlich in Kontakt zu treten, sie lud mich sogar zu sich nach Berlin ein, wenn ich wieder mal da wäre. Damit milderte sie ihr harsches Auftreten in der Sendung ein wenig.

Im November 2014 bat mich die Redaktion von Frank Elstner in die SWR Sendung «Menschen der Woche». Dort konnte ich eine Viertelstunde lang mit dem Moderator sprechen, mein Anliegen, meine Erfahrungen mitteilen und sogar ein wenig von der Geschichte meiner Eltern erzählen. Ein wahrer Segen. Mit mir waren noch Iris Berben und Roger Willemsen in der Sendung. Und auch, wenn sie ihre eigenen Themen mitbrachten, blieb nach meinem Eindruck bei den Zuschauern und Zuschauerinnen viel vom Thema Obdachlosigkeit hängen. Frank Elstner erfüllte mir sogar meinen Wunsch, die kommenden Weihnachten wieder einmal in meiner Heimat Mannheim zu verbringen, und spendierte mir die Hotelkosten mit Frühstück. Dafür bin ich ihm noch heute sehr dankbar.

Die Tageszeitung Taz nominierte mich 2014 für den Taz-Panther-Preis für herausragende Projekte der Zivilgesellschaft. Beim Leser-Voting stand ich schließlich auf dem zweiten Platz. Nominiert war ich auch für den Deutschen Engagement-Preis, sogar drei Jahre lang: von 2012 bis 2014. Der 2009 neu ausgelobte Preis wird von einem «Bündnis für Gemeinnützigkeit» vergeben, dem praktisch alle Wohlfahrtsverbände in Deutschland angehören, dazu Sportverbände, Wissenschaftler und jede Menge anderer sozialer Einrichtungen.

Im September 2015 lud mich Bülent Ceylan in seine Show bei RTL ein, die ein Vierteljahr später ausgestrahlt wurde. Dabei war auch Xavier Nadoo. Ich verehrte diesen Musiker, nicht zuletzt, weil er aus meiner Heimatstadt stammte, auch wenn ich nach wie vor ein gebrochenes Verhältnis zu ihr habe. Die Show begann mit einem Spontanauftritt von ihm, den er ausdrücklich mir widmete. Ohne jede Staralüren nahm mich Xavier unter seine Fittiche. Mir tat seine Herzenswärme gut, ich lernte einen Menschen kennen, dessen politische Äußerungen zwar nicht die meinen waren, den ich aber dennoch damals wie heute achte. Nicht nur, weil er mich respektierte und als Gleichen unter Gleichen behandelte, sondern weil er mir auf meine Bitte hin später auch noch seine sämtlichen CDs zukommen ließ. Mit so viel Großherzigkeit war ich drei Jahre zuvor schon von den Söhnen Mannheims bedacht worden. Sie hatten einen Artikel über mich im *Mannheimer Morgen* gelesen und mich zu ihrem Konzert in den Mannheimer Rosengarten eingeladen.

Ich war natürlich stolz auf die Anerkennung meiner Arbeit. Aber diese plötzliche «Berühmtheit» hatte leider ihren Preis, einen hohen Preis. Neider meldeten sich. Ich würde Unsummen für meine Arbeit kassieren, ich sei nur auf Geld aus, ich würde illegal Spesen einsacken, Geschäfte mit Einrichtungen für Obdachlose machen. Im Netz wurde ich ohne Belege, da es ja auch keine gab, angegiftet und diffamiert. Bis heute hält das Dissen an und zieht sich als Schleimspur meiner Neider durchs Netz. Nicht den kleinsten Beweis können die anonymen Mobber vorweisen – aus der Deckung lässt sich leicht feuern. Aber auch die stete Wiederholung der Anwürfe macht aus mir keinen Betrüger. Und auch keinen Homosexuellen. Allein dieser «Vorwurf» zeigt, wes Geistes Kind diese Heckenschützen sind. Dennoch: Die Beleidigungen und die verbale Gewalt im Netz schmerzten. Und deshalb schaltete ich im Sommer 2015 aus Ärger über die Angriffe meine Seiten ab.

Vielleicht war das eine Kurzschlussreaktion. Aber ich war es wirklich leid. Ich hatte mir nichts vorzuwerfen, umso weniger wollte ich mich weiter zur Zielscheibe von Leuten machen, denen üble Nachrede, Beleidigung und Verleumdung eine Lieblingsbeschäftigung war. Hinzu kam, dass ich ganz im Gegensatz zu den Unterstellungen, ich würde durch die Internetseiten reich, nicht einmal das Geld hatte, um meinen kostenpflichtigen Blog noch länger zu finanzieren.* Ich war der prekäre Hartz-IV-Empfänger geblieben, der ich auch vorher gewesen war. Mittlerweile nur noch etwas dünnhäutiger als in jüngeren Jahren.

Mein Glück war, dass Günter Wallraff weiter zu mir hielt und ich mit ihm in schweren Jahren eine wichtige Stütze behalten sollte.

---

*   Meine aktuellen, nicht mehr kostenpflichtigen Seiten: http://ohne
    wohnung-wasnun.blogspot.de/; https://www.facebook.com/Ohne-
    Wohnung-was-nun-281682488858756/?ref=page_internal

«UNTER NULL»

An der Seite von Günter Wallraff

1999 war ich unvorbereitet und durch puren Zufall in die Internetwelt geraten. Aber mein erstes Handy, nicht weniger ein Vorbote der neuen digitalen Kommunikation, hatte ich mir ein Jahr zuvor schon sehr bewusst besorgt, und zwar auf der Cebit in Hannover, direkt am Siemens-Stand. Es war sündhaft teuer, aber ich hatte dank meiner Bank-Transaktionen etwas Geld zurückgelegt und die nötigen 500 Mark in bar dabei. Mein zweites Handy, ein paar Jahre später, war der Knochen von Nokia. Man konnte damit nicht nur telefonieren, sondern auch SMS verschicken. Auf dem Tastaturfeld gab es nur die zehn Ziffern, auf sie waren die Buchstaben des Alphabets verteilt; man musste eine Zahl unterschiedlich oft drücken, damit sie einen der drei oder vier dort untergebrachten Buchstaben «lieferte». Es dauerte ein wenig, bis ich das Prinzip begriffen hatte, aber dann ging mir das Simsen ganz flott von der Hand.

Meist aber benutzte ich mein Nokia zum Telefonieren. Ich sammelte nun viele meiner Informationen und Adressen für Obdachlose über das Handy. Entweder, weil ich mich selber telefonisch durchfragte oder weil immer mehr Berber das neue Kommunikationsmittel für sich entdeckten und mich anriefen. Handy plus Internet – das war ab Anfang der Nuller Jahre mein Handwerkszeug, um die Hilfsangebote für Berber und die anderen Obdachlosen kritisch auszuleuchten und auf meiner Website virtuelle Warnschilder aufzustellen oder Lob auszusprechen.

Im September 2008 erhielt ich nachmittags einen Anruf, der mein Leben wieder einmal vollkommen umkrempeln sollte. Nun ja, nicht der Anruf, aber das, was er in Gang setzte. Die Anruferin stellte sich als Caroline Nockel vor. Sie gehöre zu einem Filmteam, das sich mit dem Thema Obdachlosigkeit befassen wolle. Das Team suche einen Spezialisten, keinen Wissenschaftler und auch keinen Sozialarbeiter, sondern einen Mann aus der Praxis. Man sei wegen meiner Internetseite auf mich gestoßen. In Planung sei ein längerer Fernsehfilm, da habe man an mich als eine Art Tippgeber oder Berater gedacht. Ich fühlte mich geschmeichelt, es war immerhin das erste Mal, dass ich die Aufmerksamkeit eines Filmteams erregte. Auch wenn ich noch nicht wusste, was mich erwartete, sagte ich meine Mitarbeit zu.

Frau Nockel kündigte für den Fall, dass man mich aus dem Kreis der potenziellen Kandidaten auswählen sollte, einen Anruf des Filmemachers Gerhardt Schmidt an. Bis es so weit war, meldete sie sich noch zwei oder drei Mal, vielleicht, um zu testen, ob ich wirklich ständig erreichbar und dann auch ansprechbar war. Wer kannte sich schon so genau aus mit den Berbern. Und ihrem Alkoholkonsum.

Das mit dem Alkohol ist ja durchaus ein Problem unter uns. Ich rede jetzt nicht vom Lallen. Sondern davon, dass sich stetiger und hoher Alkoholmissbrauch im Laufe der Jahre auf die Sprache legt, sie schwer macht und vereinfacht. Aber auch ohne solche Spracheintrübungen sind die meisten von uns keine Wortakrobaten. Auf der Straße geht es meist nicht um diffizile Diskurse, sondern um die rasche Klärung elementarer Lebensbedürfnisse. Obwohl ich unter meinesgleichen Professoren und Akademiker getroffen habe – die Sprache auf der Straße ist einfach. Und die teilte ich mit den anderen, seit ich auf der Straße lebte. Die andere Sprache, die ich in der Literatur und in wissenschaftlichen Büchern kennengelernt hatte, sprach ich hingegen selten bis nie; sie war eine, die in meinem Kopf stattfand und die ich meist für mich behielt.

Etwa vier Wochen nach der Kontaktaufnahme durch Frau Nockel meldete sich tatsächlich der angekündigte Filmemacher am Telefon. Erst nach einigen Minuten verstand ich, was mich an diesem Gespräch erstaunte: Da wollte jemand mit einem Berber zusammenarbeiten, vereinfachte aber seine sehr genaue und komplizierte Sprache keinen Deut, sondern betonte mit seinen präzisen und komplexen Formulierungen, dass er war, was er war, nämlich keiner von uns. Gerhardt Schmidt pflegte eine hochdeutsch geprägte, wahrscheinlich, so vermutete ich, durch eine juristische Ausbildung zusätzlich differenzierte Sprache. Ein sehr gebildeter Mann musste das sein, das stand für mich sofort fest.

Er fragte mich gezielt und sehr professionell nach meinen Erfahrungen in der Obdachlosenszene. Das Gespräch dauerte fast eine Stunde, und es bereitete mir Vergnügen. Während ich dem Mann auf der anderen Seite zuhörte, dachte ich daran, wie sehr die Sprache uns verbinden, trennen und sogar demütigen kann. Aber bei meinem Gegenüber spürte ich instinktiv, dass er seine Bildung nicht elitär gegen mich einsetzte, seinem Ton war das anzumerken, schon im ersten Satz. Er begegnete mir mit Sympathie von Gleich zu Gleich, und ich war mir sicher, dass er das auch getan hätte, wenn ich ihm im Straßenjargon geantwortet hätte. Trotzdem war ich froh, dass ich ihm nicht in schlichten Sätzen antworten musste.

Gerhardt Schmidt fühlte mir in diesem und den folgenden Telefongesprächen auf den Zahn, wie man so sagt. Er wollte abschätzen, auf wen er sich da einließ. Das Filmprojekt konnte leicht scheitern, wenn der «Mann aus der Praxis» sich als unzuverlässig oder als Aufschneider entpuppte.

In den Gesprächen, die anscheinend auch für mein Gegenüber interessant verliefen und ergiebig, habe ich auf meine Website verwiesen, auf ohnewohnung-wasnun.de, auf der ich als Hostel- und Armenrestaurant-Tester landauf und landab meine Erkenntnisse seit einem knappen Jahrzehnt veröffentlichte. Hostels for the homeless, hätte mein Vater wohl gesagt. Schmidt erzählte, dass der Film wahrscheinlich mit Günter Wallraff realisiert würde, dem Undercover-Journalisten und Bestseller-Autor; das feuerte meine Begeisterung noch einmal deutlich an.

Im November 2008 rief Gerhardt Schmidt wieder an. Er wollte von mir in dieser zweiten Unterredung wissen, ob ich ihm die Adressen von Einrichtungen, Wohnheimen und Notunterkünften nennen könne, in denen die Zustände besonders schlimm seien. Da sprudelte es aus mir heraus wie aus einem Drucker, der Endlospapier ausspuckt: eine ellenlange Liste von Flops und noch mehr Flops, außer den Adressen auch die Öffnungszeiten und Ortsbeschreibungen – ich hatte alles im Kopf und sah jede der Einrichtungen als scharfgestochenes Bild vor mir.

Diesem Telefonat folgten noch einige weitere Gespräche. Ende November 2008 landeten dann 500 Euro auf meinem Konto, die er bereits angekündigt hatte. Davon sollte ich die Bahnfahrkarten von Braunschweig nach Köln kaufen und den Rest als erstes Honorar für meine Mitarbeit im Filmteam verbuchen. Dafür, dass ich noch niemanden von der Gruppe persönlich kennengelernt hatte, fand ich diese Überweisung nicht nur großzügig, sondern verstand sie auch als Vertrauensvorschuss.

Das berührte mich sehr. Mit Vertrauen war ich in der Vergangenheit nicht so reichlich bedacht worden, Misstrauen hieß die Währung, die ich gewohnt war; ich nahm sie hin, und ich gab sie weg.

Während der Bahnfahrt erinnerte ich mich, dass ich Günter Wallraff schon ein Mal begegnet war, oder besser gesagt: er mir. Im Sommer 2008 war ich in Köln gewesen und hatte bei der Heilsarmee übernachtet, die ein ziemlich angenehmes Heim für wohnungslose Männer in Köln-Ehrenfeld betrieb. Vormittags schlenderte ich die Haupteinkaufsstraße des Stadtteils, die Venloer Straße, hinunter und schaute mir jene schmucken Bürgerhäuserfassaden der Gründerzeit an, die den Krieg überstanden hatten und sich abwechselten mit eiligst nach dem Krieg wieder hochgezogenen Zweckbauten: ein chaotisches Nebeneinander. Manche der im Krieg zerbombten Häuser standen noch immer wie hässliche Zahnstümpfe da und endeten, gedeckelt von einem Flachdach, schon nach dem ersten oder zweiten Stockwerk.

Ich hatte kaum noch Geld, die fetten Zockerzeiten mit betrügerischen Bankgewinnen waren ja längst vorbei. Also setzte ich mich vor den Rewe-Markt gegenüber einer hübschen, weiß gestrichenen Kirche und stellte meinen Hut zum Betteln auf. Es herrschte reger Fußgängerverkehr, neben dem Supermarkt befand sich eine Bank, schräg gegenüber noch eine, jede Menge Handyläden und Imbisse in nächster Nähe warteten auf Kunden, der Zugang zur U-Bahn verengte den Fußweg. Eine gute Stelle. Hin und wieder beugte sich auch tatsächlich ein Passant zu mir hinunter und warf eine kleine Münze in meinen Hut. Nach zwei Stunden wollte ich nicht mehr länger sitzen, denn langsam fing es an zu regnen. Just in diesem Moment kam ein hagerer, älterer Mann vorbei. Sein gerader, dennoch etwas steifer Gang fiel mir auf. Er ging wie die meisten achtlos an mir vorbei. Ich schaute ihm nach, der hatte bestimmt irgendein Rückenleiden. Bevor er in der Menge verschwand, stoppte er, drehte sich um und kam wieder auf mich zu. Direkt vor mir blieb er stehen und legte vorsichtig einen 5-Euro-Schein in meinen Hut. Dabei sah er mich nur ganz kurz an, aber so in seine Gedanken versponnen, dass er nichts sagte. Dann richtete er sich auf, nahm seine ursprüngliche Richtung wieder auf und verschwand. Aber ich hatte sein Gesicht gesehen und ihn erkannt.

Am verabredeten Tag, Anfang Dezember, kam ich pünktlich am Kölner Hauptbahnhof an. Von dort fuhr ich mit der U-Bahn nach Ehrenfeld zum vereinbarten Treff. Ich stieg die Treppe zur Straße hoch. Dort hatte ich vor einem halben Jahr gesessen. Gerhardt Schmidt hatte mich gebeten, auf einem kleinen Platz vor dem Kaufland zu warten, das war nur ein paar hundert Meter weiter. Nach wenigen Minuten wurde ich von einem jungen Mann abgeholt, der mich zum Filmemacher bringen wollte. Vorher, so schlug er mir vor, könnten wir noch etwas zu Mittag essen. Ich weiß nicht, wer vom Team diese Idee hatte, aber einem Obdachlosen, der immer Kohldampf schiebt, zeigte sie: Da kannte sich jemand aus, die nehmen dich ernst.

Wir brauchten nicht lange zu suchen, ein asiatischer Imbiss schien mir der geeignete Ort, um mich zu sättigen. Danach gingen wir zurück und bogen in eine kleine Seitenstraße ein. Vor einem unauffälligen alten Stadthaus mit rotbrauner Ziegelsteinfassade stoppte mein Begleiter. Dann schellte der junge Mann an einer der drei Klingeln, die seitlich am Hauseingang angebracht waren.

Nach wenigen Augenblicken öffnete ein älterer, großgewachsener Herr. Er streckte seine kräftige Hand aus, stellte sich vor und bat mich hinein. Es war Günter Wallraff. Ich schlug ein, musste aber doch tief Luft holen, bevor ich meinen Namen herausbrachte, ich hatte eine so direkte Begrüßung gleich an der Haustür nicht erwartet. Vermutlich hatte ich an irgendein Vorzimmer, eine Sekretärin oder einen Sekretär und an ein Büro gedacht, in das ich erst einmal geführt würde.

Günter Wallraff machte aber keinerlei Umstände, er ging durch einen schmalen Flur voraus in sein Gartenhaus, einen stabilen, dreißig Quadratmeter großen Bau mit einem riesigen quadratischen Holztisch, der von Rissen durchfurcht war, einem Klavier und mehreren mit Büchern angefüllten Regalen. Er erzählte von seinem Film, wir sprachen über mein Leben als Obdachloser, über alles Mögliche, über Hartz IV redeten wir natürlich auch, der neuesten Armuts-Geisel, unter der Obdachlose sehr zu leiden hatten. Nach einer guten Stunde bot er mir an, sein Mitarbeiter für das Fernsehfilmprojekt zu werden. Natürlich auch für sein Buchprojekt, denn parallel zum Film «Unter Null – Obdachlos durch den Winter» arbeitete er an einer Veröffentlichung für die ZEIT und später für sein Buch im Verlag Kiepenheuer & Witsch, «Aus der schönen neuen Welt. Expeditionen ins Landesinnere».

Ich weiß noch, dass ich ein wenig zu zittern begann, meine Stimme vermutlich auch. Aber ich dachte nicht lange nach, natürlich stimmte ich zu, es war wie eine Art von Trance, in die ich fiel. Hatte er mich wirklich gefragt? Ich wurde also ins Team aufgenommen. Als ich aus der Trance erwachte, registrierte ich noch klarer: Das alles war für mich ein Geschenk, ein Segen. So lange kämpfte ich schon gegen das Elend der Obdachlosen und dafür, dass es ihnen besser ging. Aber bisher war ich allein geblieben und hatte bei niemandem – bis auf die Betroffenen selber und die ein oder andere Einrichtung – Aufmerksamkeit erregt. Und jetzt traf ich auf Günter Wallraff, der mehr Missstände aufgedeckt hatte als jeder andere. Wie es «da unten» bei den Obdachlosen zuging, das würde endlich zum Thema eines prominenten Journalisten und seiner Berichte werden. Und ich war dabei.

Ich tauchte vom einen auf den anderen Tag in einen mir bis dahin völlig fremden Kosmos ein, in dem in Bildern gedacht, in Episoden geplant und in Etappen ein Ganzes zusammengebaut werden sollte. Ich musste mich auf ein Team einlassen, deren Mitglieder sich vertrauten – ich, der ich Einzelgänger und noch nie Teamplayer gewesen war. Und war plötzlich von Leuten umgeben, die nicht jeden Euro zweimal umdrehen mussten. Nicht dass Luxus herrschte, viele Mitarbeiter beim Film sind durchaus prekär beschäftigt, das bekam ich nach und nach schon mit. Aber es herrschte auch nicht die alltägliche Not, wie ich sie kannte und in der ich seit über 40 Jahren – mit wenigen Ausnahmen – lebte.

Dass der Kulturschock mir nicht die Luft nahm, sondern mir das Atmen sogar erleichterte, hatte mit der Haltung des gesamten Teams zu tun. Es war mir zugewandt, ich wurde wertgeschätzt als der Mann aus der Praxis und zu keinem Zeitpunkt als minderbemittelter Zulieferer oder notwendiges Übel betrachtet. Günter Wallraff trug erheblich zur aufgeräumten und empathischen Stimmung bei. Er nahm beim Zuhören nicht nur meine Worte, sondern mich als Person an und auf. Günter Wallraff respektierte mein Wissen, das ich mitteilte, als lebendig und leidvoll erfahrenes; und darin achtete er mich als Menschen.

Wallraff hatte seinen Arbeitsplatz in der Küche, in der er an einem alten Holztisch saß, auf dem sich Zeitungen und Zeitschriften, Arbeitspapiere, ausgedruckte E-Mails und Anfragen stapelten. Die Küche war allgemeiner Treffpunkt, oft drängte sich die ganze Crew hier und schmiedete die nächsten Pläne. Direkt gegenüber, im Treppenhaus, gab es eine ganz unauffällige

Tür. Am Abend des ersten Tages, ich war noch einigermaßen verwirrt von den vielen neuen Eindrücken, fragte Wallraff, ob ich während des Projektes bei ihm wohnen wolle. Ich nickte; hier zu wohnen wäre bestimmt besser als bei der Heilsarmee. Er zeigte auf die Tür, dahinter sei meine neue Behausung.

Wir betraten ein kleines Zimmer, es maß nicht einmal zehn Quadratmeter, hatte nur zwei kleine Fenster, und ein Schlafsofa stand darin. Ein wenig enttäuscht war ich dann doch, aber er grinste, als habe er gerade einen hübschen Jungenstreich gemacht, und schob mich weiter, durch die nächste Tür. Dahinter öffneten sich ein geräumiges Wohn- und Esszimmer, daneben ein Schlafzimmer und ein eigenes Bad. Ein kleiner Balkon blickte auf den Hinterhof. Das war für mich der pure Luxus, und ich schaute ihn fragend an, ob ich hier tatsächlich die nächsten Monate wohnen sollte. Ich sollte. Und bekam zum ersten Mal in meinem Leben Lust auf Sesshaftigkeit.

Auf Recherche-Tour

Günter Wallraff bot mir schon am ersten Tag das Du an, ich nahm es erst zögernd an und verhaspelte mich noch ein paarmal mit dem Sie. Dann wurde ich selbstbewusster, und spätestens auf der Straße fanden wir einen selbstverständlichen Umgang von du zu du.

Ein paar Tage nach meiner Ankunft starteten wir die erste Tour, in der Günter sich als Obdachloser in die Szene und die Hilfseinrichtungen begab. Er hatte sich in einen alten Zausel verwandelt, mit grauen, mittellangen, ungepflegten Haaren. Rasiert hatte er sich länger nicht, graue und weiße Bartstoppeln standen in seinem Gesicht. Auf der Nase hockte eine schwarze, dicke Hornbrille, Marke 1950er Jahre Kassengestell. Ein Glas war kaputt. Er sah aus wie eine Mischung aus Höhlenmensch und Hardcore-Penner. Mit den uralten Klamotten und dieser Brille aus der Frühzeit der Republik wirkte er auf mich im ersten Momente wie ein verkleideter Schauspieler. Das sollte ein Obdachloser sein? So wie der musste in Deutschland eigentlich niemand mehr herumlaufen, schoss es mir durch den Kopf. Aber viel Zeit zum Nachdenken hatte ich nicht, denn wir stiefelten jetzt los, hinein ins Filmabenteuer Obdachlosigkeit.

Im Film «Unter Null – Obdachlos durch den Winter», der ein knappes Jahr später im ZDF lief, wirkte die Aufmachung von Günter Wallraff übrigens nicht mehr deplatziert. Meine Irritation lag wohl am Ambiente dieses Hauses, in das der abgerissen verkleidete Mann nicht so recht hineinpassen wollte, und es lag daran, dass ich ihn ja tatsächlich ganz anders kennengelernt hatte: als normalen Bürger, nicht als den Ausgestoßenen, den er jetzt darstellte.

Wir blieben vorerst in Köln, es war also durchaus eine Probe aufs Exempel – denn hier konnte er trotz seiner Verkleidung am ehesten auffliegen. Traditionell machte der damalige Oberbürgermeister der Stadt, Fritz Schramma, ein CDU-Mann, den Obdachlosen am ersten Weihnachtstag seine Aufwartung. Seine Gattin war dabei, und beide bedienten in einer Einrichtung des Sozialdienstes Katholischer Männer direkt neben dem Hauptbahnhof die Leute von der Straße, die wegen der Ankündigung in der Ortspresse und durch Mund-zu-Mund-Propaganda der Einladung gefolgt waren. Günter und ich waren mit versteckten Mikros und Minikameras ausgestattet und wurden, ohne Verdacht zu erregen, in den bereits gutgefüllten Saal eingelassen. Das Ehepaar Schramma versorgte die Gäste in einer, wie ich fand, geradezu urchristlichen Manier, ohne jede Anmaßung, ohne Getue oder Herablassung und ohne jede Hilfe von dritter Seite; nicht einmal Security-Leute waren dabei. Ich war beeindruckt.

Beeindruckend war auch unser Besuch im Johanneshaus an der Annostraße, der sogenannten Notaufnahme des Johannesbundes, verlaufen, ebenfalls eine christliche Organisation. Wir hatten uns bereits Heiligabend dorthin begeben und wollten dort übernachten. Als Erstes mussten wir unsere Ausweise im Aufnahmebüro abgeben. Günter reichte dem Sozialarbeiter einen echten Ausweis, der allerdings jemand anderem gehörte, einem, der ihm einigermaßen ähnlich sah. Den Sozialarbeiter interessierte der Ausweis nicht sonderlich, er schaute Günter an und sagte: «Sie kenne ich.» Er wusste nicht, woher, aber er grübelte und kramte in seinem Gedächtnis. Jedenfalls schien er Günter nicht einlassen zu wollen, bis er das Geheimnis ergründet hatte. Günter tat unschuldig, hob fragend die Augenbrauen, ließ die Prüfung über sich ergehen und fürchtete schon das Schlimmste.

Da nahm ich mir ein Herz, trat mit meinem echten Ausweis dazu und textete den Mann mit Insiderwissen von Berbern und über die Annostraße zu. Ich war schon mehrfach hier gewesen und kannte die Einrichtung als eine der übelsten in ganz Deutschland. Aus meiner Kritik machte ich kein Hehl, im Gegenteil, ich gab richtig Gas und verwickelte den Sozialarbeiter in ein Gespräch, das ihn sein Misstrauen Günter gegenüber offensichtlich vergessen ließ. Jedenfalls ließ er uns nach ein paar Minuten passieren, ohne noch einmal zu dem «alten Zausel» aufzublicken.

Zwei Tage blieben wir im Johanneshaus, nur nachts, tagsüber ist die Einrichtung geschlossen. Die Notschlafstelle gibt es seit 1949. Der Johannesbund, ein stramm katholischer Missionsverein, unter dessen Dach zwei Ordensgemeinschaften tätig sind, führt seine vier Häuser im Kölner Raum und bei Darmstadt mit Hilfe einer gemeinnützigen GmbH. Nach dem Ersten Weltkrieg hatte Pater Johannes Maria Haw den Johannesbund gegründet, um die Alkoholabhängigkeit unter Arbeiterfamilien zu bekämpfen. Von der Katholischen Kirche zum Direktor des Mäßigkeitsbundes bestellt, verfocht er allerdings nicht die absolute Abstinenz. Vielleicht, weil seine Familie und die katholische Kirche mit vielen Klöstern selber sehr aktiv im Weinbau und der Bierbrauerei waren?

Die ökonomischen Gründe für das von ihm beklagte Elend der Arbeiterfamilien interessierten ihn wenig. Er sah die Ursachen in Alkoholismus und Gottlosigkeit. Nach dem Ende des Nazi-Regimes, das den Johannesbund 1941 verboten hatte, erhielt die Organisation ihre beschlagnahmten Häuser zurück. Haw widmete sich ihrem Wiederaufbau von Leutesdorf aus, einem kleinen Weindorf am Rhein in der Nähe von Koblenz. Dort starb er 1949. Seine Nachfolger betreiben derzeit seine Seligsprechung und präsentieren den Johannesbund auf ihrer Internetseite folgendermaßen: Wir «arbeiten in der Betreuung von Wohnungslosen (Obdachlose und entlassene Strafgefangene), in Altenheimen, in Sozialdiensten, in der Glaubensverkündigung vor allem mit Zeitschriften und mit Kleinschriften, die durch die ‹Katholische Schriften-Mission› in Leutesdorf in ganz Deutschland große Verbreitung finden.»

Auch im Johanneshaus in Köln lagen die Schriften aus. Und es schien mir, als würde die gemeinnützige GmbH mehr Geld in ihre Traktate stecken als in die Einrichtung selbst. In den letzten Jahrzehnten wurde, gefühlt jedenfalls, wohl so gut wie nichts investiert. Die Duschen und Toiletten hatten den Charme und die Patina der frühen 1950er Jahre; Schutz der Privat- und der Intimsphäre gab es nicht. Und nirgendwo eine vernünftige Ablage für Seife und Shampoo, dafür aber überall ein beißender, unangenehmer Geruch nach menschlichen Ausscheidungen. Günter und ich verzichteten auf eine Dusche, wir wollten verhindern, dass uns übel wurde. Wir kamen in ein Vierbettzimmer.

Wir teilten unser Zimmer mit einem HIV-Patienten. Mario lag kraftlos auf seinem Bett und erzählte Günter Wallraff, der sich zu ihm gesetzt hatte, seine Lebensgeschichte. Ich filmte mit der Brustkamera. Der Schwerkranke paffte unruhig eine Zigarette nach der anderen, er wollte sich unbedingt sein Leid von der Seele reden. Mit zwölf Jahren war er von zu Hause abgehauen. Erst war er erschrocken gewesen, dass er sich zu Männern hingezogen fühlte, dann war er stolz darauf, schwul zu sein. Er ging schon als junger Mann im Bahnhofsmilieu auf den Strich und träumte davon, schnell viel Kohle zu machen und dann auszusteigen.

Er steckte sich mit dem HIV-Virus an und hatte jetzt wohl nicht mehr lange zu leben. Ärztlich kaum versorgt und medikamentös schlecht eingestellt, war er kurz vor Heiligabend im Johanneshaus gestrandet. Er hatte keine Krankenversicherung wie viele Obdachlose, die weder Grundsicherung noch Hartz IV bezogen. Sie waren auf das Wohlwollen von Notärzten angewiesen, die sie nur in der allergrößten Not aufsuchten, häufig in einem Rettungswagen.

Von denen, die auf der Straße leben, werden nur wenige alt. Obdachlose sterben früh: Sie erfrieren, trinken sich ins Jenseits oder gehen an harten Drogen oder nicht erkannten, unbehandelten Krankheiten zugrunde, zum Beispiel an Blutvergiftungen und Entzündungen – oder sie werden sogar Opfer eines gewaltsamen Todes.

Wir wachten an seinem Bett und spielten ab Mitternacht, als er in unruhige Träume sank, bis morgens in der Frühe Schach.

Drei bis vier Stunden dauerten unsere zwei Partien. Günter Wallraff war wegen des todkranken Patienten in unserem Zimmer wohl abgelenkt und nicht recht bei der Sache, er verlor beide Partien. Allerdings hat er in den vielen Spielen danach auch nicht oft gewonnen.

Dass ich, der Kurpfälzer Wandersmann und Sohn Mannheims, Schulabbrecher, Heimkind, Gelegenheitsarbeiter, Teilzeit-Knacki und Berber ohne festen Wohnsitz mit Günter Wallraff zusammen arbeiten konnte, ihm in seiner Rolle half und von ihm in vielen anderen Situationen bis heute Unterstützung erhalten habe, hat mich entscheidende Schritte zurück in ein steteres und stabileres Leben geführt. Wie zu Kinderzeiten die Familie Müller, zu der ich mich auch als Jugendlicher noch hin und wieder retten konnte, eröffnete sich mir ein neuer Fluchtpunkt. Ein Ort des Vertrauens und der Sicherheit.

Eine Spirale der Gewalt

Die ohnehin nie rosige Situation der Obdachlosen ist nach Einführung der Hartz-Gesetze noch schlimmer geworden. Die meisten von uns hatten gar nicht mitbekommen, was da 2004 diskutiert und dann am 24. Dezember unter der Überschrift «Viertes Gesetz für moderne Dienstleistungen am Arbeitsmarkt» als zynische Weihnachtsgabe an die Armen beschlossen wurde. Wer auf der Straße lebte und Geld vom Sozialamt brauchte und nach dieser Reform beim Amt auftauchte, bekam sofort zu spüren, dass plötzlich alles anders war. Wer keine Meldebescheinigung vorweisen konnte, wurde abgewiesen, wer noch halbwegs geradeaus gucken konnte, wurde in unterbezahlte Zwangsarbeit geschickt. Wer dies ablehnte, wurde mit der Reduzierung oder dem völligen Entzug von Geldleistungen bestraft, Antragstellern wurden zudem häufiger Gutscheine ausgehändigt und Bargeld verweigert. Die Sachbearbeiter, auch vorher keine Engel, behandelten uns zunehmend als Lügner, Schmarotzer und Arbeitsverweigerer. Mit der geballten Kraft der Bürokratie sollte die Realität, die uns zu dem gemacht hatte, was wir waren, geleugnet und wir zu produktiven Bürgern zurechtgebogen werden.

Viele von uns waren aber schlicht und einfach fertig und kaputt, sie flohen vor diesen Zumutungen, fielen durch alle sozialen Netze und schlugen sich ohne jede staatliche Hilfe durchs Leben. Auf der Straße wurde es nach den Hartz-IV-Gesetzen noch rauer, brutaler und gnadenloser.

Ich habe in dieser Hinsicht selber reichlich Erfahrung sammeln dürfen. Typisch waren Versuche, einander in Obdachlosenunterkünften abzuziehen. Seitdem wir vom Sozialamt oder Jobcenter keine Hilfe zum Lebensunterhalt als monatliche Geldsumme mehr bekamen, sondern bestenfalls einen dürftigen Tagessatz, eine Art Taschengeld, herrschte bei allen ständige Geldnot. Wer dann in einer Notunterkunft aufkreuzte und den Anschein erweckte, er habe mehr Geld als die anderen, der wurde immer häufiger angegangen. Ich wurde allein wegen der Biermarke angepöbelt, die ich trank, nämlich nicht die billigste Plörre aus dem Discounter. «Du kannst dir das wohl leisten, oder!?», hieß es dann, mit forderndem oder sogar bedrohlichem Unterton.

Und wer meinen Laptop sah, bekam direkt Stielaugen. In Braunschweig rückte mir ein Mitbewohner derart auf den Pelz, dass ich ihn aus meinem Zimmer warf. Ich müsse mehr als genug Geld haben, das schloss er allein daraus, dass dort ein Laptop stand. Von außen trat er noch einmal wütend gegen meine Tür, dann scharte er ein paar Kollegen um sich; ich bekam es mit, ihr Getuschel und Pläneschmieden. Und ich floh regelrecht aus dem Haus.

Das war kein Einzelfall, schon ein Nokia-Handy reichte, um den Neid zu schüren, und allein die Tatsache, dass ich in Bremen kein Labskaus aß, weil ich dieses Gericht schlicht nicht mag, war der Grund dafür, mir ungehörigen Reichtum zu unterstellen und nach meinem vermeintlich vielen Geld zu trachten. Ich hörte die gleichen Geschichten von anderen Berbern, besonders von denen, die sich im Abwärtsstrudel der Armenbekämpfung noch geradehielten und auf ihr Äußeres und ihre Kleidung achteten.

Ich begleitete Günter Wallraff in einige der Einrichtungen, die er in seinem Buch und im Film geschildert hat, zum Beispiel nach Weeze ins Petrusheim und nach Frankfurt am Main in den Ostpark. Auch nach Hannover fuhr ich mit, quartierte mich aber in einer anderen Notschlafstelle und nicht im Bunker ein, einer der grausigsten Obdachlosenunterkünfte, in der Günter Wallraff in jener Nacht um sein Leben fürchten musste. In seinem Buch schildert er, wie er von einem Mitbewohner des Bunkers verbal mit dem Tod bedroht wurde und nicht mehr hinauskonnte, weil die Einrichtung von außen abgeschlossen worden war (Günter Wallraff, Aus der schönen neuen Welt, S. 76, 77).

Hannover – auch ich hatte ein höchst unangenehmes Gewalterlebnis in dieser Stadt gehabt, das mir bei dieser Gelegenheit wieder einfiel. Freilich war auch Glück dabei.

Ich hatte nach meiner Ankunft am Hauptbahnhof bemerkt, wie mich vier junge Männer etwas aufmerksamer in Augenschein nahmen, als ich das gewohnt war. Ich war hoch bepackt, hatte alles dabei, was ein Berber brauchte, inklusive meiner Djembe. Ich ging die zentrale Einkaufsstraße entlang, die vom

Bahnhof in die Innenstadt führt. Die Männer folgten mir in ungebührlich knappem Abstand. An der nächsten Kreuzung umstellten sie mich und verlangten Bargeld. Am helllichten Tag!

Ich hätte mich nicht zur Wehr setzen können, dazu war ich zu bepackt, außerdem standen zwei Männer vor mir, zwei hinter mir, und ich sah in der Hand des einen ein Messer. Trotzdem nahm ich all meinen Mut zusammen und sagte ihnen, ich sei Berber, ein armes Schwein, bei mir sei wirklich nichts zu holen. Sie hörten sich meine Erklärung erstaunlicherweise an, ich hoffte schon, mich aus der Affäre ziehen zu können. Doch jetzt kam ihr Wortführer einen weiteren Schritt näher und hob sein Messer ein wenig höher.

Da spürte ich, wie mich ein gewaltiger muskulöser Arm zur Seite schob. Ein Typ, zwei Köpfe größer als ich und um einen Brustkorb breiter, hatte die Bildfläche betreten. War er der Boss der vier Burschen? Ich sah seine Kutte, «Hells Angels», mir sank das Herz vollends in die Hose. Jetzt stellte er sich vor die Gruppe, mit dem Rücken zu mir, und verpasste ohne Vorwarnung erst dem einen der Abzocker mit seiner rechten Innenhand eine dröhnende Backpfeife und im Rückschwung dem anderen mit seinem Handrücken einen platzierten Schlag auf die Nase. Die vier Spukgestalten rannten wie von der Tarantel gestochen davon. Mir zitterten noch die Knie, als sich der Riese von einem Kerl zu mir umdrehte und freundlich meinte, ich könne bei ihnen im Club gerne noch einen Kaffee trinken auf den Schreck.

Noch heute bin ich diesem Hannoveraner Hells Angel für seine Hilfe sehr dankbar. Als ich an diesem Abend die Notunterkunft Celler Straße aufsuchte, traf ich zwei dieser vier jungen Männer wieder. Sie taten keinen Mucks, verdrückten sich in ihre Betten und störten in dieser Nacht weder mich noch irgendeinen anderen Gast.

Über die Begleitung von Günter Wallraff hinaus recherchierte ich selbständig mit einem kleinen Team in anderen Städten, um die beispielhaften Schilderungen von Günter abzusichern und die Veröffentlichungen auf eine möglichst umfangreiche Faktenbasis zu stellen.

In Wiesbaden wurde ich einmal mehr gewahr, dass die Qualität der Obdachloseneinrichtungen nicht unbedingt vom Träger abhängt. Auch dort gab es ein Heim der Heilsarmee, die unter anderem in Kassel, Göttingen und Köln so hervorragende Häuser führte. Hier aber wurden nachts 30 Leute in ein Zimmer gepfercht, die Toiletten hatten keine Türen, sondern waren einsehbare Verschläge, das Essen war miserabel. Die Leiterin machte ihren Job nicht gut, abgesehen offensichtlich von der PR-Arbeit. Denn ihr war für ihre besonderen Leistungen für wohnungslose Menschen das Bundesverdienstkreuz verliehen worden.

Wir reisten mit dem kleinen Team in den Osten, dorthin, wo 15 Jahre zuvor mein Berberleben begonnen hatte. In Brandenburg an der Havel filmten wir den schwarzen Schimmel in den Duschen und die kümmerlichen Reste von Putz an den Wänden; eine Einrichtung, die wie eine Baustelle aussah. Eine bewohnte allerdings, denn sie galt ja als die offizielle städtische Unterkunft für Obdachlose.

Vielleicht weil der Osten der Republik vom Phänomen der offenen Obdachlosigkeit lange verschont gewesen war und nun in aller Eile Behelfsbauten hochgezogen wurden, fanden wir noch in zwei weiteren Städten massive Mängel. In Magdeburg hatte man die Notschlafstelle in Containern untergebracht. Sie waren so feucht, dass man kein Handtuch zum Trocknen hätte aufhängen können – eine Brutstätte für Erreger von Atemwegserkrankungen. In Stendal lebten in einer städtischen Wohnung für Obdachlose auf engstem Raum je fünf bis sechs Männer. Sogar in eine der kleinen Küchen war ein Bett geschoben worden. Dort stank es nach Urin, und man sah die Lachen sogar. Alles war grau und düster, eine erste Adresse für alle, die sich eine Depression zulegen wollten.

Aber es gab auch im Osten positive Beispiele. In Rathenow gefiel uns die Einrichtung; an den Dreibettzimmern war nichts auszusetzen, unser Team hatte endlich einmal schöne Aufnahmen im Kasten. Auch in Calau bei Cottbus lief es sehr gut. Das Personal war freundlich und hilfsbereit, ich wurde dort fast schon bemuttert. Das Team staunte. So etwas war selten und die Ausnahme bei unserer Testreihe. In Cottbus betrieb das DRK eine Unterkunft. Auch sie war sauber und ohne nennenswerte Beanstandungen, in Potsdam und Leipzig konnte man sich als Obdachloser ebenfalls in die Notschlafstellen trauen, ohne dass man um seine Gesundheit fürchten musste.

Am heimischen Küchentisch von Günter Wallraff liefen am Ende alle Informationen zusammen. Hier wurde berichtet, ausgewertet, ausgewählt und entschieden, welche der vielen Häuser und welche der vielen bedrückenden Schicksale von obdachlosen Menschen geschildert werden sollten. Die Arbeit nahm noch mehrere Monate in Anspruch, bis Günters Reportage «Unter Null» im Frühjahr 2009 in der Wochenzeitung «Die Zeit» erschien. Sie sorgte für erhebliche Aufmerksamkeit. Die Resonanz auf den gleichnamigen Fernsehfilm im ZDF im Dezember 2009 war sogar überwältigend.

Auch wenn ich nur Zuarbeiter und Türöffner war, machten mich die Folgen, die die gemeinsamen Anstrengungen hatten, stolz. In Hannover wurde eine der schrecklichsten Einrichtungen, der erwähnte Bunker, geschlossen und durch ein modernes, fortschrittliches Haus ersetzt. In Frankfurt wollte man den Ostpark umgestalten. Es kamen großartige Ideen auf den Tisch, an deren Entwicklung sich Künstler und Architekten beteiligten. Wir arbeiteten dem Frankfurter Verein, dem Träger des Ostparks, zu. Ein Beirat wurde gegründet, Skizzen entstanden, Drei-D-Modelle wurden geschaffen. Aber der Verein bremste unseren Schwung aus, zeigte sich zunehmend desinteressiert, das Vorhaben stockte und versandete schließlich zum Ärger aller Akteure. Vieles ist nachzulesen im Buch «Aus der schönen neuen Welt», das im Sommer 2009 herauskam, die Zeit-Veröffentlichung «Unter Null» in einer längeren Fassung präsentierte und auch von der Resonanz auf diese Veröffentlichung berichtete.

Ich war bis zum April 2009, über einen Zeitraum von vier Monaten, im Projekt beschäftigt und wurde ganz normal für meine Mitarbeit honoriert. Günter Wallraff stockte mein Honorar dankenswerterweise auf insgesamt 5000 Euro auf. Damit war ich auf einen Schlag schuldenfrei – und hatte noch 2000 Euro übrig. An dieser Freude musste ich meine Leute aus der Szene teilhaben lassen. Ich bin deshalb zu zwei Einrichtungen gefahren, die zu meinen Stammplätzen als Berber gehörten, nach Esslingen zu den Katholischen Schwestern und nach Ludwigshafen ins Haus St. Martin. Im April 2009 kreuzte ich erst einmal in Esslingen auf, beladen mit zwei riesigen Tüten, die ich bis oben hin mit Lebensmitteln vollpackt hatte. Mein Rucksack war ebenso gut gefüllt. Nudeln, Brot, Tütensuppen und -soßen, Dosen mit Fleisch und Fisch, Käse, Wurst – ich wusste, was die Schwestern brauchten, die jeden Tag von den kargen Fördergeldern ihre Gäste verköstigen mussten. Weil es mir peinlich war, mich als Wohltäter zu präsentieren, übergab ich den Schwes tern, die mich als alten Bekannten herzlich begrüßten, alles zusammen mit einer kleinen, selbstgestrickten Geschichte: Ich sei beim Betteln in einer Fußgängerzone von einem älteren Herrn angesprochen worden, der habe mir die Lebensmittelspenden vorbeigebracht und noch 50 Euro in bar, und das alles sollte ich hier abgeben. Er selber wolle anonym bleiben.

So ganz nahmen mir die Schwestern meine Geschichte nicht ab, noch weniger die Leute im Haus St. Martin in Ludwigshafen, die ich danach besuchte. Dort erzählte ich nämlich dasselbe Märchen, und um seine Glaubwürdigkeit zu untermauern, bestand ich darauf, dass sie mir für die Spende eine Quittung aushändigten. Die hätte der nette Herr gerne haben wollen. Wahrscheinlich, um zu verhindern, dass ich mit dem Essen und dem Geld durchbrenne. Ich erntete ein freundliches Lachen und ein Augenzwinkern. «Dann gib dem Spender mal seine Quittung», sagte der freundliche Heimleiter und schüttelte mir zum Abschied die Hand. «Und bestell ihm, dass er gerne wiederkommen kann!»

Ich nickte – etwas verlegen. Es war ein irritierendes Gefühl, zum ersten Mal nicht als Nehmender, sondern als Gebender in einer Obdachloseneinrichtung vorbeizukommen. Mit diesem Rollenwechsel kam ich überhaupt nicht zurecht; mir war die Geschichte vom alten Wohltäter erheblich angenehmer, als mich zu outen.

Eigene vier Wände als Versuch

Während die Auswertung der Aufnahmen und der Schnitt für den Film «Unter Null» liefen, war ich schon wieder unterwegs. Schweren Herzens und leichten Herzens. So luxuriös für mich die Wohnung bei Günter Wallraff war, so eng wurde mir dieses Leben zwischendurch immer wieder. Verbindlichkeiten, Verpflichtungen, Funktionieren müssen, Vorgaben einhalten – ich bekam das während dieser vier Monate durchaus hin. Aber mit wachsender Anstrengung. Ich musste wieder raus. Andererseits wollte ich gar nicht mehr raus. Beide Impulse rissen an mir. Also tat ich beides, ich reiste wieder, nach Esslingen, wie schon berichtet, und nach Ludwigshafen. Und ich bemühte mich um eine Wohnung in Köln. Vielleicht würde sie mir ein neuer Stützpunkt werden?

Es war allerdings leichter gesagt als getan, ins bürgerliche, zumindest ins behauste Leben zurückzukehren. Als Berber ohne festen Wohnsitz mag dich keine Stadt. Denn sobald sie zulässt, dass du dich anmeldest, hat sie dich an der Backe. Mit anderen Worten: Jede Kommune neigt dazu, Berber weiterzuschicken oder sie im Ämterdschungel auszusitzen, gleichsam verhungern zu lassen oder meschugge zu machen. Mir ging es nicht anders. Im März 2009 sprach ich zum ersten Mal beim zuständigen Bezirkssozialamt vor und suchte auch das zentrale Wohnungsamt in Köln auf. Der Sachbearbeiter verhielt sich mehr als reserviert und lehnte alle meine Anträge auf Übernahme der Miete, Wohnungserstausstattung und Grundsicherung ab. Bis Juni, also über ein Vierteljahr, drehte er mich wie einen Brummkreisel im Kreis, dass mir schwindelig wurde, und sorgte dafür, dass ich keinen Schritt weiterkam. Ich saß schon so gut wie auf der Straße, denn Günter Wallraff brauchte seine Gästewohnung für jemand anderen, da erzählte ich ihm von der misslichen Lage.

Er stürzte sich sofort mitten in den Konflikt hinein. Doch als er mit den Ämtern telefonierte, änderte sich nichts. Man ließ ihn abblitzen. Nach einigen fruchtlosen Versuchen suchte er den Sachbearbeiter persönlich auf. Und wie es so ist, wenn sich Leute mit Entscheidungskompetenz von prominenter Seite beachtet fühlen: Der Knoten war endlich durchgeschlagen, und meine Anträge auf eine Wohnung und auf Grundsicherung wurden innerhalb kürzester Zeit positiv beschieden. Mein Sachbearbeiter benahm sich sogar höchst zuvorkommend und wandelte sich vom biestigen Wächter zum freundlichen Helfer.

Ich blieb im mir liebgewonnenen Kölner Stadtteil Ehrenfeld und bezog ein paar Straßen weiter eine kleine Parterrewohnung. Aber gleichzeitig trieb es mich wieder fort. Ich blieb, ich ging, ich kehrte zurück, ich floh wieder: Ich verankerte mich noch nicht. Für einen, der mit 21 Jahren aus dem wohnhaften Leben herausgerissen worden war und seit 24 Jahren ohne Dach über seinem Leben, eigentlich kein Wunder. Ich hatte ja auch in meinen Kinder- und Jugendjahren nirgendwo Wurzeln schlagen können, hatte damals schon keinen Boden unter den Füßen und keine Sicherheit im Herzen gehabt.

EIN VERSTÖRTES KIND

Die Phantome meines Elternhauses

Ich wurde am 8. Juli 1964 geboren. Eine Hausgeburt in der Weberstraße im Mannheimer Stadtteil Schwetzingervorstadt. Ich habe kaum Erinnerungen an diese Wohnung. Meine Erinnerungen beginnen erst, als ich so etwa dreieinhalb Jahre alt war. Damals waren wir bereits nach Mannheim-Schönau umgezogen, in eine bescheidene Zweizimmerwohnung mit Balkon in einer tristen Häuserreihe. Ich eroberte sie spielend, wie alle Kinder, meine kleine Welt aus Schubladen, von denen ich einige aufziehen konnte, Schränken, die sich öffnen ließen, die ich aber nicht ausräumen sollte, dem Küchentisch, den ich auf einem Stuhl kniend gerade so überschaute, Türen, die ich ins Schloss drückte, aber nicht öffnen konnte. Mit der Balkontür befasste ich mich nicht, sie war fast nie geöffnet. Auf unseren Balkon ging niemand, er taugte nicht zur schönen Aussicht, die grauen Häuser rundherum lockten nicht zum Verbleib. Meine Eltern hatten ihn weder mit Blumenkästen geschmückt, noch einen hübschen Tisch und bequeme Stühle daraufgestellt; stattdessen lagerten sie überzählige Möbel darauf ab.

Unser Mobiliar bestand weitgehend aus gebrauchten Altmöbeln, die freundliche Menschen uns geschenkt hatten und die sich auf 60 Quadratmetern stapelten. Unsere Wände waren etwas Besonderes. Sie waren nicht mit Tapeten beklebt oder mit

Farbe gestrichen, sondern mit alten Bettlaken und Stoffen behängt. Blau und weiß, die Lieblingsfarben meiner Mutter, dominierten, auch wenn sie mit der Zeit verblichen. Ich konnte mit der Hand darüberstreichen und spürte, dass dann kleine Wellen durch den Stoff wanderten. Hinter manchen Vorhängen konnte ich meine Hände verstecken, wenn sich die Nägel aus der Wand gelöst hatten, mit denen sie festgemacht waren.

Im Wohnzimmer bollerte bei Minustemperaturen ein kleiner Ofen, der für das andere Zimmer und die Küche allerdings nie reichte. Also herrschte im Winter ein frostiges Klima. Manchmal bestaunte ich die Eisblumen, die an Fenstern wuchsen, die dem Wind besonders ausgesetzt waren. Ich konnte meine Hand darauflegen, dann verdampften sie. Ich saß aber lieber davor und verlor mich in den feinen Verästelungen ihrer eisigen Adern.

Ein eigenes Zimmer hatte ich nicht, auch kein eigenes Bett. Mein Ort war der Flur, eine Durchgangsstation. Ein enger, langer Flur, der genauso vollgestellt war wie der Rest der Wohnung. Man musste sich hindurchschlängeln, vorbei an meinem Ausziehsofa, das tagsüber eingeklappt in eine Nische geschoben wurde, einer Kommode, die in der nächsten Nische stand und den halben Flur versperrte, einem Kleiderschrank, der aus einer weiteren Ausbuchtung herausragte, und noch einer Kommode direkt neben dem Badezimmer. Ich mochte den Flur nicht, er war dunkel und wurde noch dunkler, wenn ich hier schlafen musste.

Ich spielte auch im Flur. Meine Mutter schärfte mir ein, auf keinen Fall irgendetwas liegen zu lassen, sondern immer gut aufzuräumen. Mein Vater könne sonst stolpern. Denn mein Vater war blind. Vor meiner Geburt war er erblindet – eine Spätfolge des Krieges. Aber er bewegte sich in unserer Wohnung sicher, jedenfalls wenn ihm nichts Unvorhergesehenes im Weg stand. Eines Nachts stürzte er, als er zur Toilette wollte. Vermutlich über Kochtöpfe, mit denen ich gespielt und die ich liegen gelassen hatte; eigenes Spielzeug hatte ich keins. Er schlug sich die Stirn an der Kommode blutig, ich sah es am nächsten Tag. Da war er noch immer wütend und legte mich übers Knie.

Mir hat sich dieses Ereignis so eingeprägt, als hätte ich nur dieses eine Mal etwas im Weg stehen lassen. Deshalb hielt ich seine Prügel für angebracht, ich war ja schuld gewesen, dass er sich verletzt hatte. Aber vielleicht hatte ich auch viel öfter irgendwelches Zeug im Flur liegen lassen oder Sachen verräumt, und irgendwann war meinem Vater dann der Kragen geplatzt. Es kommt mir heute jedenfalls unwahrscheinlich vor, dass ich als Kind derart aufmerksam und ordentlich gewesen sein soll.

Mein Vater beachtete mich sonst wenig. Auch meine Mutter beschäftigte sich nicht mit mir. Mit mir spielen oder herumtollen – das war nicht ihre Sache. Sie übersahen mich meistens. Als mein Vater mich wegen der im Weg liegenden Töpfe verprügelte, beachtete er mich. Ich erschrak zwar vor dem großen starken Mann und seiner Kraft, und es tat mir weh, als er mich schlug. Aber er beschäftigte sich mit mir, so viel war in diesem Augenblick sicher.

Danach verschwand er wieder aus meinem Blickfeld. Er zog sich tagsüber regelmäßig zurück. Unser Wohnzimmer war sein Reich, hier schlief er auch. Hier hatte er seinen Musiktempel errichtet und träumte vor seinem Schallplattenspieler zu der Musik von Tommy Dorsey, Glenn Miller, Louis Armstrong, Benny Goodman, Duke Ellington, Count Basie und Harry James. Jeden Tag verkroch er sich dort über Stunden und duldete keine Störung.

Auch meine Mutter zog sich bald nach dem Frühstück zurück. Sie war ausgebildete Gesangs- und Klavierlehrerin und spielte stundenlang Werke von Rimsky-Korsakov, Beethoven oder Chopin. Oder sie sang zum Klavier Opernarien und Operettenlieder. Sie sang auf Polnisch oder Deutsch. Manchmal sang sie jiddische Lieder. Meine Mutter stammte aus Polen und war Jüdin. Das Klavier stand in ihrem Zimmer, in dem sie auch schlief. Wenn ich heute die Augen schließe und in meine früheste Kindheit hineinlausche, dann höre ich ihren Gesang und ihr Klavierspiel.

Meine Mutter stammte aus gutem Hause. Ich wusste das, weil ich zufällig Fotos in einem Schuhkarton unter ihrem Bett entdeckt hatte. Sie zeigten schwarzweiße, ein wenig verblichene Bilder von einer schönen jungen Frau vor einer Villa in einem großen Garten, die in hellen Kleidern und langen Handschuhen elegant posierte. Ich hielt die Fotos staunend in der Hand und blätterte sie durch. Ja, das musste sie sein, das war sie sicherlich, ich erkannte sie wieder. Andere Fotos zeigten sie im Urlaub am Meer, nicht weniger strahlend. Die anderen Menschen auf den Fotos kannte ich nicht, einen alten Mann mit Vollbart und langen schwarzen Haaren, der mir auffiel, Frauen in eigenartigen Gewändern, Männer mit einer kleinen runden Kappe auf dem Kopf.

Plötzlich stand meine Mutter hinter mir und legte mir die Hand auf die Schulter. Ich drehte mich erschrocken um – war ich bei etwas Unerlaubtem ertappt worden? Ich sah, dass sie weinte und ihre Hand nach dem Karton ausstreckte. Ich gab ihn ihr, sie drückte ihn fest an sich und verließ das Zimmer. Kurz darauf hörte ich, wie sie sich im Badezimmer einsperrte. Dort weinte sie weiter, und ich war ganz verzweifelt, was ich da angerichtet hatte. Aber es waren die Fotos, mein Vater bestätigte es mir später, die Fotos ihrer Familie, wegen denen sie weinte. Jetzt wusste ich immerhin, warum sie sich so oft im Badezimmer einschloss. Sie hockte dann wohl auf dem Badewannenrand, die Erinnerungen an ihre Familie auf dem Schoß. Meist nachts drang ihr Schluchzen zu mir auf den Flur und mischte sich mit den Geschichten, die ich in anderen Nächten gehört hatte. Sie selbst erzählte mir nie etwas über die Fotos, nicht einmal, nachdem ich sie in dem Schuhkarton entdeckt hatte.

Ich ging nicht in den Kindergarten. Ich streunte durch unsere Wohnung, allein. Im langen Flur zwischen Schränken und Kommoden und vor zwei verschlossenen Türen, hinter denen meine Eltern unerreichbar für mich ihrer Musik nachhingen. Sie gingen selten aus dem Haus, arbeiten konnten sie aus Krankheitsgründen nicht mehr. Sie bezogen eine Rente als Überlebende der Nazi-Diktatur. Ich kickte, wenn es mir zu langweilig wurde, irgendwelchen Kram durch den Flur, den ich aus einer Schublade in der Küche geholt hatte, das knallte ordentlich. Ich hoffte, dass sich eine der Türen öffnen würde. Sie blieben geschlossen.

Manchmal beschäftigte ich mich mit meinem einzigen Kuscheltier, es war ein Teddybär, der wohl früher mit einem anderen Kind unterwegs gewesen war, er hatte jedenfalls schon bessere Tage gesehen, als er zu mir kam. Habe ich mit ihm jemals geschmust und gemeinsam mit ihm Abenteuer bestanden, fremde Länder oder schöne Prinzessinnen erobert? Ich weiß es nicht mehr. Ich weiß nur noch, dass er sehr schnell gealtert ist, er verlor bald ein Auge, später einen Arm; die Knöpfe seines Pullovers, den man ihm nicht ausziehen konnte, fehlten am Ende ganz. Eines Tages war er spurlos verschwunden. Ich machte mich auf die Suche nach ihm, schaute in viele Schubladen und kramte unter dem Sofa im Wohnzimmer, als mein Vater nicht da war. Nirgendwo konnte ich ihn finden, auch in der Küche hatte er sich nicht versteckt. Meine Mutter musste mich beobachtet haben und fragte, was ich denn suche. «Meinen Teddy», antwortete ich. «Den hab ich weggeworfen», entgegnete sie. «Der war ja völlig kaputt.» Ich war verblüfft. Das war doch mein Teddy gewesen, nicht ihrer. Aber ich weinte nicht, jedenfalls kann ich mich an keine Tränen erinnern. Einen neuen Teddy bekam ich nicht.

Ich wurde ohnehin nie beschenkt. Wir feierten keine Geburtstage, wir feierten auch kein Weihnachten. Ob es daran gelegen hat, dass für meine jüdische Mutter Weihnachten kein Festtag war? Aber warum fielen bei uns Geburtstage aus? Diese Frage stellte ich mir erst, als ich herausbekam, dass andere Kinder an ihren Geburtstagen mit Geschenken bedacht wurden. Ich weiß nicht, ob ich meine Eltern danach gefragt habe; an eine Antwort kann ich mich nicht erinnern. Bei uns war eben vieles anders als anderswo.

Schon der Tagesablauf unserer Familie war ungewöhnlich. So konnte das Frühstück durchaus erst zur Mittagszeit stattfinden. Meist wachten wir zwischen zehn und elf Uhr auf; es konnte noch später werden, wenn mein Vater sich am Abend zuvor allzu heftig mit Alkohol und Tabletten betäubt hatte. Weil meine Mutter sich am Morgen nur schwer aus ihren trüben Erinnerungen lösen konnte, kam auch sie nicht früher auf die Beine. Ich stand natürlich auch nicht alleine auf. Ich war müde, wenn ich bis spätnachts wach geblieben war, der Musik meiner Eltern zugehört oder vor dem Schwarzweiß-Fernseher gesessen hatte, weil mein Vater den Zugang zum Wohnzimmer erlaubte. Oder weil die Nacht wieder so schrecklich, so wirr, so albtraumhaft gewesen war und mich wach gehalten hatte.

Es ging dann nicht unbedingt geordnet weiter bei uns. Meine Mutter brachte nur selten dreimal täglich Essen auf den Tisch. Sie vergaß regelmäßig einzukaufen – das war nicht ihre Sache. Zum Frühstück gab es meist eine dünnbestrichene Scheibe Brot mit Butter oder Margarine, dazu einen Pott Milch mit etwas Kakao. Das schmeckte zwar, war aber immer zu wenig und auf die Dauer langweilig. Oft genug gab es nicht einmal die Scheibe Brot. Dieser Mangel rührte nicht nur daher, dass meine Eltern das vorhandene Geld nicht mit Bedacht ausgaben. Er hatte noch mehr mit ihrer Unfähigkeit zu tun, den ganz normalen Alltag zu organisieren.

Woran es bei uns nicht mangelte, war Alkohol. Dienstags und freitags ließen sich meine Eltern Getränke von einem Lieferanten bis zur Wohnungstüre bringen. Meist machte ich die Tür auf und nahm die Limo für mich, die drei Flaschen guten und teuren Rotwein für meine Mutter und den Kasten Eichbaum-Pils und manchmal eine Flasche Schnaps für meinen Vater in Empfang. Wenn es ans Schlafen ging, hatte meine Mutter eine Flasche Wein gelehrt und war entsprechend benebelt. Auch mein Vater war regelmäßig betrunken, Schmerzmittel und Tabletten gegen seine Herzprobleme und seine Krebserkrankung verstärkten die Wirkung des Alkohols. Oft wurde er dann laut, schimpfte, stritt sich mit meiner Mutter, und manchmal schrie er sie auch an.

Meine Eltern waren zwar beide frühverrentet, aber das Geld reichte eigentlich. Für den Alkohol jedenfalls war immer etwas da. Es reichte nur deshalb nicht fürs Essen und für größere Anschaffungen wie neue Möbel, weil mein Vater meiner Mutter immer wieder teure Geschenke machte, wenn er sich für seine Ausfälle und Beschimpfungen entschuldigen wollte. Er nahm mich als seinen Führer gern mit auf solche Einkaufstouren. Ich erinnere mich noch genau daran, wie wir einmal ein Pelzgeschäft aufsuchten. Die Türklingel ertönte mit sonorem Klang im leeren Verkaufsraum, hinter einem schweren Vorhang hörte ich gleichzeitig ein helles Scheppern. Der Vorhang teilte sich, und ein älterer Herr dienerte auf uns zu. Er fragte vornehm nach unserem «Begehr». Nachdem mein Vater seinen Wunsch nach einem Damen-Pelzmantel geäußert hatte, führte er uns zu einer langen Kleiderstange. Mein Vater befühlte ausgiebig die Mäntel, die der Kürschner ihm als passend vorhielt, und fragte mich nach meinem Urteil. Ich begeisterte mich für den kuscheligsten der Pelzmäntel, sah meine Mutter darin und sah mich, wie ich mich an sie schmiegte. Über 1000 Mark zahlte mein Vater für den Mantel. Und es war nicht das einzige teure Geschenk, mit dem er meine Mutter besänftigte. Auch teuren Schmuck und Uhren schenkte er ihr.

Mein Vater war zu einer ausdrücklichen Entschuldigung nicht in der Lage. Er bat nie mit Worten um Verzeihung, mich nicht und meine Mutter auch nicht. Durch Gesten versuchte er wiedergutzumachen, was er angerichtet hatte und wofür er sich schämte. Je drastischer seine Entgleisung, umso teurer das Geschenk.

Sich generös zeigen, ein Lebemann sein, im Luxus schwelgen und meine Mutter im Luxus schwelgen lassen – auch das schwang wohl mit, wenn er auf diese Weise Abbitte leistete. An solchen Tagen, an denen sich meine Mutter reich beschenkt sah, schaute sie aus wie auf den Fotos ihrer Jugendzeit, in der keine materielle Not den Alltag prägte und keine bösen Geister sie quälten, in der sie vielmehr elegant, sorglos, verträumt oder stolz in die Kamera lächelte. An solchen Tagen fanden sich meine Eltern; hinter einer der Türen liebten sie sich, das erlauschte ich, als ich älter war und die Geräusche einordnen konnte. Mein Vater war für meine Mutter die große Liebe, das erzählte sie mir viel später, kurz vor ihrem Tod. Es wird auch umgekehrt so gewesen sein, meine Mutter zumindest unterstellte das. Ich habe meinen Vater nicht mehr danach fragen können; er starb, als ich 13 Jahre alt war.

Auch wenn ich selber – so scheint es mir jedenfalls in meiner Erinnerung – nie von meinen Eltern liebkost wurde, beruhigten mich solche Zeichen der Liebe zwischen ihnen. Die Schwere in unserer Wohnung verflüchtigte sich für eine Zeitlang. Ich spürte den Hauch ihres Glücks – aber ich konnte nicht daran teilhaben. Es strahlte nicht auf mich ab, meine Eltern blieben unerreichbar für mich. Ich tauchte auch jetzt in ihrer Wahrnehmung nicht auf, obwohl ich doch ihr Kind war, das einzige, das sie beide gemeinsam aufzogen. Wie neidisch war ich in solchen Momenten? Wie eifersüchtig? Wie traurig? Warum kam niemand zu mir und nahm mich in die Arme?

Meine Mutter akzeptierte die Sprache der Geschenke meines Vaters – und sie akzeptierte die Sprachlosigkeit. Denn auch sie schaffte es nicht, in Worte zu fassen, was ihr leidtat. Schläge zum Beispiel, mit denen sie mich strafte. Schläge, die ich erhielt, weil ich mich danebenbenommen hatte. Ich war in ihren Augen ein ungezogenes Kind, eines, das nicht hören wollte, also fühlen musste. Heftig war die Wut meiner Mutter, wenn sie mich züchtigte. Manchmal schien es ihr selber übertrieben.

Ich suchte natürlich als Kind nach einer Erklärung für ihre Schläge. Und fand sie darin, dass ich mich zum Schuldigen erklärte. Später fragte ich mich: Warum hat sie mich überhaupt geschlagen, selbst in Situationen, wo meine Ungezogenheit nicht wirklich bemerkenswert und ich nur ein wenig zu laut gewesen war? Hatte ich sie wieder herausgezwungen aus ihrer Verkapselung, aus ihrer Versunkenheit in die Musik, in die Erinnerung, in die Trauer und in die Verzweiflung? Und warum habe ich trotz der schmerzhaften Prügel weitergemacht? Irgendetwas stellte ich immer an. Wie auch nicht? Ich musste etwas anstellen, ich konnte nicht den ganzen Tag ohne Reaktion meiner Eltern durchstehen. Sie waren ja die Einzigen, die ich ständig sah, die ständig um mich waren und doch nicht da waren, wenn ich sie nicht mit Gewalt herholte. Also schmiss ich aus Sehnsucht und Versehen irgendetwas um, schlug Krach, gehorchte nicht. Meine Eltern reagierten dann endlich, sahen mich, befassten sich mit mir.

Als ich vier oder fünf Jahre alt war, erlebte ich für einige Monate meinen Vater ganz anders. Es war die große Ausnahme von der Unsichtbarkeit, in die meine Eltern Tag für Tag verschwanden. Trotz seiner Erblindung brachte mir mein Vater in diesem Alter Lesen und Schreiben bei. Mit einer verblüffenden Methode: Er schrieb mir mit seinem Zeigefinger einen Buchstaben in meine Handfläche und ich musste den vorgemalten Buchstaben in seine Handfläche, zurückgeben. Ich ahmte seine Bewegung, so gut ich konnte, nach, und bald gelang es mir, zuerst mit dem «A». Als ich alle Buchstaben konnte, schrieb er mir einzelne Wörter auf, und so lernte ich mit ihm, Hand in Hand. Mit den Zahlen machte er es genauso. Er lernte mit mir nicht ständig und nicht jeden Tag. Aber mit diesem sehr zarten und zärtlichen Kontakt, wenn er auch einem sachlichen Zweck diente, schenkte er mir doch immer wieder große Aufmerksamkeit. Er konnte später nie mehr daran anknüpfen. Als habe ihn dieses Ausmaß an Zuwendung völlig ausgeleert, ja überfordert. Oder haben ihn die immer größeren Alkoholmengen von mir fortgespült?

Elends-Au

Das Viertel, in dem wir seit meinem dritten Lebensjahr wohnten, war schon damals abgeschrieben. Sein Name setzte dem Elend die Krone auf: Schönau hieß der Stadtteil. Das Quartier entstand nach dem Ersten Weltkrieg, als hier, im Norden von Mannheim, Behelfswohnungen errichtet wurden. 20 Jahre später stellten die Nazis ein Vorzeigeörtchen mit 600 mehrstöckigen Siedlungshäusern daneben. Nach dem Untergang ihres Regimes wurde für neue Ankömmlinge weitergebaut: für Flüchtlinge aus den sogenannten ehemaligen deutschen Reichsgebieten. 10 000 Menschen fanden hier bis Anfang der 1960er Jahre eine Unterkunft. Wenige Jahre später zog, wer konnte, wieder weg aus der unschönen Au, die Einwohnerzahl sackte abermals ab. Nur ich kam genau in dieser Zeit dort an. Ich entdeckte, irgendwann, dass es eine Welt außerhalb meiner häuslichen gab und dass es mit dieser Welt nicht zum Besten bestellt war. Ich sah es staunend, als wir in die Rastenburger Straße Nummer 6 gezogen sind; das Haus, in dem ich aufgewachsen und geblieben bin, bis mich das Sozialamt hinauswarf.

Es waren grau verputzte Häuser aus den 1950er Jahren, die uns Bewohnerinnen und Bewohner überall aus trüben Augen anschauten. Der eine Hauseingang so wenig einladend wie der nächste, monoton die Fassaden, ungepflegt die Wiesen dazwischen, die hier weniger grün wuchsen als draußen, wo es mehr Geld gab, mehr Arbeit, mehr Zufriedenheit. Als wir dorthin zogen, hatten die Verkehrsbetriebe gerade eine Straßenbahnlinie bis nach Schönau verlängert, sodass man in 20 Minuten das Zentrum der Stadt erreichen konnte. Für viele Bewohner keine Option: Die Fahrt war zu teuer. Und was sollte man auch in der Stadt?

In den fünfstöckigen Häuserzeilen wohnten jeweils zehn Mietparteien. Meine Eltern und ich lebten im Erdgeschoss. Ich habe das später wie einen symbolischen Ort empfunden: «Ihr kommt im Leben ohnehin nicht hoch hinaus. Bleibt ihr mal schön da unten hängen.» Wir sind tatsächlich hängen geblieben, in Schönau und im Erdgeschoss. Ich mag bis heute keine Parterrewohnungen.

Wie gesagt, waren die Häuser von abgestoßenen Rasenflächen umgeben; das Fußballspielen darauf wurde erstaunlicherweise nicht untersagt. Das lag allerdings nicht an einer liberalen Einstellung inmitten der ansonsten repressiven Stimmung im Lande. Die unübliche Großzügigkeit hatte andere Gründe. In unserem Stadtteil verstieß jeder gegen alle möglichen Verbote. Und niemand verteidigte die vorgeschriebene Ordnung. Hauswarte, Hausverwaltung und Mitmieter trauten sich nicht einmal, die für ein soziales Zusammenleben sinnvollen Regeln durchzusetzen. «Wenn du die Fresse aufmachst, kriegst du was drauf» – so war die Ansage im Viertel. Also hielten alle die Fresse, die nichts draufkriegen wollten. Und es bestimmten die, die zuschlugen.

Für uns Kinder wären ein paar Regeln ganz hilfreich gewesen, zum Beispiel, um Fußball spielen zu können. Nicht theoretisch, sondern tatsächlich. Dann wären wir auch ohne Angst auf den Spielplatz gegangen. Stattdessen fürchteten wir uns, denn überall sahen wir uns Hunden gegenüber, die uns Plätze und Wiesen streitig machten. Regelmäßig kackten sie in die Sandkästen oder dorthin, wo wir mit zwei Pullovern Torpfosten andeuten wollten, um den Ball dazwischenzujagen. Welches Kind rennt schon gern mit geifernden Hunden um die Wette und tritt dann noch in ihre Haufen? Respekt hatten die Vierbeiner vor uns Winzlingen natürlich nicht. Und die Hundehalter hätte niemand von uns anzusprechen gewagt. Sie waren noch gefährlicher als ihre vierbeinigen Kampfmaschinen.

Wir hätten auch nichts dagegen gehabt, wenn uns die anderen Konkurrenten, die Halbstarken, wenigstens tagsüber die wenigen Spielgeräte und Bänke auf den Spielplätzen überlassen hätten. So war es ja eigentlich vorgesehen. Aber wenn wir uns dorthin trauten, hockten da bereits die Großen und verscheuchten uns. Waren sie nicht da, lagen die Glasscherben ihrer zerborstenen Flaschen herum. Oder die weggeworfenen Spritzen der Junkies. Ich hatte früh kapiert, dass die Welt da draußen Härte wollte und Härte austeilte. Ich lernte, wie man austeilt und wie man einsteckt. Aber ich blieb auch häufig drinnen.

Heute nennt man solche Stadtteile «Orte mit erhöhtem sozialen Handlungsbedarf» oder kurz: soziale Brennpunkte. Damals hieß unser Stadtteil im Volksmund «Das Proletenviertel». Konnte hier ein Kind heimisch werden und die Erfahrung machen, wie sehr starke Wurzeln es halten und verhindern, dass es bei Wind oder Sturm umfällt? Hier wurde früh die Axt an jede Wurzel angelegt. Man musste am besten selber Axt sein.

Nachtgespenster

Draußen herrschte der Kampf jeder gegen jeden. Drinnen herrschte die Nacht. Es sind die Nächte, die ich am lebhaftesten in Erinnerung habe, wenn ich an unsere Wohnung denke. Auf dem Ausziehsofa im Flur litt ich, ich litt, weil mich dann weder Mutter noch Vater bei sich haben wollten. Ich sehe mich noch heute im Dunkeln durch die Wohnung tappen, auf der Suche nach einem Platz in ihrer Nähe.

Ich schlief nicht nur ungern im Flur, ich hatte oft sogar furchtbare Angst davor. Denn ich wurde dort regelmäßig Zeuge von etwas, das ich nicht verstand und das einzuordnen mir niemand half. Dann fuhr ich aus dem Schlaf hoch, weil ich aus Vaters Zimmer einen Aufschrei gehört hatte. Durchdringend, lang. Meine Mutter öffnete ihre Tür und lief hinüber; mich, der ich zitternd im Bett lag, beachtete sie nicht. Sie redete auf meinen Vater ein, und ich hörte ihn erzählen, dass er sie wieder gesehen hätte. Menschen, die sich in Reih und Glied aufstellen mussten, Elendsgestalten allesamt, Greise und Kinder und Frauen, die ihn anschauten, weil mit Gewehren auf sie gezielt wurde. «Sie krümmen sich, als die Schüsse fallen», schluchzte er, «sacken zusammen, ein Kind ist nach vorn gelaufen, nicht getroffen, durchladen, Gewehre krachen, Kopf zerfetzt.» – «Zerfetzt», sagte er. Und noch mehrmals: «Zerfetzt. Zerfetzt.» Er schluchzte auf. Dann war Stille, ich hörte murmelnde Worte meiner Mutter, sie wollte ihn trösten. «Du hast es doch nicht getan», hörte ich.

Er erzählte noch andere Geschichten, immer von Blut und Tod und brutaler Gewalt. Und wieder ihre Stimme. Irgendwann war es vorbei; ich registrierte, wie meine Mutter in ihr Zimmer zurückkehrte. Alles war still. Aber die Schilderungen meines Vaters drängten im Dunkeln von allen Seiten auf mich ein, ich konnte nicht wieder einschlafen. Von welchem Wahnsinn hatte er da phantasiert? Träumte mein Vater so etwas? Erzählten sie sich von einem schrecklichen Film?

Ein andermal konnte es meine Mutter sein, die aufschrie und nach ihm rief. Auch mein Vater beachtete mich nicht, wenn er hinüberhuschte, vielleicht nahm er genauso wie sie an, dass ich schlief. Meist hörte ich sie dann von einem kleinen Kind erzählen, das man ihr weggenommen hatte. «Es lag im Schnee, am nächsten Morgen, vor der Baracke. Ich habe sein eingeschlagenes Köpfchen gesehen. Ich musste hingucken, ich musste es begraben, ich musste ein Loch scharren, mit meinen eigenen Händen.» Und sie weinte wieder, trotz der tröstenden Worte meines Vaters.

Wie konnte ich das alles zusammenbringen, als Kind? Ich erfuhr als Fünfjähriger, dass meine Mutter vor mir drei Töchter bekommen hatte, keine hatte sie selber aufgezogen, alle waren ihr weggenommen worden. In der Nachkriegszeit nicht unüblich, ledige Mütter galten als gefallene Mädchen, angeblich unfähig, ein eigenes Kind großzuziehen. Solche Kinder wurden von Staats wegen in ein Heim gesteckt. Das Kind, das meiner Mutter im KZ anvertraut wurde, stammte von einer jüdischen Frau, die sie nie gesehen hatte. Sie hatte es nicht retten können. Das erfuhr ich erst als Erwachsener. Was aber war mit mir, wollte sie mich retten? Konnte sie es überhaupt? Wie wichtig war ich in ihrem Leben? Wie sehr war sie hin- und hergerissen zwischen der Hoffnung, endlich eine gute Mutter sein zu können, und ihren Erfahrungen, das nicht vermocht zu haben? Und wie wichtig war ich für meinen Vater? Warum, warum halten sie mich nicht in ihren Armen? Ich bekam in diesen Nächten mit, dass sie sich hielten. Dass sie sich trösteten. Sie waren einander dann sicherlich eine große Hilfe. Mir halfen sie nicht.

Am Morgen, wenn eine solche schreckliche Nacht endlich zu Ende war und ich stammelnd fragte, was denn los gewesen sei, wovon sie denn erzählt hätten, bekam ich nur zur Antwort, Vater habe einen bösen Traum gehabt. Oder sie sagten, Mutter habe schlecht geschlafen. Kein Wort der Erklärung. Kein Wort der Erlösung. Ich hörte irgendwann auf zu fragen und blieb allein in dem immer dichter werdenden Wald aus Horrorgeschichten, der um mich herum wuchs. Das ging so, seit ich mich erinnern kann, und endete erst mit dem Tod meines Vaters.

Als Kind verstand ich nichts. Ich brachte mit den Albträumen meiner Eltern auch nicht zusammen, was mir meine Großmutter einmal kurz angedeutet hatte, als ich sieben oder acht Jahre alt war: «Dein Vater und deine Mutter haben Schlimmes erlebt im Krieg und unter den Nazis.» Das Grauen, das nachts in unserer Wohnung aufstieg wie schwarzer Nebel, blieb für mich unfassbar.

So wenig meine Eltern diesem Nebel entrinnen konnten, so wenig konnte ich vor ihm fliehen. Zwar hatten sie schließlich in jeder dieser Nächte erneut den Nazi-Terror überlebt, auch ich überlebte am Ende jede dieser Nächte, wenn der Morgen dann doch endlich kam. Aber weder meine Eltern noch ich fanden heraus aus dem Gefängnis ihrer Erinnerungen und Verzweiflungen. Ich musste mich wappnen. Irgendwie. Mit drei Jahren musste ich damit beginnen, mit zehn Jahren musste ich es noch immer; danach floh ich immer öfter. Ich floh vor meiner Sehnsucht nach ihrer Liebe, vor meiner Angst vor ihren Geschichten und ihren Schreien, vor meiner Wut auf ihre Geschichten, vor meiner Verwirrung über ihre Kälte und vor meiner Einsamkeit inmitten der brodelnden Gefühlswelt meiner Eltern.

Von ihnen erfuhr ich nichts über ihre Erlebnisse, die sie in ihren Träumen wieder und wieder quälten; von ihrem Leid im Krieg und unter dem Nazi-Terror erzählten sie mir mit keinem Wort. Auch von draußen bekam ich keinerlei Hinweis, was die Unerwünschten des Hitler-Regimes mitgemacht hatten; im Radio, im Fernsehen, in den Zeitungen kam diese Zeit noch nicht vor. Ende der 1960er und Anfang der 1970er Jahre gehörte das Wissen um die Brutalität der Nazi-Herrschaft und die Shoah noch nicht zur Allgemeinbildung, die Serie «Holocaust» lief erst 1979 im deutschen Fernsehen. Die Zeit meiner Kindheit war vom Verschweigen und Verdrängen geprägt.

Erst auf dem Sterbebett flüsterte mir meine Mutter zu, als müsse sie eine Lebensbeichte ablegen, was sie und was mein Vater durchgemacht hatten. Mühsam und oft nur schwer zu verstehen, berichtete sie mir davon in ihren letzten Stunden. Da war ich 21 Jahre alt und brauchte nahezu noch 30 Jahre, um mich dieser Vergangenheit und der Geschichte meiner Eltern zuwenden zu können. Ich komme darauf zurück.

Feindschaften

Eines Tages, ich mag sechs Jahre alt gewesen sein, ging ich mit meiner Mutter einkaufen. Im Lebensmittelladen zog eine Nachbarin über uns her. Mein Vater hätte «die Deutschen» verraten, er sei nichts wert. Das würden andere in Schönau ja ähnlich sehen; auf unserer Balkonbrüstung stünde nicht umsonst: «Pollacken, Verräterschweine». Meine Mutter ging zu ihr und stellte sie zur Rede. Die Frau zeterte weiter, da schlug meine Mutter wütend auf sie ein. Ich stand mit zusammengebissenen Zähnen daneben und drückte ihr die Daumen, denn ich ahnte zumindest, worum es ging: Die Nachbarin hasste meinen Vater und verachtete uns. Ja, meine Mutter sollte es dieser bösen Frau ordentlich heimzahlen.

Mitten in dem Streit der beiden Frauen waren wir plötzlich etwas, das wir zu Hause nicht zustande brachten: eine Familie, eine Einheit. Von außen bedroht und geschmäht, standen wir dagegen und wehrten uns. Wir waren die drei Musketiere und fochten für Recht und Gerechtigkeit. Ich würde fortan aus jedem Schlag, den meine Mutter oder mein Vater draußen austeilte, denn auch mein Vater teilte aus, einen Ritterschlag machen, der die Verleumder treffen und vernichten würde. Ich wünschte mir mehr solcher Abenteuer, ich erlebte sie, und ich pflegte sie in meiner Erinnerung, wie ein Krieger mit Schwert und Rüstung die seinen pflegt, wenn er von bestandenen Heldentaten erzählt.

Ganz deutlich wurde mir das eines Nachts, ich war wohl sieben Jahre alt, als jemand draußen auf der Straße schrie und gar nicht aufhören wollte zu schreien. Eine Frauenstimme war das, und ich stürmte, genauso wie meine Eltern, zum Fenster. Meine Mutter riss es auf, und jetzt hörten wir die Frauenstimme ganz deutlich immer wieder schreien: «Hilfe! Er bringt mich um!» Da sind meine Eltern aus dem Haus gerannt und haben gerufen, sie kämen, sie würden helfen. Ich lief hinterher. Draußen schauten wir uns um, aber die Schreie waren verstummt. Es war noch nicht sehr spät, viele Wohnungen waren noch erleuchtet, als wir aus dem Fenster geschaut hatten. Als wir hinausstürmten, sah ich, wie die Lichter erloschen, eines nach dem anderen.

Zwei Tage später lasen wir in der Zeitung, dass in unserer Straße eine Frau von einem US-Soldaten vergewaltigt und umgebracht worden war. Mein Vater machte aus seiner Wut über die unterlassene Hilfeleistung der Nachbarn kein Hehl. Ich war ihm ganz nah, denn da waren wir wieder, wir drei unerschrockenen Streiter: er, meine Mutter und ich. Wie mutig von uns, wie erbärmlich von all den anderen! Und nur, weil er ein blinder, unbeholfener Mann war, waren wir zu spät gekommen. Die Feiglinge hätten viel früher auf die Straße rennen und den Täter verscheuchen können! Sie taten nichts dergleichen. Wir hatten es wenigstens versucht.

War es an diesem Abend gewesen, dass ich nicht im Flur schlafen musste, sondern ins Bett meiner Mutter schlüpfen durfte? So etwas gab es auch, es waren die seltenen Momente der Zufriedenheit und der Sicherheit, Momente des Glücks. Sogar bei meinem Vater, so erinnere ich mich, habe ich das ein oder andere Mal schlafen dürfen. Auch wenn wir dann nicht zu dritt, sondern nur zu zweit zusammenlagen, fühlte ich mich in einer solchen Nacht den beiden tief verbunden. In einer solchen Nacht schlief ich durch bis zum nächsten Morgen. Aber es kostet mich noch heute Mühe, mir diese Nächte in Erinnerung zu rufen – zu gewaltig liegt auf ihnen die Schicht der Albträume und der Schreie, der blutigen Erzählungen und der gemurmelten Trostworte, die niemals mir galten, der Dunkelheit im Flur und der Einsamkeit eines Kindes, das in seinem von den Eltern nicht wahrgenommenen Durchgangsort vor Angst zittert. Und das sie hasst, wenn es von ihnen im Stich gelassen wird.

Die US-Army

Einmal im Monat kauften wir mit meinem Vater im PIAX-Warehouse-Shop in der US-Kaserne ein, immer einen Tag, nachdem er seine Rente aufs Konto bekommen hatte. Nach diesem Großeinkauf herrschte bei uns Fülle, und ich konnte mich einige Tage lang richtig satt essen. Aber schnell kehrten die Tage ohne Geld und ohne volle Speisekammer zurück. Zum Monatsende kamen sogar dünne Wassersuppen auf den Tisch. Sie erinnerten meinen Vater wohl an seine Gefängnis- und Lagerzeit, er stand dann oft vom Tisch auf und schob mir die Suppe zu, ohne sie angerührt zu haben, und führte sich die nötigen Kalorien in Form von Bier zu. So trank er sich satt und ins Vergessen und in einen schleichenden Tod.

Am Ende des Monats kamen regelmäßig zwei US-Offiziere zu Besuch. Mutter hatte alles sauber geputzt und freute sich genauso wie mein Vater. Sie waren überzeugt, dass meinen Eltern eigentlich eine offizielle Rentenzahlung der US-Army zugestanden hätte. Die erhielten sie nicht, als Ersatz brachten die Soldaten Naturalien mit. Dabei waren immer eine Stange amerikanische Zigaretten, eine Flasche Jim-Beam-Whisky oder eine Flasche Bacardi. Für mich hatten sie auf jeden Fall eine große Tafel Schokolade dabei. Die T-Bone-Steaks aus ihrem Rucksack waren Highlights auf unserem Speiseplan. Essen war eben schon immer mein ständiges Thema.

Ich hatte früh mitbekommen, dass mein Vater mit US-Soldaten befreundet war und mit ihnen Musik machte, obwohl er kein Berufsmusiker war. Aber ich wusste nicht, dass er für die US-Army gearbeitet hatte, als er noch nicht blind gewesen war. Ich wusste nicht, dass er schon kurz nach Kriegsende in Heidelberg und später in Mannheim als Fahrer und Mechaniker tätig gewesen war. Ich wusste erst recht nicht, warum die US-Army ihn als Deutschen angestellt hatte. Von alldem erzählte mein Vater nichts. Ich war schon fünfzig und er längst tot, als ich herausfand, dass seine in Gerichtsakten dokumentierte Gegnerschaft zu Nazi-Deutschland der Grund war. Deshalb hatten die US-Offiziellen offensichtlich zu ihm Vertrauen gefasst, deshalb arbeitete er bis Ende der 1950er Jahre als Fahrer eines höheren Offiziers, deshalb blieben sie ihm bis zu seinem Tod verbunden.

Es muss dieser Offizier gewesen sein, der uns einmal zu sich in die Kaserne einlud, als ich acht oder neun Jahre alt war. Ein Wagen der US-Army holte uns zu Hause ab, und wir besuchten ihn zu dritt in seinem Büro. Ich wusste nicht, was der Anlass war, ich sehe mich aber an der Seite meiner Eltern in das Büro des Offiziers gehen und entdecke unter den vielen eingerahmten Fotos, die dort an den Wänden hängen, meinen Vater und meine Mutter, beide in einer uniformähnlichen Bekleidung, die sie, wie ich erst nach dem Tod meines Vaters erfuhr, als zivile Bedienstete des US-Militärs ausweisen. Bei diesem Offizier hatte also auch meine Mutter gearbeitet – was ich ebenfalls erst viel später erfuhr –, und es war in dieser Kaserne, in der die beiden sich kennengelernt hatten. Als Kind staunte ich nur darüber, wie selbstverständlich sich meine Eltern in dieser für mich recht fremden und Ehrfurcht einflößenden Umgebung bewegten. Warum die Bilder meiner Eltern dort hingen, erklärte mir niemand, und ich bestand längst nicht mehr auf Erklärungen für das, was ich nicht verstand.

Nach seiner Erblindung riss der Kontakt meines Vaters zu den US-Soldaten nicht ab, als gemeinsames Band blieb die Musik. Bis in die 1970er Jahre hinein spielte er mit seinen Kumpels in der Kaserne Schlagzeug und Trompete. Er wurde nicht offiziell engagiert, bekam aber etwas Geld, wenn er dort auftrat oder mit GIs musizierte, die ihn zur Unterstützung ihrer Combo anfragten. Seine besten Freunde waren US-Soldaten, und auch wenn er keine Musik machte, war das Casino der Coleman Barraks der einzige Ort, den er regelmäßig aufsuchte. Schon als ich sechs oder sieben Jahre alt war, ging ich regelmäßig mit ihm dorthin, damit er den Weg problemlos fand.

Während mein Vater mit Soldaten oder Offizieren erzählte, tobte ich mich im Musikraum auf dem Schlagzeug aus. Meist fand sich ein freundlicher amerikanischer Musiker, der mir ein paar Tipps gab und sich mit mir ein wenig beschäftigte. So lernte ich schon als Dreikäsehoch Schlagzeug – und Englisch. Das gefiel mir weit besser als die Versuche meiner Mutter, mir zu Hause das Klavierspiel beizubringen.

Mein Vater war trotz seiner Erblindung ein sehr sicher auftretender Mann. Gut gekleidet war er ebenfalls, wenngleich er wenig zum Anziehen hatte, wenn ich mich richtig erinnere, nur zwei dunkelblaue Anzüge, zwei dazu passende weiße Oberhemden mit Manschettenknöpfen und mehrere Krawatten. Passend dazu die schwarzen Schuhe, die blitzblank poliert waren, meine Mutter erledigte das. Draußen auf der Straße sah er wie der perfekte Gentleman aus. Ein Mann ohne Fehl und Tadel, der da seine Besorgungen machte. Manchmal spürte ich bewundernde Blicke, die meinem Vater galten. Man konnte ihm kaum ansehen, dass er blind war. Jedenfalls, als er seiner Alkoholkrankheit noch nicht verfallen war.

Auf den Spaziergängen mit meinem Vater in die Kaserne

fühlte ich mich fast erwachsen. Ich war in diesen Stunden sein unersetzbarer Helfer, denn ich führte ihn. Auch meinem Vater gefiel das, und er ging davon aus, dass ich – noch bevor ich Schulkind geworden war – immer für ihn da sein müsse. Was mich anfangs mit Stolz erfüllte, dessen wurde ich allerdings mit der Zeit überdrüssig. Wenn er mich rief, weil er ausgehen wollte, erwartete er, dass ich sofort alles stehen und liegen ließ. Ich tat das auch, aber fühlte mich allmählich wie sein Leibeigener. Meinem blinden Vater den Alltag zu erleichtern wurde mir mehr und mehr zur Last.

St. Anton und die Geschwister

1969, ein Jahr nach der Studentenrevolte, ich war gerade fünf Jahre alt, klingelte eine Mitarbeiterin des Jugendamtes bei uns an der Tür, zwei Polizeibeamte begleiteten sie. Meine Mutter öffnete, und ich stand neugierig dabei, allzu häufig bekamen wir ja nicht Besuch, und die Amerikaner waren gerade vor ein paar Tagen da gewesen. Die Frau hielt meiner Mutter ein Schriftstück hin, und meine Mutter bat die Besucher in den Flur. Ohne mich weiter zu beachten, ging sie in ihr Zimmer zum Kleiderschrank. Durch die geöffnete Tür sah ich, wie sie ein paar Sachen von mir in einen kleinen Koffer packte.

Mir wurde mulmig, ich verstand nicht, was vor sich ging, und als sie sagte, ich solle jetzt mit den fremden Leuten mitgehen, schaute ich sie erschrocken an. Sie blieb stumm. Sie drückte mir nur den kleinen Koffer in die Hand. Ich wehrte mich nicht, ich weinte nicht, ich fror nur schrecklich.

Wir fuhren in den Mannheimer Stadtteil Käfertal und hielten vor einem großen, schweren Backsteingebäude, dem katholischen, von Nonnen betriebenen Kinderheim St. Anton. Das sollte nach Auffassung des zuständigen Jugendamts künftig mein Zuhause sein. Meine Eltern waren nach behördlicher Ansicht nicht in der Lage, ihren Sprössling aufzuziehen. Ich hatte mich in ihren Augen zu einem verwahrlosten Kind entwickelt und musste ihrem Einfluss entzogen werden. Tatsächlich waren Vater und Mutter mit ihren Pflichten hoffnungslos überfordert. Sie hätten selber dringend Hilfe benötigt. Aber die gab es nicht, sie wurden alleingelassen, und ich wurde aus der Familie herausgeschnitten. Mir als Fünfjährigem kam es vor wie eine Entführung. In St. Anton fühlte ich mich wie weggesperrt.

Es wurde auch nicht besser, als ich im Heim meine drei größeren Halbschwestern kennenlernte, Ursula, die schon zwölf Jahre älter war als ich, Sybille und Christel, die zehn und sieben Jahre älter waren. Sie stammten aus früheren unehelichen Beziehungen meiner Mutter und waren schon als kleine Kinder in das Heim St. Anton eingewiesen worden. Meine Halbgeschwister waren mir völlig fremd, und sie blieben es auch. Mit mir kleinem Knirps wollten sie nichts zu tun haben, sie hatten andere Probleme und behandelten mich wie Luft. Und ich wagte mich nicht an die pubertierenden Mädchen heran.

Es freute mich nicht, im Kinderheim endlich ein eigenes Bett zu haben und von den regelmäßigen drei Mahlzeiten am Tag satt zu werden. Mir machte die neue Umgebung Angst. Ich konnte nicht schlafen, vielleicht auch, weil hier für mich völlig unüblich ab 19 Uhr Nachtruhe herrschte. Ich fand mich als Einzelgänger nicht zurecht, ich bekam kaum Kontakt zu anderen Kindern. Ich transportierte zudem in meine neue Umgebung das Verhalten, das ich von zu Hause gewohnt war: Wenn ich frustriert war oder mich mit anderen Kindern stritt, explodierte ich sehr schnell und schlug zu.

Alle zwei Wochen durften die Eltern ihre Kinder besuchen. Diesen Termin hielten meine Eltern immer ein. Ich bettelte und flehte sie jedes Mal an, mich nach Hause mitzunehmen. Meine Hilferufe wurden nach drei Monaten erhört. Ich durfte meine Sachen packen, und meine Eltern holten mich aus dem Heim ab, das mir wie ein Gefängnis vorgekommen war.

Ich war schon 50 Jahre alt, da meinte meine Halbschwester Ursula zu mir, mein Auszug aus St. Anton sei ein großer Fehler gewesen. Damit sei wahrscheinlich mein Schicksal besiegelt worden. Wäre ich dort geblieben, hätte ich bestimmt einen ähnlichen Weg eingeschlagen wie sie, und aus mir wäre ein ganz normaler Bürger geworden. Das Heim sei meine Chance gewesen und die Rückkehr zu meinen Eltern der Beginn meiner langen Heim- und Drogenkarriere und meines Lebens als Obdachloser.

Vielleicht. Aber weder meine Eltern noch ich konnten es ertragen, voneinander getrennt zu leben. Besser in der dunklen, wütenden und chaotischen Wohnung in der Schönau als im Heim. Besser zu dritt, auch wenn wir uns unsere Liebe nicht zeigen konnten, als unter den vielen fremden Menschen. Meine Überlebensform in diesen Jahren war die im Inneren zwar zerrissene, aber nach außen zelebrierte familiäre Einheit, die zumindest in meiner Phantasie, manchmal auch in der Realität, durch unsere Gegnerschaft gegen die feindliche Umgebung gestiftet wurde. Wir waren die Besonderen, und wie sollte diese verschworene Gemeinschaft ohne mich funktionieren? Wie sollte mein Vater ohne meine Hilfe ausgehen? Wie sollte meine Mutter klarkommen, wenn ich nicht, wenigstens als Blindenführer meines Vaters, auf Abruf bereitstand?

Vielleicht sahen die beiden das auch so. Warum hätten sie mich sonst wieder nach Hause geholt, obwohl ich ihnen doch die meiste Zeit im Wege stand oder außerhalb ihrer Wahrnehmung blieb? Meine Hilfe schien ihnen dennoch nützlich. War es das? War es nur das? Oder war es mehr? Sie hatten in der Vergangenheit ihren jeweils drei unehelichen Kindern nicht beistehen können. Ja, drei Kinder hatte nämlich auch mein Vater, von drei verschiedenen Frauen. Wollten sie ihr elterliches Versagen mit mir nicht noch einmal wiederholen? Mit mir, der ich doch aus ihrer noch immer andauernden Liebesbeziehung entstanden war? Wollten sie nicht noch einmal scheitern oder das Scheitern zumindest der Form nach verhindern?

Mit sieben Jahren erfuhr ich von den drei weiteren Halbgeschwistern von meines Vaters Seite. Das war, als ich meinen 21 Jahre älteren Halbbruder Jürgen kennenlernte. Für mich eine fast zufällige Begegnung, obwohl sie sicherlich arrangiert wurde, bei einem unserer seltenen sonntäglichen Besuche bei meiner Großmutter. Ich kam gern zu ihr, meine Großmutter war ein Lichtblick für mich, wenn auch kein Anker für mein Leben. Dazu sah ich sie viel zu selten. Sie nahm mich aber immerhin in den Arm und verwöhnte mich in den paar Stunden solcher Besuche mit Essen und Süßigkeiten. Diesmal saß da ein Erwachsener, den ich noch nie gesehen hatte. Meine Oma eröffnete mir, dass der Mann am Kaffeetisch der Jürgen sei, und auch er sei ihr Enkel, also ihres Sohnes Sohn, mein Halbbruder.

Warum ich ihn erst mit sieben kennenlernte, ist mir bis heute ein Rätsel, niemand erklärte mir damals den Grund, und ich habe in späteren Jahren niemanden gefragt. Es wird daran gelegen haben, dass alle Seiten die bei diesem Aufeinandertreffen unterkühlte Atmosphäre möglichst lange vermeiden wollten. Eine formelle Begrüßung gab es wohl, aber von Herzlichkeit oder Freude war nichts zu spüren. Dies war typisch für den Zustand unserer weitverzweigten familiären Beziehungen, ich hatte es ja schon im Kontakt mit meinen Halbschwestern mütterlicherseits erfahren. Unsere Beziehungen waren nicht nur unübersichtlich und chaotisch, sie waren zerrüttet oder hatten niemals wirklich bestanden. Also hatte ich zwar sechs Halbgeschwister, war aber trotzdem ein Einzelkind und blieb es.

Jürgen war bei den Eltern meines Vaters aufgewachsen. Den Opa hatte ich nicht mehr richtig erlebt, und als ich die Oma kennenlernte, war Jürgen schon aus dem Haus. Mein Vater hatte noch einen zweiten Sohn, der bei seiner Mutter in Linz aufwuchs und so früh starb, dass ich ihn nie kennenlernte. Seine einzige Tochter war bei ihrer Mutter in Erlangen geblieben. Auch zu ihr hatte ich keinen Kontakt, weder als Kind noch als Erwachsener. Nur Jürgen und Ursula, meine beiden ältesten Halbgeschwister, habe ich auch später noch hin und wieder gesehen, zu ihnen ist der schwierig gebliebene Kontakt bis heute nicht abgerissen.

Zwei Tage nach dem Besuch bei meiner Oma sah ich Jürgen in einem schnittigen Auto langsam an mir vorbeifahren. Ich hatte meinen Vater aus seiner Stammkneipe abholen müssen, er war ziemlich betrunken. Ich stützte ihn, damit er es überhaupt bis nach Hause schaffte. Von seiner einstmaligen Eleganz und weltmännischen Art war nicht viel übrig geblieben. Ich sah Jürgen in seinem Auto sitzen. Er fuhr langsam genug, dass er uns eigentlich hätte registrieren müssen. Aber als er an uns vorbeifuhr, hupte er nicht, er winkte nicht einmal und hielt schon gar nicht an.

Was war das? Mein Bruder, den ich gerade bekommen hatte, ließ mich mit unserem betrunkenen Vater allein!? Der große Bruder, der mich aus meiner Lage hätte befreien können! Ich war maßlos enttäuscht und vergaß völlig, meinen Vater zu stützen. Im selben Moment sackte er denn auch zusammen und kippte auf den Gehweg. Es dauerte eine halbe Ewigkeit, bis ich ihm wieder hochhelfen konnte, er kam nur schwer wieder auf die Beine, betrunken und wohl auch verzweifelt, wie er war.

Mein großer Bruder Jürgen war für mich in diesem Augenblick gestorben. Nicht einmal er interessierte sich für mein Leben und mein Schicksal. Ich erfuhr kurz darauf, dass er ein erfolgreicher Autoverkäufer war. Mich interessierte das allerdings nicht, mich interessierte, dass er sich nicht um seinen kleinen siebenjährigen Bruder kümmerte. Offensichtlich kümmerte sich keiner um mich. Niemand interessierte sich für mich, weder Vater, Mutter noch die Halbgeschwister.

Erst 30 Jahre später traf ich Jürgen wieder, und er erzählte mir die ganz anderen Geschichten über unseren Vater. Das geschah, als ich mich auf die Suche nach der Biographie meiner Eltern gemacht hatte.

Die Haases von oben

Bei allem Elend hatte die trübe Schönau auch ein paar helle Flecken. In unserem Haus wohnten nämlich Herr und Frau Haas. Die hatten sehr wohl registriert, dass in der Familie Brox einiges nicht so lief, wie es sein sollte. Schon bevor ich ins Kinderheim St. Anton musste, bot Herr Haas meinen Eltern an, sie würden mich mittags gern nach oben holen, wenn Essen übrig geblieben sei. Meine Mutter war einverstanden, und Frau Haas klingelte tatsächlich mehrmals in der Woche und fragte, ob ich hochkommen dürfe, es sei noch etwas da. «Außerdem sind wir dann nicht so allein», fügte sie hinzu. So, als würden meine Eltern ihr einen Gefallen tun, wenn sie mich nach oben ließen – und nicht umgekehrt.

Ich stand schon meist dabei, mit großen Augen; ich durfte

immer nach oben und wollte immer. Das Ehepaar Haas hatte keine Kinder, und so wurde ich für Stunden ihr Ersatz-Junge. An meinen Glückstagen stürmte ich hoch zu ihnen und aß mich ordentlich satt. Von den beiden wurde ich auch mal in den Arm genommen, ich konnte erzählen, sie hörten mir zu und lachten mit mir. Ich hörte zwischen den beiden Erwachsenen nie ein lautes und nie ein böses Wort. Hier herrschten eine Ruhe und ein Frieden, die mich selber friedlich machten.

Beim Ehepaar Haas sah es völlig anders aus als bei uns. Es war aufgeräumt, alles hatte seinen Platz, in Schränken, in Regalen. Auf dem Boden stand nur eine Vase, nichts lag herum, keine Kleidungsstücke, keine Kisten und keine Flaschen. Es waren ruhige Leute, und das Lächeln, das beiden so eigen war, schenkte mir Vertrauen. Es gab wenig Krimskrams, nur im Wohnzimmer fiel mir auf der Anrichte ein großer, siebenarmiger Kerzenleuchter auf.

Am Wochenende kam auch meine Mutter mit nach oben. Das Wochenende begann freitagabends. Da wurden die Kerzen angezündet, und eine geheimnisvolle Stimmung ging von dem hellen Schein und dem übrigen Halbdunkel aus. Von meiner Mutter hatte ich über das Judentum nichts gehört. Aber Herr Haas sprach am Freitag über den Shabbat, er betete das Kiddusch, und wir nahmen das koschere Abendessen ein. Die Eheleute sprachen mit meiner Mutter in einer Mischung aus Jiddisch und Polnisch, so, wie meine Mutter auch häufig mit mir redete, besonders wenn sie ärgerlich war. Ich lernte also auch von diesen Sprachen viele Worte und Sätze und konnte mich deshalb neben dem Deutschen auch ein wenig in Englisch, in Polnisch und in Jiddisch unterhalten.

Die Eheleute Haas hätte ich gern als Eltern gehabt. Herrn Haas liebte ich wie einen Vater. Er hatte ein Bein verloren und trug eine Prothese. Aber trotz dieser schweren Behinderung zog er sich nicht zurück wie mein Vater, sondern war immer für mich ansprechbar.

Ich genoss die Zeit mit ihnen, ich hätte sie gern verlängert. Ich bin bei den Haas' nie ärgerlich geworden, habe nie geschimpft, gebrüllt oder gar um mich getreten oder geschlagen. Ich wurde ja auch mit allem Respekt behandelt, der einem Kind zukommt. Aber Herr Haas brauchte nach einer Stunde unbedingt seinen Mittagsschlaf. Dann musste ich nach unten. Ich ging. Brav und ohne Protest. Um an einem der nächsten Tage hoffentlich wiederzukommen.

Als ich mit neun Jahren aus dem Kinder- und Jugendheim St. Kilian in Walldürn zurückkehrte, der zweiten Station in meiner Heimlaufbahn, wollte ich wie üblich sofort einen Wiedersehensbesuch bei den Nachbarn machen. Ich fragte meine Mutter, ob ich hoch dürfe. Aber sie schüttelte den Kopf. Auf meine verwunderte Frage, warum nicht, antwortete sie, Herr Haas sei während meines Aufenthalts in St. Kilian gestorben. Ich schaute sie mit weitaufgerissenen Augen an und stürzte ins Badezimmer, schloss die Tür hinter mir ab und blieb sicherlich eine Stunde oder länger dort. Zuerst war ich ganz still, dann fing ich an zu weinen. Warum hat er mich im Stich gelassen, dachte ich verzweifelt, warum hat er mich hier nur alleingelassen.

Der Tod ihres Mannes erschütterte Frau Haas zutiefst, sie verkroch sich in ihrer Wohnung, nicht ein einziges Mal holte sie mich wieder zu sich herauf. Und ich ging nie wieder nach oben. Man konnte sich auf nichts und niemanden verlassen. Wer sich nicht von mir abwendete wie meine Halbgeschwister, der starb. Die einzigen Menschen, die zärtlich zu mir gewesen waren, wurden einfach weggewischt.

Erste Schultage

Weil ich nicht in den Kindergarten ging, konnte ich ausschlafen, aber mit einer kindgerechten Tagesstruktur hatte das nichts zu tun. Außerdem bekam ich keinen regelmäßigen Kontakt mit gleichaltrigen Kindern. Fast alle waren im Kindergarten, wenn ich mal die Nase nach draußen steckte. Aber sowieso war ich im Rhythmus meiner Eltern früh zu einem Nachtmenschen geworden.

So war es fast ein Wunder, aber im Sommer 1971 wurde ich, ein wenig später als die meisten Kinder, eingeschult. Das Jahr zuvor hatte mich die Schule zurückgestellt, ich sei noch nicht reif, ich spräche zu schlechtes Deutsch. Was den Grund darin hatte, dass ich das Kauderwelsch unserer Familie, in der ständig zwischen Deutsch, Englisch, Polnisch und Jiddisch gewechselt wurde, übernommen hatte. Nun war ich wohl der Älteste, vor zwei Monaten war ich sieben Jahre alt geworden. Am zweiten Wochentag nach den Sommerferien standen wir pünktlich um 9 Uhr vor der Kerschensteiner Grundschule. Eine Uhrzeit, die für meine Eltern und mich verdammt früh war, eigentlich viel zu früh.

Die meisten Kinder schleppten große Schultüten heran und hielten sie stolz im Arm. Meine war einigermaßen kläglich ausgefallen, immerhin hatte ich eine. Aber so gut gefüllt wie die der anderen war sie nicht. Der erste Schultag war durchaus spannend und ging schnell herum, wir versammelten uns in der Aula, die Großen sangen uns Willkommenslieder, der Rektor hielt eine Ansprache, dann wurden wir eingeteilt und wanderten mit der Klassenlehrerin an der Spitze ab in die verschiedenen Unterrichtsräume. Aber bereits nach vierzehn Tagen hatte ich keine Lust mehr auf Schule. Die anderen Kinder waren nicht auf meiner Wellenlänge, und ich fand sie alle unter meinem Niveau. Ich spielte Schlagzeug in der US-Kaserne! Ich sprach Englisch! Ich kannte die amerikanischen Jazz- und Swinggrößen! Ich musste erst nachts um zwölf oder eins schlafen gehen! Die anderen spielten im Sandkasten, hörten Kindersendungen im Radio und mussten um acht ins Bett. Die Lehrer fand ich noch blöder.

Nach vier Wochen ging ich nicht mehr hin. Allerdings war es nicht nur schlichte Überheblichkeit, ich fühlte mich auch unwohl, ich reagierte schnell gereizt und nervös und konnte nicht auf meinem Stuhl sitzen bleiben. Ich war keine gleichaltrigen Kinder gewohnt, hatte keine Freunde, auch nicht in der Klasse, und konzentrieren konnte ich mich schon gar nicht. Bis auf Ermahnungen und wieder Ermahnungen fiel den Pädagogen zu dem Zappelphilipp nicht viel ein. Die Diagnose ADHS war noch nicht erfunden, also gab es für mich ebenso wenig wie für meine Eltern irgendwelche Tipps, von praktischer Hilfe ganz zu schweigen. Sicherlich war auch nicht hilfreich, dass ich schnell meine Fäuste einsetzte, wenn etwas nicht meinem Wunsch entsprechend ablief oder wenn ich mich gegen Kritik oder gar Hänseleien wehren wollte.

Hinzu kam, dass ich morgens noch müde vom langen Aufbleiben am Abend zuvor war, und so träumte ich mich durch den Unterricht. Unser Klassenlehrer, ein alter, grauhaariger Mann, war ein einziger Vorwurf und glaubte, mit der ständigen Wiederholung desselben Satzes, dass ich mich nämlich «anpassen und mitmachen» solle, wäre es getan. Aber mit den vielen, mir fremden Kindern und einem strengen Lehrer einen halben Tag in einem Raum eingesperrt zu sein, das erzeugte in mir Fluchtimpulse. Die Schule überforderte mich hoffnungslos.

Meine Mutter wurde häufig zu Elterngesprächen eingeladen und bekam dort zu hören, was sie ohnehin wusste, dass ich nämlich ein Phantom-Schüler sei, weitgehend unsichtbar für Lehrer und Schüler. Nach den Gesprächen mit der Schulleitung oder dem Jugendamt änderte sich so gut wie nichts. Für ein paar Tage schaffte es meine Mutter, mich zu wecken, und ich ging unter Protest wieder hin. Aber dann erwies sich der familiäre Alltag als stärker, die Nacht wurde wieder zum Tag; meine Eltern blieben liegen, wenn der Wecker schellte, und aus eigenem Antrieb machte ich mich nicht auf den Weg. Erst recht nicht, als mein Klassenlehrer es nicht mehr beim Schimpfen beließ, sondern mir mit erzieherischen Stockhieben auf Hände und Kopf die fehlende Schuldisziplin einbläuen wollte.

So vergingen meine ersten zwei Schuljahre mit meinen seltenen Besuchen in der Lehranstalt, mit fast so häufigen Interventionen von Schulleitung und Jugendamt und der beständig wiederholten Drohung, man sehe keine andere Wahl, als mich Schulverweigerer meinen Eltern zu entziehen, da sie mich offensichtlich keines Besseren belehren konnten. Die Einweisung in ein Kinderheim sei wohl die einzig sinnvolle Lösung in dieser verfahrenen Situation. Meine Verwahrlosung, so die Diagnose, werde sonst noch weiter fortschreiten. Und also wurde ich 1973, im Alter von neun Jahren, erneut in ein Heim gesteckt, nach St. Kilian.

«DIE LIEBE DES HERRN»
In der Hölle von St. Kilian

Zu Beginn des dritten Schuljahres hatten die Ämter beschlossen, dass die Regelschule mir nicht mehr angemessen sei. Sie wollten mich in einem Heim unterbringen; dort würde ich dann die der Einrichtung angeschlossene Schule besuchen. Die Wahl fiel auf das Erzbischöfliche Kinderheim St. Kilian in Walldürn, auf der halben Strecke zwischen Mannheim und Würzburg im Odenwald gelegen.

Ich war neun Jahre alt, und Zugfahren konnte interessant sein. Hinaus aus Mannheim, eine andere Gegend, Wälder, überall Natur. Allerdings ging es nicht ins Freie, an meiner Seite saß eine Jugendamtsmitarbeiterin und hatte ein Auge auf mich. Nicht dass ich mein Köfferchen nehmen und an irgendeiner Station aussteigen würde, die mir gefiel! Ich dachte nicht daran, so erwachsen kam ich mir nun doch nicht vor. Ich hatte zwar eine stolze Miene aufgesetzt, aber innen war ich ganz klein. Was würde jetzt wieder auf mich zukommen? Von freundlichen Nonnen hatte man mir erzählt, die würden auf mich aufpassen und mir den richtigen Weg weisen.

Auch wenn ich während meines ersten Heimaufenthalts in St. Anton keine wirklich schlimmen Erfahrungen mit den Nonnen gemacht hatte, zog sich mir trotzdem der Magen zusammen. Heim, das hieß, nicht nach Hause zu dürfen, das hieß, eingesperrt zu sein, auch wenn Spielplatz, Turnhalle oder Fußball-tore zur Heimausstattung gehörten. Heim war das Gegenteil von Heimat. Mein kleines zerrüttetes Familiennest, trotz allem unser Bollwerk gegen die feindliche Umwelt, das war mein Zuhause. Es würde mir schmerzhaft fehlen, und sobald ich daran dachte, hätte ich heulen können. Ich konnte mir die Tränen nur verknei-fen, weil ich stier aus dem Fenster schaute und ab und an meine Stirn an die kalte Scheibe presste.

Ja, bei uns ging es drunter und drüber, es gab nicht einmal regelmäßig zu essen; ja, zu meinem Alltag gehörte die Angst, ganz besonders in den schlimmen Nächten meiner Eltern; ja, ich ging nur sehr selten zur Schule, und wenn ich dort war, prügelte ich die anderen Kinder weg von mir; ja, ich war allein und kam allein ebenso wenig klar wie mit den anderen; ja, ich passte nicht, ich passte nicht hinein und fand nicht hinaus, ich war ein völlig überfordertes Menschenkind. Und das sollte jetzt in Walldürn ein besseres werden?

Wir fuhren durch den Odenwald, Waldfrieden, stille Häus-chen, saubere Dörfer, geordnete Straßen und Wege. Irgendwann hielt der Zug, endlich, ich schnappte mir meinen Koffer, meine Begleiterin war sichtlich froh, dass wir angekommen waren, wir hatten nur wenige Worte auf der fast dreistündigen Fahrt verlo-ren. Das Erzbischöfliche Kinderheim lag gerade mal zweihun-dert Meter vom Bahnhof entfernt, nach wenigen Minuten hatten wir es im Blick. Als ich diesen mächtigen dunklen Bau sah, wur-den mir die Schritte schwer, und der Koffer zog mir die Schul-ter nach unten. Ich stapfte unwirsch weiter, stellte mein Gepäck mehrmals ab, holte öfter Luft als nötig und drehte mich immer wieder zum Bahnhof um. Es half nichts, wir kamen schließ-lich an.

Als wir in das erzbischöfliche Heim eintraten, umgab uns

kühle Luft, es war still, obwohl hier doch viele Kinder waren. Niemand nahm uns in Empfang, keiner saß oder ging irgendwo entlang, den wir hätten fragen können. Menschenleer das riesige Foyer. Wir tasteten uns hinein, einige Treppenstufen hoch. Dort nahmen wir von irgendwoher gedämpfte Geräusche war: ein Klappern, ein leises Murmeln. Es drang aus einer großen Tür. Hier saßen sie wohl alle, sicherlich beim Mittagessen, es war die Zeit.

Meine Begleiterin öffnete vorsichtig die Tür, ich lugte in einen großen Saal hinein. Am Kopfende mehrerer langer Tischreihen nahm ich Frauen in schwarz-weißer Nonnentracht wahr. Eine erhob sich und winkte uns herein. Ich spürte die Hand meiner Begleiterin auf meinem Rücken, sie schob mich nach vorn, ich hielt meinen Koffer umklammert und betrat den Saal. Allein. Zögernd setzte ich einen Schritt vor den anderen, mitten im Raum hielt ich inne und stellte den Koffer ab. Die Nonne, die noch immer stand und mich beobachtete, rief mich jetzt mit lauter Stimme zu sich. Hat sie meinen Namen genannt? Ich glaube nicht. Es war eher ein «Komm doch mal her!», mehr ein Befehl als eine freundliche Aufforderung. Ich spürte die Blicke der anderen, ich zog die Stirn kraus und blickte finster nach unten, um meine Angst zu bändigen. Dann ging ich, eine Stuhlreihe mit Schülern zu meiner Rechten, langsam nach vorn.

Die letzten Meter legte ich nur deshalb zurück, weil mich die Nonne mehrfach energisch zu sich heranwinkte. Bis ich schließlich direkt vor ihr stand. «Ich bin die Mutter Oberin», dröhnte jetzt ihre tiefe Stimme. «Hier bist du im Hause des Herrn. Hier wirst du die Liebe des Herrn lernen.» Ich kniff die Augen zusammen, ich verstand nicht recht, was sie meinte und warum sie mich auf diese Weise begrüßte. Immerhin schaute ich hoch. In selben Moment erhielt ich zwei schallende Ohrfeigen, eine rechts und eine links. «Helmut», sagte die Frau, die sich «Mutter» nannte und «Oberin», «wir sind hier pünktlich.» Mit einer Handbewegung wies sie mir einen freien Platz zu.

Mir schossen die Tränen in die Augen, aber ich ließ nicht zu, dass sie mir über die Wangen kullerten. Die zwei kleinen Tropfen, die sich aus den Augenwinkeln gelöst hatten, wischte ich ärgerlich mit meinem Ärmel weg. Mir dröhnte der Kopf von den beiden Schlägen, als ich den leeren Stuhl ansteuerte. «Helmut», hatte mich die Nonne genannt. Helmut war eigentlich mein zweiter Name, aber in meinen Kinderjahren wurde er zu meinem Rufnamen, alle nannten mich so, genau so, wie mein Vater hieß.

Keins der anderen Kinder und Jugendlichen lachte, als ich mit meinen Tränen kämpfend endlich ankam und mich auf den Stuhl fallen ließ. Die meisten guckten betreten vor sich hin; einige taten so, als wäre nichts geschehen. Wieder andere schabten mit ihren Löffeln nicht vorhandene Reste von ihrem leeren Teller. Die Mahlzeit war augenscheinlich schon beendet gewesen, als ich eingetreten war.

Die «Mutter Oberin» hatte sich erneut erhoben und tönte mit ihrer lauten Stimme: «Das Essen ist beendet. Geht jetzt in eure Zimmer.» Daraufhin standen die Kinder auf, die Stühle wurden nach hinten geschoben, der meines Nebenmannes fiel um, und ich sah, wie dem Jungen das Blut in den Kopf schoss. Er hob den Stuhl schnell wieder auf, hielt den Atem an, aber es geschah nichts, keine Zurechtweisung von vorn, die er wohl befürchtet hatte. Alle verließen den Raum. Ich wagte nicht zu fragen, ob ich noch etwas zu essen bekommen könnte, ich ging wie in Trance zu meinem Koffer. Eine andere Nonne stand dort und schickte mich mit zwei anderen Jungen in das Zimmer, das ich in Zukunft mit ihnen teilen sollte.

Ich bekam nichts mehr zu essen. Auch kein Abendbrot. Die Strafe für mein Zuspätkommen, wie mir mitgeteilt wurde. Meine Zimmerkameraden schenkten mir einen Apfel, den ich gierig verschlang. Von ihnen erfuhr ich, dass die Schläge, die ich erhalten hatte, die Eintrittskarte für das Heim waren. Jedem sei es so ergangen, die «Mutter Oberin» habe noch bei allen Neuen einen Grund gefunden, sie schon am ersten oder spätestens am zweiten oder dritten Tag vor den im Saal versammelten Schülern zu ohrfeigen. Alle hassten diese Frau, alle hatten Angst vor ihr. Dieses Gefühl schweißte uns zusammen. Sonst schweißte uns nichts zusammen. Ich erfuhr sehr schnell, dass zwischen uns dasselbe Faustrecht herrschte, das die oberste Nonne an uns vollzog.

Das Regime der «Mutter Oberin» prägte den Alltag des Hauses. Kaum eine Nonne, die sich dem brutalen Ton und der finsteren Gewalt entzog. An eine von ihnen, die sich nicht unterwarf, kann ich mich gut erinnern. Wenn sie heimlich einem Jungen ein Stück Brot zusteckte, der für ein vermeintliches oder tatsächliches Vergehen mit Essensentzug bestraft worden war, sah ich in ihren Augen die Angst, entdeckt zu werden.

Essensentzug war eine der häufigsten Strafen im langen Erziehungskatalog des Hauses. Ich empfand ihn als besonders bösartig und gemein. Zwar hatte ich auch zu Hause hin und wieder Hunger gehabt, wenn meine Eltern einmal wieder nicht in der Lage gewesen waren, rechtzeitig einzukaufen. Aber hier war es nicht Unfähigkeit, hier war es Mutwille. Wenn mich diese Strafe traf, sehe ich mich noch heute durch das Haus streunen, in dem es an Essen nicht mangelte. Ich hörte die anderen im Speisesaal, wenn zu den Mahlzeiten gerufen wurde, ich roch die Düfte aus der Küche, ich hatte Hunger in diesem Überfluss, stundenlang, morgens, mittags, abends und in der Nacht.

Denn der Essensentzug konnte sich auch über zwei Tage hinziehen.

Was mögen sich die Nonnen gedacht haben? Dass Hunger reinigt? Dass er demütig macht? Haben sie niemals darüber nachgedacht, dass Hunger entwürdigt? Dass sich ein Kind, das sie direkt neben seinen satten Kameraden hungern lassen, wertlos und rechtlos fühlt? Das bestrafte Kind wird zu einem Ding, zu einer Sache, herabgewürdigt, es hat weniger Überlebensrechte als ein Tier, das sich immerhin noch selber etwas zu essen suchen kann. Hunger ist schlimm, Essensentzug ist Folter.

Wir halfen einander manchmal mit Vorräten, manchmal durchbrach unsere barmherzige Schwester die Sperre mit etwas trockenem Brot. So wurde, wenn man Glück hatte, der ärgste Hunger des Delinquenten gestillt. Was genährt wurde, waren Angst, Zorn, Scham und ein bitteres Rachebedürfnis. Was wuchs, war die Überzeugung, man müsse mit Gewalt um sein tägliches Überleben kämpfen.

Nicht nur Essensentzug wurde in St. Kilian zur Qual der Kinder eingesetzt. Durch jeden Tag zog sich Gewalt. Im Sport sollten wir zum Beispiel bis zur Erschöpfung Liegestütze machen. Ein bekannter Armeedrill. War es wieder einmal so weit, pflegte sich die Lehrerin, auch sie natürlich eine Nonne, auf uns draufzusetzen und uns zu verhöhnen, wenn wir nicht mehr hochkamen. Schlappschwänze seien wir. «Hoch jetzt!», brüllte sie, machte sich ein wenig leichter, wir keuchten, wir kamen hoch, sie machte sich schwerer, wir krachten wieder zusammen. Das war nicht als Spaß gemeint, hatte nichts mit Alberei und Spiel zu tun. Es war und sollte sein: Demütigung, Erniedrigung, Unterwerfung.

Besonders die «Mutter Oberin» übte Gewalt aus. Und zwar nicht erst, wenn ein Kind vorher alle Warnungen in den Wind geschlagen hatte, sie prügelte wegen jeder Kleinigkeit. Ich hab es oft genug erleben müssen. Sie schlug mich, weil ich zu spät zum Essenstisch kam; sie schlug mich, weil ich die Hände nicht sauber gewaschen hatte; sie schlug mich, weil ich unerlaubt gesprochen hatte. Gewarnt wurde man nicht. Man wurde herbeizitiert nach vorn oder in ihr Büro, und bekam Dresche. Ihre Schläge waren so hart, wie ich es bei meinen Eltern nie erlebt hatte. Sie haute mit Inbrunst und mit kalter Wut zu. Immer ins Gesicht. So heftig, dass ich als Neunjähriger dachte, mein Kopf fliegt weg. Meine Gesichtshaut schien aufgeplatzt zu sein, sosehr und lang anhaltend brannte und schmerzte jedes Mal die Wange.

Am schlimmsten in Erinnerung ist mir – als wäre es gestern gewesen – ein Vorfall unter der Gemeinschaftsdusche. Zweimal in der Woche durften wir dorthin. Irgendwann einmal kam ich zu spät. Die anderen Jungs waren schon fertig und kehrten gerade zurück aus der Dusche, als ich mich noch im Umkleideraum auszog. Ich wurde hektisch und stürzte in den Duschraum, in der Hoffnung, dort noch einige Kinder anzutreffen. Ich sah niemanden mehr. Aber «Mutter Oberin», die das Duschen persönlich beaufsichtigte. Sie befahl mich barsch zu sich. Ich versank vor Scham im Boden. Ich stand ihr allein gegenüber, splitternackt. Sonst bot die Gruppe einen gewissen Schutz, allein die Zahl der nackten Jungen entschärfte ihre Blicke. Aber die Gruppe war weg. Ich weiß nicht, warum ich nicht in die Umkleide zurückrannte. Es lag wohl daran, dass die Nonne durch ihre Brutalität eine gewaltige Autorität erlangt hatte, der auch ich mich unterwarf.

Ich hielt den Atem an und ging vorsichtig zu den Duschen, so, dass ich möglichst weit von ihr entfernt blieb. Vielleicht würde sie ja doch Gnade vor Recht ergehen lassen und mir das Duschen erlauben? Sie hatte meinen fragenden Blick sehr wohl

gesehen, denn sie fixierte mich streng und herrschte mich über-
laut an, sodass es im leeren gekachelten Raum widerhallte: «Du
duschst heute nicht!» Ich senkte den Kopf und wollte gehen,
aber sie befahl mich erneut zu sich. Ich machte zwei Schritte
in ihre Richtung, hilflos und schamerfüllt in meiner Nacktheit.

«Das wird dir eine Lehre sein!», hörte ich sie schnarren, sie
stand jetzt direkt vor mir, packte mit einer entschiedenen Bewegung meinen Penis und zog mich noch ein Stück dichter zu
sich heran. Dann griff sie meine Hoden und quetschte sie kurz
und heftig. Ich schrie auf, ein schrecklicher Schmerz durchfuhr
mich, ich ging kurz in die Knie, mir wurde schwarz vor Augen.

Den Schmerz, die Scham, die tiefe Wut eines Neunjährigen
kann kaum ermessen, wer solche Torturen nicht durchmachen
musste. Viel später habe ich in Filmen über die Gewalt von Aus-
bildern in der Armee mitbekommen, dass solche Methoden,
gerade auch Körperverletzungen im Genitalbereich, eingesetzt
werden, um Untergebene zu brechen und zu Kampfmaschinen
zu drillen. Sollten wir auch Kampfmaschinen werden? Im Namen des Herrn?

Einige von uns hatten so große Angst vor dieser Frau, dass sie
sich morgens nicht mehr aus dem Bett trauten. Andere wurden
im Heim zu Bettnässern. Nur half auch dieser Aufschrei ihnen
nichts. Wer ins Bett pinkelte, musste das Betttuch waschen und
es mit ausgestrecktem Arm zum Trocknen in die Höhe recken.
Unten im Foyer, am Pranger also, und zwar so lange, bis es trocken, oder doch zumindest etwas trockener war. Wenn einem
der «Pisser» der Arm hinuntersackte, bekam er Schläge.

Als ich das Heim verlassen hatte und einem Arzt von alldem
erzählte, bekam ich zu hören: «Du lügst!» Eine Reaktion, die ich
sogar nachvollziehen konnte. Denn es war tatsächlich unglaublich, was wir in St. Kilian erleben mussten. Dennoch: Sein «Du

lügst!» war eine weitere Ohrfeige, wenn auch von anderer Art. Sie schmerzte nicht auf der Haut, sondern tiefer drinnen. Auf dieselbe Art schmerzhaft war, dass auch Ursula und Sybille, zwei meiner Halbschwestern, mir nicht glaubten, als ich mich ihnen anvertraute.

Die Gewalt der Nonnen richtete nicht nur bei jedem Einzelnen schlimme Schäden an und hinterließ tiefe Narben. Sie zerstörte auch unser soziales Verhalten. Je brutaler die Strafen gegen uns waren, umso brutaler gingen wir miteinander um. Wir alle kamen aus Elternhäusern, in denen es an Fürsorge mangelte und an der Selbstverständlichkeit von Liebe, Zärtlichkeit und Beistand. Nichts davon erhielten wir hier in diesem Haus. Im Gegenteil: Uns wurde jede Hoffnung darauf aus dem Leib geprügelt. So wurde der Kampf aller gegen alle geschürt, und nur selten kam es dazu, dass sich Kinder zusammentaten, dass Freundschaften in diesem finsteren und gewaltgeladenen Umfeld wuchsen. Ich hatte keine Freunde. Auch ich schlug mich, wehrte mich, griff an. Hier lernte ich, einen Stuhl auf einem Tisch zu zerschmettern, ganz plötzlich, ohne Anlass, um mir Achtung zu verschaffen. Es war selbstverständlich, dass der, der so etwas tat, von den anderen nicht verraten wurde. Auch wer andere vertrimmte, wurde nicht verpetzt. Aber sozialer Zusammenhalt war das nicht. Es war nur das Abducken vor dem Terror von oben. Denn schlimmer, als die Prügel Gleichaltriger einzustecken und die Gewalt untereinander ertragen zu müssen war «Mutter Oberin». In diesem Horrorhaus war sie der größte Horror. Ihr und ihrem Stab konnte sich niemand anvertrauen, ihr durfte sich niemand anvertrauen.

Ich hatte von der Reaktion der Erwachsenen erzählt, denen ich später von meinen Erfahrungen berichtete. «Du lügst!», sagten sie. Nur meine Mutter und mein Vater glaubten mir. Sofort und ohne irgendeinen Zweifel. Sie beendeten meinen Aufenthalt in dieser Anstalt, die ich vom 28. August bis 2. Oktober 1973 durchlitten hatte, bei ihrem zweiten Besuch. Mein Vater stürmte zum Heimleiter. Ich war dabei, als er ihn anschrie, er werde nicht zulassen, dass sein Sohn von den Nonnen geschlagen, ja gefoltert würde. Unverschämte Beschuldigungen seien das, erwiderte der Heimleiter mit hochrotem Kopf. Hier werde im Namen Gottes erzogen, das lasse er sich nicht nehmen, ein paar Ohrfeigen hätten im Übrigen noch niemandem geschadet.

Wir verließen zu dritt das Heim. Ich war wieder zurück in der elterlichen Trutzburg.

St. Kilian: Das gewaltige Kreuz

Am 9. Mai 2014, mehr als ein halbes Leben nach den Wunden, die mir die Nonnen als Neunjährigem geschlagen hatten, traute ich mich an den Tatort St. Kilian zurück. Die Autofahrt ins bergig Grüne dauerte mehrere Stunden. Ich war angemeldet, ich wurde in Empfang genommen, und zwar von der neuen Heimleitung. Ich war 50 Jahre alt, ich war groß, ich war stark, ich war erwachsen, und ich fühlte trotzdem die alte Kinderangst in mir hochkriechen. Im Foyer fiel mir das große Holzkreuz ins Auge, das Symbol für die Leiden Christi, für das, was die Menschen dem Sohn Gottes angetan hatten. Es hing noch immer dort, und genauso wie früher stand das Motto des Kinder- und Jugendheims «Leben – Lernen – Leben Lernen» eingraviert in eine der Wände.

Ich wusste mittlerweile, dass das Haus 1858 als «Armenkinderhaus» Walldürn in einer ehemaligen Zündholzfabrik gegründet worden war. Von gutwilligen Priestern, über deren Absichten man einiges, aber über deren konkrete Arbeit man heute nichts mehr weiß. Es ist nicht unwahrscheinlich, dass auch vor 150 Jahren Gewalt zum guten Ton im Umgang mit «schwer Erziehbaren» gehörte. Jedenfalls galt sie in den Augen der meisten Heimmitarbeiter und besonders der Nonnen bis weit in die 1990er Jahre als angemessen und über jeden Zweifel erhaben.

Und das, obwohl schon Ende der 1960er Jahre die Öffentlichkeit über die grausigen Zustände in Kinder- und Jugendheimen informierte wurde – von der «Heimkampagne», die von Teilen der 68er-Bewegung in Gang gesetzt und u. a. von der Journalistin Ulrike Meinhof journalistisch begleitet wurde. Die Kritik verschwand mit dem Aufkommen der RAF, der Roten Armee Fraktion, die Ulrike Meinhof mit aufgebaut hatte, wieder von der Tagesordnung, bis sich 35 Jahre später frühere Heimkinder erneut und unüberhörbar zu Wort meldeten. Sie gründeten 2004 den «Verein ehemaliger Heimkinder», VEH, der die Anerkennung ihres Leidens besonders in den kirchlichen Erziehungsanstalten und Entschädigung forderte. Ihre erschreckenden Zeugnisse versammelte Peter Wensierski 2006 in dem Buch «Schläge im Namen des Herrn. Die verdrängte Geschichte der Heimkinder in der Bundesrepublik». 2008 bedauerte der Petitionsausschuss des Deutschen Bundestages das «erlittene Unrecht und Leid, das Kindern und Jugendlichen in verschiedenen Kinder- und Erziehungsheimen in der alten Bundesrepublik in der Zeit zwischen 1945 und 1970 widerfahren ist». Eine eigenartige zeitliche Beschränkung, die die Heimerziehungspraktiken der 1980er und 1990er Jahre nicht nur angesichts meiner eigenen Erfahrungen unzulässig beschönigt.

Als ich die wenigen Treppen des Haupteingangs hochstieg, ging mein Puls nach oben, heftiger, als es die paar Stufen meinem Kreislauf abverlangten. Meine Hände wurden feucht.

Schweißperlen traten mir auf die Stirn. Was mich immer noch tagsüber im Wachzustand und nachts in Albträumen verfolgte, lähmte meine Schritte. Doch ich spürte auch Wut in mir. Sie half mir, ich würde das hier durchstehen, ich würde mich nicht mit faulen Ausreden abspeisen lassen.

Der neue Geschäftsführer Günter Hauk, der 1996 sein Amt angetreten hatte, empfing mich und meinen Begleiter Dirk Kästel noch im Foyer. Dirk hatte ich ein Jahr zuvor in Köln kennengelernt, und er stand mir bei meinen Recherchen in den Heimen und über die Geschichte meiner Eltern hilfreich zur Seite. Wir hatten um ein Gespräch gebeten, Hank hatte sich sofort dazu bereit erklärt. Wohl nicht nur, weil er von meinem Interview im Radio des SWR 1 gehört hatte, in dem ich 2013 meine Heim-Karriere-Stationen kurz angesprochen hatte. Er bat uns in sein Büro, wo Kaffee und andere Getränke bereitstanden und salziges Gebäck und süße Teilchen auf dem Tisch warteten. Der Hunger, schoss es mir durch den Kopf, das Hungernlassen, der Essensentzug. War hier doch ein anderes «Leben – Lernen – Leben Lernen» eingezogen?

Ich fragte Heimleiter Hauk, ob er Fotos aus den damaligen Jahren hätte. Er hatte sie und breitete sie jetzt vor uns aus. Auf einem Foto erkannte ich die «Mutter Oberin». Ihre Gesichtszüge hatten sich in mein Gedächtnis eingebrannt. Sie lächelte gequält, neben ihr ein Bischof. St. Kilian feierte irgendein Fest und hatte hochrangige Gäste. Ich merkte, wie mir jetzt endgültig der Schweiß aus allen Poren brach, ich wischte mit dem Ärmel mein Gesicht trocken. Es waren vielleicht auch Tränen dabei. Günter Hauk bemerkte meine Erregung und sah, wie ich auf das Foto mit «Mutter Oberin» starrte. Diese Frau, die uns Kinder angeblich Liebe und Güte lehren sollte, aber stattdessen mit roher Gewalt den Zorn Gottes in uns hineingedroschen hatte.

«Schwester Oberin Majorina Vogt», hörte ich ihn wie durch einen Schleier sagen, «wurde 1973 entlassen, kurz nach Ihrem Aufenthalt in unserem Haus. Die Ermittlungen der Staatsanwaltschaft gegen sie wegen Körperverletzungen wurden allerdings aus Mangel an Beweisen eingestellt. Nach ihrer Tätigkeit bei uns hat sie noch in einer anderen kirchlichen Einrichtung gearbeitet. Vor einigen Jahren ist sie verstorben.»

Ihr Tod erleichterte mich nicht, ich bekam kaum Luft. Ich war doch nur so kurze Zeit hier gewesen, aber die wenigen Monate hatten mich jetzt voll im Griff, sie rissen mich zurück in meine Kindheit. Ob es klug gewesen war, hierher zurückzukehren?

Der Heimleiter sah mir an, wie sehr mich das Foto in die Zeit zurücktrieb, und verstummte. Er hatte schon viele Gespräche mit ehemaligen Heimkindern geführt und wusste, was sie empfanden. Er war es auch, der zum 150. Geburtstag von St. Kilian einen unabhängigen Journalisten mit der Aufarbeitung der dunklen Seiten des Kinderheims St. Kilian beauftragt hatte. Als Volker Trunk 2011 das Buch «‹Aus dir wird nie was!› Von Gewalt und Willkür … und der Suche nach Geborgenheit; ein Blick in die Geschichte des Erzbischöflichen Kinder- und Jugendheims St. Kilian Walldürn» vorlegte, konnten sich viele der Opfer des Gewaltregimes in diesem Haus rehabilitiert fühlen. Auf der Website von St. Kilian bekennt der Träger mit «Betroffenheit und Bedauern», dass in diesem Kinderheim «bis 1996 massive Prügelstrafen und entwürdigende Bloßstellungen» stattgefunden haben. Nur: Verurteilt für die zahllosen Verbrechen, die die Nonnen an den Kindern und Jugendlichen verübt hatten, wurde niemand. Auch dem Vorgänger von Hauk, gegen den die Staatsanwaltschaft immerhin drei Strafbefehle wegen Misshandlung Schutzbefohlener erließ, wurde nicht der Prozess gemacht. Gewalt und Übergriffe wurden, so Heimleiter Hauk in einem Interview für das genannte Buch, grundsätzlich «verschwiegen und vertuscht». St. Kilian sei «eine geschlossene Anstalt» gewesen, ja, «eine totale Institution».

Strafbefehle – das hieß, dass der ehemalige Leiter eine kleine Geldstrafe zahlte, um dann weiterzumachen wie bisher. Dennoch half mir dieser Besuch trotz meiner Enttäuschung über die Straflosigkeit, der sich die Täter bis zu ihrem Ableben sicher sein konnten. Das «Du lügst» aus meiner Kindheit galt nicht mehr. In dieser Einrichtung war – wenn auch erst sehr spät – den Opfern geglaubt worden. Auch mir wurde geglaubt. Der Schrecken dieses Hauses, der mich festhielt, obwohl mich meine Eltern nach fünf Wochen befreit hatten, würde künftig an Gewicht verlieren.

Mal Schrecken, mal Lichtblick

In der Obhut meiner Eltern kam ich zurück nach Mannheim. Aber zu Hause angekommen, wartete der Tod von Herrn Haas auf mich. An eine Rückkehr – oder besser gesagt: einen Aufbruch – in so etwas wie kindliche Normalität war danach erst recht nicht zu denken. Verstört und verletzt, wie ich war, verkroch ich mich genauso wie meine Eltern in unserer Wohnung und entzog mich wieder nahezu komplett der Schulpflicht. Meine Eltern hatten mir zwar herausgeholfen aus dem Horrorheim, aber bei der Heilung der seelischen Wunden konnten sie mir nicht helfen. Wir wurden nun zu einer verschworenen Gemeinschaft von drei Traumatisierten, in der über die Verletzungen geschwiegen wurde, die jeder von uns erlitten hatte. Wir kreisten berührungslos umeinander, meine Hoffnung auf Nähe und Liebe blieb unbeantwortet, wir konnten uns zwar im Krieg gegen die anderen aufeinander verlassen, aber im Innern unserer Festung hausten wir allein.

Wenige Wochen später wurde ich erneut in ein Heim eingewiesen, nach Ladenburg, ins Haus Mirabelle. Da gab es keine Nonnen, die Arbeiterwohlfahrt führte die Einrichtung. Es ging zivilisiert zu, ja, ich bekam sogar Lehrer, die ich mochte; ich ging gern in die Schule, die der Einrichtung zugeordnet war. Und doch blieb ich auch hier nicht. Ich haute ab, nach wenigen Wochen zum ersten Mal. Das war ein Leichtes. Mit Bus und Bahn fuhr man nur 20 Minuten von Ladenburg bis Mannheim. Manchmal ging ich zu Fuß, schlenderte den Feldweg entlang, der vom Haus Mirabelle nach Westen führte; wenn ich müde war, suchte und fand ich einen Bus. Die Sehnsucht nach unserer Festung war es, die mich nach Hause trieb. Meine Eltern duldeten, dass ich wieder da war. An unserem Alltag änderten sie nichts. Die Nächte wurden nicht heller, die Tage auch nicht. Ich blieb trotzdem zu Hause, schwänzte am nächsten Tag die Schule und kehrte am übernächsten Tag nach Ladenburg zurück.

Bis 1976 ging dieses Hin und Her zwischen Ladenburg und Mannheim, zwischen Heim und Zuhause. Erkannte ich durch die schwarze Schraffur meines Lebens nicht die Chancen, die sich mir in Ladenburg geboten haben? Ich war mittlerweile Gewohnheitsraucher, trank gerne mal ein Bier und tat mit meinen fast zwölf Jahren so, als sei ich schon 18. Es fing mich niemand mehr ein, wie man es mit einem Zwölfjährigen gemacht hätte. Im Haus Mirabelle hatten sie die Erfahrung gemacht, dass ich nach jedem Ausreißen zurückkam, auch wenn es ein paar Tage dauerte. Ich kam zurück, aber meine kleine Seele kreiste weiter um das schwarze Zentrum meiner Kindheit, unser Zuhause in der Rastenburger Straße. Und gleichzeitig löste ich mich immer wieder und weiter davon. Ich wurde allmählich zu einem

Dauerflüchtling, einem Flüchtling vor dem Krieg und seinen späten Folgen, die zu Hause herrschten, und einem Flüchtling vor der Normalität der 1970er Jahre, die in Ladenburg herrschte und die von den psychischen Kriegsschäden in Familien wie der unsrigen nichts wissen wollte und die mich deshalb abstieß.

Dann fand das Jugendamt für mich eine Alternative. Direkt in unserer Straße, am anderen Ende. Dort wohnten die Müllers, mein Vater kannte die beiden. Und Müllers wurden für ein halbes Jahr meine Pflegeeltern.

Vielleicht war es die räumliche Nähe zu meinen leiblichen Eltern, die es mir diesmal leicht machte, das Angebot anzunehmen. Aber wichtiger war: Bei den Müllers erlebte ich jeden Tag das, was ich beim Ehepaar Haas in unserem Haus wenigstens hin und wieder erfahren hatte: Geborgenheit, Zuwendung und ein warmes kleines Familiennest. Ohne mich rechtfertigen zu müssen, ohne «erzieherische Maßnahmen» ertragen zu müssen – und ohne zwei Erwachsene wie meine Eltern, die hoffnungslos in ihre Geschichte und ihr Leiden verstrickt waren.

Irmgard Müller war gelernte Köchin, Willi hatte Tüncher gelernt, Maler und Tapezierer, würde man heute sagen. Meine Pflegeeltern waren herzensgute Menschen. Sie lebten wie wir in einer kleinen Mietwohnung. Doch in ihrer Wohnung hatte ich mein eigenes Reich, mein eigenes Kinderzimmer, mein eigenes Bett, meinen Schreibtisch, meinen Schrank. Ich konnte mein Glück kaum fassen, und das Herz ging mir einen Spalt auf.

Irmgard war eine prima Köchin. Alles war geregelt, und ich habe in wenigen Wochen ordentlich zugelegt. Morgens ein reichhaltiges Frühstück mit Kakao, Cornflakes, Wurst- und Marmeladenbroten. Punkt 13 Uhr stand das Mittagessen auf dem Tisch – für mich. Und was das Beste war: Irmgard hat mich stets am Vortag gefragt, was ich gerne essen würde. Jeden Tag durfte ich mir etwas anderes wünschen. Und alles duftete und schmeckte köstlich. Wenn Willi abends von der Arbeit nach Hause kam, dann gab's noch mal ein anderes warmes Gericht, das, was er sich gewünscht hatte.

Mein Glück gab's aber nicht umsonst. Es galt eine Vertragsbedingung zwischen mir, meinen Pflegeeltern und dem Jugendamt zu erfüllen: Ich musste sechsmal in der Woche pünktlich zur Schule gehen und mich anstrengen. Genau daran ist mein Aufenthalt in diesem kleinen Paradies gescheitert. Ich ging weiterhin höchstens unregelmäßig los, ich schwänzte weiter, ich kam nicht hinein ins System Schule, ich wurde kein normaler Junge, ich trieb mich weiter draußen herum, ich rutschte weiter ab. So sah es das Jugendamt und beendete meinen Aufenthalt bei den Müllers nach sechs Monaten. Ich kehrte zurück nach Ladenburg.

Das Jahr 1977 war schon einige Monate alt. Ich war nicht nur aus meiner Pflegefamilie gefallen, bald würde mein heimatliches Universum, meine düstere Trutzburg, meine Familie aus Vater, Mutter und mir, zerbrechen. Nach dem Ende bei den Müllers pendelte ich wieder zwischen Ladenburg und meinem Zuhause. Spürte ich, dass es das bald nicht mehr geben würde? Ich hetzte hin und her, bekam nichts mehr zustande, die Schule in Ladenburg rauschte an mir vorbei. Mit einer Ausnahme: Ich hatte mich unsterblich in eine Erzieherin verliebt, die uns Gutenachtgeschichten vorlas. Als ich nach einem meiner Familienasyle zurückkam, hatte sie geheiratet. Ich heulte in die Kissen.

ES GEHT NOCH SCHLIMMER
Meine Heimkarriere

Im September, ich war gerade 13 geworden, starb mein Vater. Es geschah nicht überraschend, er litt schon lange an Magen-Darm-Krebs. Er wurde eine Woche vor seinem Tod ins Krankenhaus eingeliefert. Wir wussten, wie es um ihn stand. Aber was hieß das für mich? Ich konnte den Tod noch nicht als Begleiter des Lebens begreifen. Dass er mir jetzt schon meinen Vater wegriss, verstörte mich zutiefst. Wenige Wochen nach dem Begräbnis schoss ich mich auf der Kokain-Straße komplett ins Abseits, ich streifte nun durch jenseitige Welten. Das Jugendamt griff noch einmal nach mir, bekam mich zu fassen und steckte mich Anfang 1978 ins Landesjugendheim Stutensee, zehn Kilometer nördlich von Karlsruhe. Nach wenigen Wochen setzte ich meinem Aufenthalt durch Flucht ein Ende.

Flucht aus Stutensee

Es war im Februar 1978, es war kalt, es war nass, und man hätte keinen Hund vor die Tür gejagt. Paul, ein Mitschüler im Schloss Stutensee, kam weinend in den Schlafraum. Ihm war nun also zugestoßen, wovon ich schon nach der ersten Nacht gehört hatte. Auf diesem Schloss gab es einen Erzieher, mindestens einen, der sich an uns heranmachte. Er bestellte irgendwann, wenn er es brauchte, einen seiner Schützlinge zu sich. Ich habe Paul getröstet, Rachegefühle gegen «das Schwein» wechselten sich mit Todesangst ab. Er würde einen nicht töten, man würde nicht sterben, das war uns schon klargeworden in der kurzen Zeit, aber bald würde irgendein anderer von uns der Nächste sein. Und das war so schlimm wie sterben.

Ich war wenige Abende später dran. Ich war der Nächste. Er, der unter uns den Spitznamen «das Schwein» hatte, rief mich zu sich, wie er zuvor andere zu sich gerufen hatte. Nach dem Zähneputzen, nachdem wir unser Zimmer hatten aufsuchen müssen und uns hinlegen mussten. Ich ging, wie zuvor die anderen gegangen waren. Ein Automatismus, der etwas mit unserer Vereinzelung zu tun hatte. Wir waren eben doch keine Horde von wild gewordenen Jungs, wir waren zwar alle «schwer erziehbar», aber wir waren keine verschworene Truppe, die zusammenhielt, hier starb jeder für sich allein. Jede Zusammenrottung wurde uns im Ansatz ausgetrieben. Jede Verbrüderung wurde unterbunden, ich kannte nach vier Wochen gerade mal Paul ein wenig. Dass er sich mir anvertraut hatte, war schon ungewöhnlich.

Ich habe an diesen Abend, an diese Minuten, keine wirklich klaren Erinnerungen. Ich habe an die Tür geklopft, hinter dem sein Büro war. Ich habe auf sein «Komm rein!» hin geöffnet und bin eingetreten. «Das Schwein» saß auf seinem Stuhl und winkte mich mit dem Kopf zu sich. Er hat nicht lange herumgeredet, irgendetwas hat er dahergefaselt. Das Einzige, was ich noch heute klar sehe, ist seine Hand, dass er sie ausstreckt nach mir, dass er mich betatscht. Ich spüre seine Hand an meinen Hüften, da spüre ich sie bis heute.

Vielleicht hatten mich die Tränen von Paul stark gemacht, vielleicht war es die pure Verzweiflung oder der Ekel davor, mich von einem Mann intim berühren zu lassen, aber ich habe mich gewehrt – so jedenfalls spult sich in meinen Albträumen der Film vor meinem inneren Auge ab –; ich trete ihn, irgendwie, in den Unterleib, mit den Füßen, vielleicht mit dem Knie. Daran meine ich mich zu erinnern. Der Krankenwagen kam, Polizei kam auch. Wie heftig hatte ich zugetreten, dass der Schmerz von «das Schwein» seine Angst vor dem Entdecktwerden weg-schob?

Die Polizei hat mich nicht vernommen. Ich hockte schon im Bunker, ich weiß nicht, wer mich überwältigt und dorthin ver-frachtet hatte. In den Bunker, einen kellerähnlichen Bau auf dem Gelände, wurden wir kleinen Schwerverbrecher immer dann eingeschlossen, wenn wir uns etwas hatten zuschulden kommen lassen. Ich wurde dort die Nacht über eingesperrt, eine mehr als gerechte Strafe; ich hatte mich ja danebenbenommen, war gewalttätig geworden, hatte einen Erzieher verletzt, wie konnte ich nur. Das Loch, das einer echten Knastzelle aus finsteren Poli-zeistaatstagen nachempfunden schien – vielleicht stammte es noch aus der Zeit, ich weiß es nicht –, war ohne Licht.

Am nächsten Morgen musste ich zum Heimleiter, mich er-klären. Ich begann herumzustottern; unter dem ersten Schock einer von mir vor wenigen Stunden gerade noch verhinderten Vergewaltigung und dem zweiten Schock einer angstvoll ver-brachten dunklen Nacht brachte ich keine klare und differen-zierte Anklage gegen den Betreuer zustande. Allerdings hat mir der Heimleiter auch nicht gerade dabei geholfen. Stattdessen hat er den Täter, kaum entnahm er aus meiner verworrenen Schil-derung eine Kritik an ihm, voller Inbrunst verteidigt.

Ein anderer Erzieher, ein Kumpel von «das Schwein», war bei diesem Gespräch zugegen, er war der Zweite, der sich an uns Jungs heranmachte. Aus den Augenwinkeln sah ich, dass er nicht im Geringsten besorgt oder gar irritiert war. Er grinste nur leicht. Was waren wir auch? Material in einem Heim für Ausgekotzte, für Verweigerer und heranwachsende Gewalttäter.

In der Nacht nach diesem Verhör durch den Heimleiter, das mit einer strengen Ermahnung endete und der Drohung, mich bei einer nächsten Gewalttätigkeit gegen einen Erzieher für mehr als nur eine Nacht in den Bunker zu sperren, bin ich mit Paul abgehauen.

Ich habe auch dieses Heim Jahrzehnte später erneut aufgesucht. Mich selber konfrontiert, wie man so sagt, und den aktuellen Heimleiter konfrontiert, nach der Geschichte gesucht und danach, ob sich das Heim ihr gestellt hat. Das war Lichtjahre später.

In jener Nacht zogen wir alles an, was wir hatten, streiften drei Pullover über den Schlafanzug und die dickste Hose, die wir hatten. Dann öffneten wir leise das Fenster und sind raus, mit einem Sprung in die Tiefe. Wir konnten das ganz gut abschätzen, das Fenster lag im ersten Stock, es war nicht das erste Mal, dass wir den kurzen Weg nach draußen nahmen. Geduckt huschten wir über das Gelände, die Angst im Nacken, den Mut in den Beinen, und standen nach ein paar hundert Metern vor dem stabilen Drahtzaun der Anstalt. Wir stießen die Schuhspitzen in die Rauten und zogen uns nach oben, das Drahtgeflecht wankte. Aber wir erklommen erfolgreich das knapp zwei Meter hohe Hindernis. Ich kletterte auf der anderen Seite hinunter, Paul fiel und riss sich die Hand auf, als er versuchte, sich zu halten. Ich reichte ihm mein Taschentuch, er presste es auf den blutenden Riss, rappelte sich auf. Weiter, bloß weg von hier, vielleicht trieb sich ja einer von den Erwachsenen draußen herum und blendete uns in der nächsten Sekunde mit einer dieser dicken Stab-Taschenlampen.

Wir gingen die ganze Nacht, Richtung Graben-Neudorf. Das kannten wir, das war der Stutensee am nächsten gelegene Ort.

Abhauen machte mir eigentlich Spaß, ich kannte das schon. Wenn ich zum Beispiel aus Ladenburg abhaute, war ich ungeheuer stolz. Ich zog los, fühlte eine wahnsinnige Kraft, allein dort entlangzugehen, es war, als würden mich Freiheitswellen durchströmen und den Dreck der Gefangenschaft wegspülen, keiner kontrollierte, keiner fragte. Damals hat mich sogar gestört, wenn ein Auto angehalten hat und mich mitnehmen wollte. Nein, ich wollte nicht, ich wollte alleine gehen, wollte das Freisein genießen, keine Verpflichtungen haben, keine Schule, kein Aufräumen, gar nichts. Und auch niemandem zu Dank verpflichtet sein. Vielleicht habe ich dieses Gefühl, weggehen zu können, um mich dadurch vor Kontrollen oder Anweisungen zu retten, von meinen Eltern mitbekommen. Die waren ja auch immer auf der Flucht vor Zugriffen gewesen, in ihren jungen Jahren unter den Nazis und später vor sich selbst und ihrer Angst.

Wenn ich mich richtig erinnere, bin ich das erste Mal sogar schon mit zehn Jahren abgehauen, hatte meinen Eltern einen Zettel hingelegt, dass ich jetzt gehe und nicht wiederkomme. Und bin dann zwei Tage lang durch die Gegend marschiert, habe ungeheure Geschichten erzählt, wenn mich Leute ansprachen oder wissen wollten, wem sie da etwas zu essen oder zu trinken gaben. Bis mich jemand nicht mehr weitergehen ließ und nach Hause brachte. Meine Eltern haben mich während dieser Tage nicht suchen lassen. Sie wussten, dass ich wiederkomme, und haben mich herzlich empfangen.

Aber Stutensee hat mich mit einer mir bis dahin unbekannten Gewalt in die Flucht geschlagen. Zum ersten Mal wurde ich hinausgejagt auf die Landstraße, von denen ich später viele, viele mehr unter den Füßen spüren durfte, mal gewählt, mal getrieben, und deren Ausdünstungen ich schließlich über Jahre und Jahrzehnte einatmete. Diesen Geruch nach Teer, wenn die Sonne heiß scheint, und nach öligem Schlamm, wenn es regnet. Und immer nach Benzin oder Diesel, der die anderen anfeuert, die an mir vorbeijagen aus einer anderen Welt in eine andere Welt. Selten nehmen sie mich wahr, vielleicht im Rückspiegel, wenn sie nicht allzu schnell davonrasen.

Diese Straßen entlangzugehen wurde mir zur Sehnsucht, mitunter zur Sucht und zur Besessenheit, aber jetzt, in Stutensee, war das nur der nächstliegende Ausweg. In St. Kilian hatte es diesen Ausweg noch nicht gegeben, da war ich erst neun. Jetzt war ich alt genug, ihn zu finden und zu benutzen.

Auch wenn uns weiterhin die Angst im Nacken saß – davor, dass sie uns mit der Polizei suchen, finden und einfangen würden, und davor, dass wir jetzt erst einmal auf uns ganz allein gestellt waren –: Wir atmeten auf. Es war dunkel, es war kalt, wir hatten nicht wirklich ein Ziel, und einen Schlafplatz schon gar nicht. Das drückte uns alles nicht. Unser Gepäck bestand aus der Hoffnung, der Hölle von Stutensee entrinnen zu können. Wir hatten nur dabei, was wir am Leibe trugen, und nicht mal 5 Mark in unseren Hosentaschen. Man sah uns wahrscheinlich an, dass wir abgehauen waren, aber da wir beide größer waren, als es für unser Alter üblich war, glaubten wir, in Graben-Neudorf würde niemand auf die Idee kommen, uns zurück nach Stutensee zu schicken.

Wir passten auf, dass wir niemandem begegneten. Wenn wir von fern ein Auto hörten, verließen wir die Straße, einmal legten wir uns sogar flach auf den Boden, um nicht vom Scheinwerferlicht erfasst zu werden. Sonst versteckten wir uns hinter Hecken am Straßenrand oder rutschten eine Böschung hinunter.

Nach ein paar Stunden sahen wir aus wie durch den Matsch gezogen. Was uns nur noch stärker machte. Wir waren Kuriere des Zaren, waren Tom Sawyer und Huckleberry Finn, waren zwei der drei Musketiere. Ich hatte all das ja gelesen und erzählte Paul von den Abenteuern meiner Helden. Von zu Hause erzählte ich ihm nicht. Zu Hause war verschwunden. Die Familie der Musketiere war nicht mehr, ein Musketier war tot, damit war sie zerfallen.

Wir taten kein Auge zu, setzten uns allerdings nach drei oder vier Stunden Wanderung auf eine Bank, als wir in der Ferne endlich einige Lichter sahen. Sie mussten zu Graben-Neudorf gehören. In diese Festung wollten wir erst eindringen, wenn es hell war. So warteten wir auf den Sonnenaufgang und schliefen auf einer Parkbank ein. Als tatsächlich der Morgen graute und Bäume und Häuser aus ihrem Schattendasein heraustraten, fingen wir an zu schreien, zu jubeln: Wir waren frei, über uns nur der Himmel, keine geschlossene Anstalt, in der wir von Erziehern drangsaliert, gedemütigt und angefasst wurden. Kein als Hilfseinrichtung getarntes Jugendgefängnis, in dem die Aufseher die Straftäter und die Insassen die Opfer waren.

Unsere Müdigkeit verdunstete im Tageslicht, und hinter ihr erwachten Neugier und Tatkraft, der Hunger verlangte allerdings zuallererst unsere Aufmerksamkeit und eine schnelle Befriedigung. Und der Durst! Wir hatten ja nicht einmal eine Flasche Wasser dabei. Also machten wir uns auf in den kleinen Ort vor unseren Nasen, die schon nach Essbarem witterten und tatsächlich drei Straßenecken weiter eine Bäckerei erschnupperten.

Eine erste Kundin war schon unterwegs, sie wollte gerade in den Laden, als sie uns sah und abrupt innehielt. Sie schaute uns an, teils mitleidig, teils tadelnd, und stellte fest: «Ihr seid vom Schloss.» Die Jugendeinrichtung Haus Schloss Stutensee hieß im Volksmund Schloss, für die Einheimischen waren wir die Schlossbewohner. So wie die Jungpferde, die die preußische Armee hier im 19. Jahrhundert drillte. Die lange herzogliche Geschichte des Hauses ist eine Kriegsgeschichte.

Wir brauchten uns eigentlich nicht zu wundern, dass man uns unsere Herkunft an der Nasenspitze ansah. Aber wir wunderten uns trotzdem, wir erschraken sogar. Wir hatten uns schon so sicher gewähnt und frei. Paul fand als Erster die Sprache wieder und bat die Frau mit einem leisen Satz, wobei er sie aus treuen Hundeaugen anblickte: «Bitte rufen Sie nicht die Polizei.» Sie lächelte, drückte die Klinke und schob uns in den warmen, duftenden Verkaufsraum. «Die brauchen was zu essen», erklärte sie der Bäckersfrau, die uns stirnrunzelnd beäugte und ihren Blick an unseren verdreckten Kleidern hinuntergleiten ließ. Aber sie schmierte, wie von ihrer Kundin bestellt, sechs belegte Brötchen, für jeden drei, packte sie in zwei Tüten, dazu noch zwei Flaschen Kakao, und reichte sie uns. Ihre Kundin bezahlte, und ein älterer Mann, der mittlerweile ebenfalls in den Laden gekommen war und den Vorgang interessiert verfolgte, holte aus seinem Portemonnaie zwei Markstücke und drückte sie uns in die Hand. Wir bedankten uns artig, schon am ersten Brötchen kauend, und wollten nur noch ein wenig Wärme tanken, bevor wir weiter durch die Februarkälte wandern würden.

Doch jetzt war Schluss mit lustig. Die Bäckersfrau entschied resolut, nun müsse aber die Polizei her, damit sie uns zurückbrächte ins Schloss. Sie könne nicht verantworten, dass sich hier zwei Jungs einfach so davonstehlen wollten. Ganz ohne Eltern oder Vormund oder Erzieher. Da würde sie sich strafbar machen. Wir merkten, dass es ihr ernst war, und rannten raus, weg aus dem Ort, bloß weg und freies Gelände gewinnen. Wir wussten nicht, ob die Polizei noch kam. Es hat uns niemand aufgegabelt.

Nach zwei Stunden trennte sich Paul von mir. Er wollte nach Plochingen, zu seiner Mutter. Der Weg dorthin führte in Richtung Stuttgart – nicht der Ort, zu dem ich wollte. Ich bin weitergegangen, wir haben keine lange Zeremonie daraus gemacht, er würde das irgendwie schaffen, und ich würde es auch allein schaffen. Ich ging wie automatisch weiter, nachdem ich ihm die Hand gedrückt hatte. Meine Füße taten weh, irgendwann kam mir das zu Bewusstsein, und ich beschloss zu trampen, trotz der Gefahr, der Polizei in die Hände zu fallen. Und ohne zu wissen, wohin. Mir war nur die grobe Richtung klar: weg von Stutensee, vielleicht zurück nach Mannheim.

Ich brauchte gar nicht lange zu warten. Ein Wagen hielt, der Fahrer fragte mich, ob ich wirklich allein unterwegs sei, und entschied dann, er werde mich in Karlsruhe bei der Polizei abgegeben. Ich war müde, ich begehrte nicht auf, ich war nur froh, wieder im Warmen zu sein und zu sitzen. Es reichte mir schon, dass er mich nicht nach Stutensee bringen wollte. Das wollte auch die Polizei nicht, der ich später erzählte, was uns in diesem Heim zugestoßen war. Ich weiß nicht, ob sie mir glaubten, jedenfalls lieferten sie mich in einer städtischen Auffangstation für Jugendliche ab. Am nächsten Tag holte mich meine Mutter dort ab, und das Kapitel Stutensee war für mich beendet.

Beendet? Der Griff des Erziehers nach mir wiederholte sich seitdem beständig in meinen Nächten. Nicht in jeder Nacht. Aber in viel zu vielen Nächten. So blieb mir Schloss Stutensee erhalten und wurde Teil meines Lebens wie St. Kilian, das Nonnenhaus. Orte, die mich lehrten: Wehre dich, oder du bist tot.

2013 hatten die Traumbilder 35 Jahre lang an mir gezerrt. Ich traf, an meiner Seite und zu meiner Unterstützung war wieder Dirk Kästel dabei, in Heidelberg, auf neutralem Grund, im Wichernhaus, einer soliden Obdachlosen-Unterkunft, einen Vertreter von Schloss Stutensee und eine neutrale Vermittlerin. Ich wollte reden, ich wollte aufdecken, dass Paul und ich und viele andere Jungen in diesem Heim sexuell missbraucht worden waren. Ich wollte es mir von der Seele reden. Das Gespräch dauerte dreieinhalb Stunden. Ich habe zur Sicherheit alles auf Tonband aufgenommen, auch wenn die Aufnahmen nicht gerichtsverwertbar sind.

Es war ein Gespräch, das völlig gegensätzlich zu dem in St. Kilian verlief, das ich ein knappes Jahr später führte. In St. Kilian traf ich auf eine Einrichtung und auf Verantwortliche, die sich der gewalttätigen Vergangenheit ihres Hauses gestellt hatten. In Stutensee hatten die Leugner die Geschichte in der Hand. Nichts sei hier gewesen, hörte ich. Man ließ mich ausreden, aber man blockte Nachfragen, Nachforschungen und das gemeinsame Nachdenken ab. Noch heute ist auf der Homepage von Schloss Stutensee nichts, kein Sterbenswörtchen, über möglicherweise gewalttätige, gar vergewaltigende Übergriffe auf Schutzbefohlene zu lesen. Man zeigte sich mir gegenüber betrübt, aber meine Ausführungen könnten leider nicht überprüft werden, nicht einmal meine Akten seien erhalten geblieben, geschweige denn irgendwelche Personalakten meiner damaligen Erzieher. 1991 habe es nämlich auf Schloss Stutensee eine Brandstiftung gegeben. Dabei seien alle Akten der davorliegenden Jahre vernichtet worden. Leider. Mir fiel dazu nur das geflügelte Wort ein: «Willst du etwas nie mehr seh'n, dann leg es in Benzin.»

Was in den weiteren Gesprächen folgte, glich einer Schmierenkomödie. Die Heimleitung bot mir fünftausend Euro an, zahlbar in jährlichen Raten von je tausend Euro. Damit sollten etwaige Schadenersatzansprüche von mir abgegolten sein, und ich sollte als Gegenleistung dafür auf öffentliche Äußerungen und den Rechtsweg verzichten. Ich ging auf den Deal ein, schon, um einen Beweis in der Hand zu haben, dass er mir tatsächlich angeboten worden war.

Die erste Rate des Schweigegeldes wurde Ende November 2013 auf mein Konto überwiesen. Trotz der Auflage erwähnte ich im April 2014 in einem Radiointerview im SWR 1, was ich in Schloss Stutensee erlitten hatte. Offensichtlich sehr zum Ärger dieser staatlichen Erziehungseinrichtung. Der Geldhahn wurde zugedreht. Eine weitere Schweigezahlung erfolgte nicht. Der Geschäftsführer des Kinder- und Jugendheims drohte mir stattdessen mit rechtlichen Schritten, wenn ich mich weiter kritisch zu Schloss Stutensee äußern würde. Ich hielt und halte mich nicht daran. Denn ich würde ein gerichtliches Verfahren über die damaligen Zustände in der Einrichtung außerordentlich begrüßen.

Nach meiner Flucht aus Stutensee lebte ich weitere zwei Jahre in Mannheim, vom Kokain angetrieben, zwischen Einbrüchen, Diebstählen, seltenen Schulbesuchen und meinem zerbrochenen Zuhause. Bis das Jugendamt Mannheim 1980 einen letzten Versuch startete, einen «ordentlichen Jugendlichen» aus mir zu machen. Auch dieser letzte Versuch endete im Desaster und mit meiner Flucht.

Die Sickergruben von Baersdonk

Mit einem Mitarbeiter des Jugendamts Mannheim bestieg ich an einem Herbstmorgen des Jahres 1980 den Zug. Vor dem Abteilfenster segelten die Blätter von den Bäumen in sanftem Flug zu Boden. Nach Romantik war mir allerdings nicht zumute, auch nicht nach Melancholie. Angst und Wut beherrschten mich, ich wusste, dass meine Reise in ein Gefängnis führte. Ich würde erneut in einem Heim für Schwererziehbare weggeschlossen werden. Es war die allerletzte Auffangstation für Jugendliche wie mich: der Vorhof zum Knast.

Das Los war auf Geldern in Nordrhein-Westfalen gefallen, knapp vierhundert Kilometer nördlich meiner Heimatstadt. Die Unterkunft trug den Namen «Die Brücke e. V.», eine Brücke für Jugendliche in eine bessere Zukunft.

Am Bahnhof angekommen, nahm ein Heimmitarbeiter mich und meinen Begleiter in Empfang. Er kam mir vor wie ein Wachmann.

Etwa zehn Minuten fuhren wir, hinaus aus dem Städtchen am Niederrhein in den ländlich geprägten Stadtteil Baersdonk. Dort ging es herunter von der Landstraße über eine schmale, wenig Vertrauen erweckende Brücke – die, die der Einrichtung ihren Namen gegeben hatte? – auf einen unbefestigten Landwirtschaftsweg. Dann bog das Auto noch einmal ab, und wir rumpelten auf dem Feldweg an einem kleinen Wäldchen vorbei. Wir erreichten unsere Endstation, einen Ort, an dem sich Fuchs und Hase schon tagsüber gute Nacht sagten. Es roch nach feuchter Erde, ein kalter Wind strich über die abgeernteten Felder.

Das Heim war in einem großen alten Bauernhof mit mehreren Gebäuden untergebracht. Ich wurde direkt zum Heimleiter geführt. Er thronte auf einer Art Chefsessel in einem Büro, das mit Militaria-Utensilien vollgestopft war. Auf den ersten Blick sah er aus wie der nette Opa von nebenan. Ihm zur Seite stand ein großer, muskulöser Mann, der mich wie ein Leibwächter im Blick hatte und mir das Gefühl vermittelte: «Bürschchen, bleib ruhig sitzen und rühr dich nicht, sonst knallt's!» Der Heimleiter begrüßte mich mit dem Satz: «Wir werden auch aus dir noch einen ordentlichen, gehorsamen, tüchtigen Deutschen machen und dich auf den Pfad der Tugend zurückholen!»

Diese Begrüßungsformel im Befehlston hörte sich an wie eine Drohung, und ich verstand sie auch nicht als Versprechen, hier werde sich eine Einrichtung zugewandt und einfühlsam um mich und meine Probleme kümmern. Hier ging es offensichtlich darum, den Delinquenten die Flügel zu stutzen und die Flausen auszutreiben.

Bei meinem nächsten Besuch im Büro des Heimleiters wurde ich mit den Regeln der Einrichtung vertraut gemacht. Der korpulente Mann mit Halbglatze war nun nicht einmal mehr im Ansatz der Typ netter Opa. Er wollte die «harten Jungs», die zu ihm geschickt wurden, offensichtlich mit seiner militärischen Vergangenheit beeindrucken und zeigte stolz auf verschiedene, schöngerahmte, große Schwarzweißfotos an den Wänden. Eines zeigte ihn in schwarzer SS-Offiziersuniform; eine Urkunde, die ihn als Wehrmachtsoffizier belobigte, hing direkt hinter seinem Schreibtisch. Zucht, Ordnung und Disziplin seien Grundtugenden, führte er aus und bezog sich ganz offen auf die Tradition militärischen Drills, die er in der Nazi-Zeit erlernt hatte. «Das hat uns damals auch nicht geschadet», schnauzte er, «im Gegenteil! So wurden wir zu echten Männern geformt.»

Ich war nicht beeindruckt, mir waren solche Töne zuwider. Ich war kein Unschuldslamm, aber im großen Ganzen verstand ich mich als Pazifist wie mein Vater. Die kleinen Kriege des Alltags führte ich, sicher. Aber die großen Krieger und ihre Kriege anzuhimmeln, das hatten mir die Albträume meiner Eltern ausgetrieben. Zwei Jahre später, als Achtzehnjähriger, tat ich bei der Musterung zur Bundeswehr alles, um als untauglich eingestuft zu werden und nicht den Dienst an der Waffe verrichten zu müssen. Was mir auch gelang.

Mir war zu Hause nie klargeworden, in welcher Weise meine Eltern Opfer des Nazi-Regimes geworden waren. Nur, dass sie es waren, daran ließen die finsteren Nächte zu Hause aus Schreien und Tränen keinen Zweifel.

Der Heimleiter in Baersdonk war offensichtlich auf andere Weise mit der Nazi-Zeit verbunden. Seltsam kam mir vor, dass er einen starken holländischen Akzent hatte. War er ein so begeisterter Hitleranhänger gewesen, dass er sich in den besetzten Niederlanden der Nazi-Armee angeschlossen hatte?

Die Jugendlichen im Heim waren auf die einzelnen Häuser verteilt. Es gab einen strengen Tagesrhythmus, alle Tätigkeiten – Hygiene, Arbeit, Essen – waren genau eingeteilt, und es war verboten, sich außerhalb der vorgegebenen Zeiten in anderen Häusern aufzuhalten. Die Stuben waren klein wie eine Einzelzelle. Nur mit dem Unterschied, dass weder von drinnen noch von draußen jemand abschließen konnte. Ich stieß an beide Wände, sobald ich die Arme im Bett ausbreitete. In den Zellen standen völlig verschlissene Möbel: Schrank, Stuhl und Tisch – noch älter und abgewetzter als bei meinen Eltern.

Wenn ich morgens im Sanitärraum, einem ehemaligen Stall, einen der zehn Wasserhähne aufdrehte, kam zuerst eine braune, rostige Brühe heraus. Erst nach einiger Zeit war das Wasser nutzbar für die morgendliche Wäsche, wenn auch eiskalt. In die Sammeldusche mochte ich nicht gerne gehen, Einzelkabinen mit einem Duschvorhang gab es nicht. Selbst die in Kabinen nebeneinander aufgereihten Toiletten hatten keine verschließbaren Türen.

Die Verpflegung glich einer Art Notversorgung, die sogar unter meinem sicherlich nicht anspruchsvollen Niveau lag. Mir knurrte schon am zweiten Tag der Magen, den anderen ging es ähnlich. Alle hatten immer Hunger. So werden auf einem Bauernhof die Schweine behandelt, die kurz vorm Schlachttermin kein Fett mehr ansetzen sollen, kam mir in den Sinn.

Da die Zöglinge keine Schule mehr besuchten, sie waren aus dem schulpflichtigen Alter heraus, begann nach dem Frühstück die Plackerei. Auf dem Hof mussten alle hart arbeiten, für zehn bis zwölf Stunden wurde jeder eingeteilt. Frühsport, Hof fegen, Gartenpflege, Gemüseanbau, Reparaturarbeiten, Reinigung der Anlagen. Arbeitstherapie, Zwangsarbeit, Disziplin, Hunger schieben, in die Zelle gesperrt werden – dieses Gewaltprogramm sollte offensichtlich resozialisieren. Gesprächstherapie, psychologische Betreuung oder andere persönliche Hilfen gab es in dieser Einrichtung hingegen nicht.

Auch in diesem Heim gab es wieder einen Erzieher, der den Jugendlichen nachstellte und sich auch mir verdächtig näherte. Ich war stark genug, um ihn mir mit Gewalt vom Leib zu halten. Doch allein die Tatsache, dass ich mich wieder mit einem solchen Annäherungsversuch konfrontiert sah, empfand ich als ekelhaft, bedrohlich und trotz meiner relativ kampferprobten 16 Jahre als beängstigend.

Dieser Erzieher fragte mich nach wenigen Tagen: «Richard, willst du dir ein bisschen Geld dazuverdienen?» Natürlich wollte ich. Die gleiche Frage hatte er auch zwei jungen Mädchen im Heim gestellt. So fuhr ich am Ende meiner ersten Woche im Heim nach Anbruch der Dunkelheit mit den beiden in einem alten Pkw des Heims mit unbekanntem Ziel los, «ein bisschen Geld dazuzuverdienen». Die Mädchen waren wohl um die 15 oder 16 Jahre alt. Die eine blond und hübsch, die andere etwas runder und etwas weniger hübsch. Mir kam die Fahrt raus aus dem Heim im Dunkeln sehr zupass, ich hatte einen Plan geschmiedet, wie ich abhauen könnte. Der erlaubte Trip an diesem Abend sollte mir den Absprung ermöglichen, das nahm ich mir ganz fest vor.

Wir hielten vor einer Toreinfahrt, und der Heimerzieher

führte uns zum Eingang eines Hauses. Es schien ein ganz normales Wohnhaus zu sein, etwas heruntergekommen vielleicht. Ich fragte, was wir hier sollten. Geld verdienen? Hier? «Wartet!», war die Antwort. Der Erzieher ging an die Eingangstür und schellte. Es kam ein Mann heraus, und wir Zöglinge sahen, wie er unserem Erzieher einige Geldscheine übergab.

Dann kam er zurück und forderte uns auf: «Ihr geht jetzt rein, und die Mädchen werden zu den Leuten ein wenig nett sein. Und du», meinte er, an mich gewandt, «wirst zu einem der Männer ebenfalls nett sein. Dafür bekommt ihr ordentlich Kohle! Geht jetzt mit dem Herrn mit, er erklärt euch alles. Seid höflich und macht mir keinen Ärger.» Und wie zur Rechtfertigung fügte er hinzu: «Das sind Asylbewerber aus Indien und Pakistan und die sind sehr einsam.» Die Mädchen waren wahrscheinlich schwer von Begriff, vielleicht auch völlig überrumpelt, jedenfalls wagten sie nicht, unserem Erzieher zu widersprechen. Ich widersprach allerdings auch nicht, denn ich schmiedete jetzt erst recht an meinem Fluchtplan. Wir sollten nett sein? Was sollte das denn heißen?

Der Mann, der unseren Erzieher bezahlt hatte, nahm uns in Empfang und begrüßte uns höflich auf Englisch, das wir alle drei mehr oder weniger gut sprachen. Dann betraten wir einen langen Flur, von dem einzelne Zimmer abgingen. Er klopfte an die erste Tür und schob eines der Mädels hinein, nachdem sie von innen geöffnet worden war. Hinter der nächsten Tür verschwand das zweite Mädchen. Dann war ich an der Reihe. Jetzt wäre es höchste Zeit abzuhauen. Aber konnte ich die Mädchen alleinlassen? Wie idiotisch war das alles hier! Dass hier eine Einrichtung für schwer erziehbare Jugendliche in Prostitution machte, war mir nicht in den Sinn gekommen. Was unser Erzieher organisierte, hatte offensichtlich mein Fassungsvermögen überstiegen.

Es ging also um Sex. Bezahlten Sex. Und der Erzieher war der Zuhälter. Mit uns konnte man anscheinend alles machen. Ich ballte die Fäuste, hielt sie meinem «Kunden» vor die Nase und schrie laut und aggressiv: «No! Not with me! I kill you! Forget it!» Der Kunde erschrak und antwortete in einem Englisch, das ich nicht verstand. Aber er wollte nicht so einfach aufgeben, sicherlich hatte er für die versprochenen Dienste schon gezahlt und wurde zornig und ebenfalls laut. In unseren Streit hinein gellte plötzlich ein Hilfeschrei vom Flur, hoch, hell, von einem der Mädchen. Er war so durchdringend, dass ich aus dem Zimmer stürzte und dorthin rannte, wo ich das schreiende Mädchen vermutete.

Eine meiner Mitfahrerinnen kam tatsächlich weinend und nur noch spärlich bekleidet aus einer Tür. Sie klammerte sich an mich, ich trat und boxte, damit sie nicht wieder zurück in den Raum gezerrt wurde. Ihre «Freier» gaben schnell auf. Schwer atmend standen wir beieinander. Wortlos. Wütend und angsterfüllt. Später habe ich die Mädchen gefragt, warum sie überhaupt ins Auto gestiegen sind. Auch sie hatten gehofft, auf diese Weise aus dem Heim abhauen zu können. Wir alle hatten nicht zusammenbringen können, was nachher offensichtlich war: Prostitution unter jugendamtlicher Anbahnung und Aufsicht. Trotz unserer durchaus schon umfangreichen Lebenserfahrung hatte so etwas bisher außerhalb unserer Phantasie gelegen.

Nur wenige Minuten später stürmten mehrere Polizeibeamte ins Haus. Einer der Bewohner hatte sie gerufen. Die Polizei ließ sich zunächst von den beiden Mädchen berichten, danach wurde ich gefragt, was vorgefallen sei. Ich hatte die Verwirrung in meinem Kopf noch nicht ordnen können, hatte noch nicht einzuschätzen vermocht, welche Machtverhältnisse hier was ermöglicht hatten und wer mich wie zur Rechenschaft ziehen würde. Vage spukte durch mein Gehirn auch noch meine Flucht-idee. Ich sagte nichts. Ich log, mir sei nichts aufgefallen, alles sei in Ordnung. Wir hätten nur einen Besuch gemacht. Die Mäd-chen mussten sich ähnlich geäußert haben. Auch über unseren Erzieher verloren wir kein Wort, und schon gar nicht gaben wir zu Protokoll, dass er uns hatte prostituieren wollen.

Natürlich hätte die Polizei schon bei der Aufnahme der Perso-nalien eins und eins zusammenzählen können. Was hatten drei minderjährige Jugendliche und zudem Heimkinder zu dieser späten Zeit in diesem Haus zu suchen? Was hatte ihr Erzieher hier verloren? Selbstverständliche Fragen. Nur nicht gestellt. Also gab es auch keine Antworten. Vielleicht waren wir weitere Ermittlungen nicht wert? Ausländer plus Heiminsassen: alles dasselbe Kroppzeug?

Als ich wieder im Heim war – ein Polizeiwagen hatte uns zu-rückgefahren –, brachte mich ein Mitarbeiter auf mein Zim-mer, er schaute derart ärgerlich, als hätte ich mir einen unge-heuerlichen Übergriff erlaubt. Wer war hier eigentlich in was eingeweiht? Zu anderer Gelegenheit hätte ein Polizeieinsatz, der mit unserer Rückführung ins Heim endete, einen Aufruhr verursacht. In dieser Nacht nicht. Ich dachte mir meinen Teil und nutzte schließlich die Ruhe der frühen Morgenstunden, um doch noch aus dem Heim abzuhauen. Ich war wach geblieben und spekulierte, was mir wohl noch alles zustoßen würde, wenn ich schon nach einer Woche derart tief in einen Sumpf aus Zu-hälterei und sexuellen Übergriffen getrieben wurde. Hier hielten mich keine zehn Pferde mehr.

34 Jahre später, im April 2014, erfuhr ich, dass das «Haus Baersdonk» drei Jahre nach meinem Kurzaufenthalt geschlos-sen worden war. Der Trägerverein war pleite gegangen. Die Caritas hatte Belegschaft und Heiminsassen übernommen. Nie-

mand, den Dirk Kästel und ich fragten, schriftlich und mündlich, wusste etwas von den alten Zeiten. Akten existierten angeblich nicht mehr. Die Caritas schloss die Einrichtung einige
Jahre nach der Übernahme und verlegte sie nach Duisburg. Der
damalige Leiter, ein holländischer Jugendpfarrer, war längst tot.
Gras war über alle und alles gewachsen.

Punk und Shit

Aus Baersdonk bin ich querfeldein auf und davon, erneut mitten in der Nacht. Ich war drei Jahre älter als bei meiner letzten
Flucht aus Schloss Stutensee. Ich war selbstbewusster, erfahrener, stärker, stolzer. Aber wie ekelhaft klebte an mir der Hand-
abdruck dieses Mannes, diese erst werbende, dann wütende
Stimme, dazu die Dreistigkeit des Zuhälters, der uns eigentlich
betreuen sollte. Auch wenn mir körperlich nichts geschehen
und ich verschont geblieben war – diese Stunden gingen ein in
das Repertoire an Albtraumgeschichten, die bis heute in vielen
Nächten nach mir krallen.

Als das Gelände des Erziehungsheims weit genug hinter mir
lag, stellte ich mich an die nächste befahrene Straße und hielt
den Daumen raus. Ich war müde, ich wollte nicht mehr laufen.

Mitten in der Nacht ist Trampen eigentlich verrückt und aus-
sichtslos. Aber nach etwa einer Stunde und mindestens zehn Autos, die vorbeirauschten, zwei so laut hupend, dass ich erschreckt
einen Satz zur Seite machte, hielt ein Autofahrer und kurbelte
das Fenster herunter. Ich grüßte mit einem höflichen «Guten
Abend». Er nahm mich in Augenschein und fragte, ob irgend-
was passiert sei und wohin ich wollte. Ich bat ihn, mich ein Stück
mitzunehmen, ich müsse in die nächste Stadt. Er öffnete, und

ich ließ mich auf den Sitz fallen, ohne einen Schimmer, wo wir gerade waren und wohin er fahren würde. Vielleicht war ich bei meiner Flucht in Holland gelandet, Baersdonk liegt nicht weit von der Grenze.

Erst als ich im Auto saß, fragte ich meinen Gastgeber, ob er möglicherweise in Richtung Ruhrpott oder Rheinland fahren würde. Das schien mir weit genug weg, außerdem groß und städtisch, um untertauchen zu können, vielleicht ließ man mich dort endlich in Ruhe. Ich war ja schon fast volljährig und nicht mehr schulpflichtig. Der Mann wollte tatsächlich nach Duisburg und hat auf der ganzen Fahrt nicht im Geringsten den Eindruck erweckt, er könnte gegen mich irgendetwas im Schilde führen. Er war einfach nur froh, in der nächsten Stunde jemanden neben sich zu haben, der ihn mit einem Schwätzchen wach halten würde.

Ich glaube, wir haben über die Gegend geredet, die so flach ist, dass man bei Tag fast so weit gucken kann wie am Meer. Die einen finden das eintönig, für die anderen hat die niederrheinische Landschaft etwas befreiend Offenes. Der Fahrer hat geredet, ich habe hin und wieder «ja» und «hm» gesagt, das hat ihm gereicht. Es war November, ein unwirtliches Wetter, die Blätter waren alle von den Bäumen geweht, kahle Äste stachen in den Himmel, der Winter stand vor der Tür. Wenig anheimelnd für einen, der kein Dach über dem Kopf hat. Trostlos war es für mich trotzdem nicht; ich war froh, dass ich weg war aus Baersdonk, die Zukunft konnte nicht schlechter werden.

In Duisburg verabschiedete ich mich von meinem freundlichen Fahrer und ging zum Bahnhof. Ich hatte kein Gepäck, kein Geld, nichts zu essen, nichts zu trinken. Aber am Bahnhof trifft man immer eine mitleidige Seele, und ich hoffte, ein paar

Punks zu finden. Seit Ende der 1970er Jahre gab es sie in jeder Stadt, und ich wusste, dass sie mir weiterhelfen würden.

Ich musste warten, der Morgen graute gerade erst, ich vertrieb mir die Zeit und die Kälte, die mir in die Knochen kroch, indem ich lief und sprang und die Auslagen der Geschäfte studierte und wieder lief und wieder sprang. Dann schlurfte eine Gruppe von fünf jungen Punkern vor dem Hinterausgang heran. Palaverte. Setzte sich. Durch den ersten Tag in Duisburg hat mich diese Gruppe gerettet. In ihrer Stammecke war es nicht ganz so zugig, sie hatten Decken und Hunde und zu essen und zu trinken dabei. Ich gestand ihnen, dass ich aus einem Heim am Niederrhein abgehauen war, und sie nahmen mich auf. Den ganzen Tag blieb ich an ihrer Seite, ging zum nächsten und übernächsten Platz mit ihnen, wurde satt, war nicht mehr durstig, zog an einem Joint und trank von ihrem Bier und habe tagsüber bestimmt zwei oder drei Stunden, an die Hunde gekuschelt, geschlafen. Für die Nacht hatten sie mir eine Adresse genannt, eine Obdachloseneinrichtung in Duisburg, es war ein Haus am Hafen, in dem keine unnötigen Fragen gestellt wurden und das einen angeblich in Ruhe ließ.

Ich bin schon gegen sechs Uhr abends dorthin gegangen, wohl eher geschlichen. Ich wollte diese Nacht nicht im Freien schlafen wie die Punks. Sie lagerten zwar auf einer Lüftung vor einem großen Kaufhaus, aus der warme Luft strömte. Aber ich wollte ein Bett, ich brauchte eine Dusche und neue Klamotten. Ich sehnte mich nach Ausruhen und Ausschlafen. Es klappte. Der Aufpasser in der Einrichtung schaute mich zwar etwas missbilligend an, als ich ihm erklärte, ich sei auf der Durchreise nach Hause zu meinen Eltern und wolle nur eine Nacht hier schlafen. Aber er ließ mich hinein und ging den schmalen Flur voran, in dem es nach Schweiß, kaltem Zigarettenqualm und Urin stank.

Vom Flur gingen rechts und links Zimmer ab, die jeweils mit zwei Stockbetten vollgestellt waren, also vier Männern einen Schlafplatz boten. Wahrscheinlich war das früher mal ein Hotel gewesen, in die Zimmer hätten bei normaler Ausstattung ein Einzelbett, ein kleiner Tisch, ein Stuhl und ein Schrank gepasst. Uns pferchte man zu viert in die Kammer. Drei Männer hockten schon auf ihren Betten, als mich der Aufpasser in die letzte der Türen schob. Ich nickte den anderen kurz zu, wurde ebenfalls mit einem knappen Kopfnicken bedacht und fragte nach dem Bad.

Einer lachte. Ja, es gebe eine Dusche, wenn ich Glück hätte, täte sie es wieder. Letztes Mal seien aber nur drei Tropfen rausgekommen. Ich ging noch einmal nach vorn zum Aufpasser und erhielt auf mein Bitten ein zerschlissenes Handtuch geliehen, mit dem ich mich zur Dusche aufmachte, der, oh Wunder, sogar warmes Wasser entströmte. Der Aufpasser hatte mir freundlicherweise etwas Duschgel in die Hand gedrückt, und ich fühlte mich schon nach wenigen Minuten wie neu geboren. Die dreckigen Klamotten hätte ich lieber entsorgt, aber ich hatte keine anderen, also zog ich sie wieder an und warf mich schließlich völlig erschöpft aufs Bett.

Im Einschlafen hörte ich noch das Gemurmel meiner Zimmergenossen, dann sank ich in dunkle Träume. Finstere Gestalten verfolgten mich, aber ich war schneller, rannte immer weiter, irgendwann wurde der Weg leicht, und ich stand schließlich am Meer.

Als ich aufwachte, war das Zimmer leer. Ich warf die Decke zur Seite, schlüpfte in meine Schuhe und verließ ebenfalls die Einrichtung, nicht, ohne das zerschlissene Handtuch dem Aufpasser der Frühschicht zurückzugeben, der vorn am Eingang saß und, wie er sagte, seine Runde drehen wollte, um die restlichen Schlafmützen aus den Betten zu werfen, damit er die Unterkunft schließen konnte. Es war acht Uhr morgens und kalt.

Ich habe im Ruhrpott ein halbes Jahr auf der Straße gelebt. Ich habe in einigen Obdachloseneinrichtungen übernachtet, die beste war das Haus Sonnenschein in Oberhausen, in der Regel aber Platte gemacht, also im Freien geschlafen, meist mit meinen Punks, manchmal allein. Wenn ich allein war, habe ich mir einen Platz gesucht, der mir irgendwie geschützt schien. Eine Telefonzelle zum Beispiel war für einige Nächte mein Zuhause. Sie lag etwas abgeschieden in einer stillen Seitenstraße, und es kam abends kaum noch jemand daran vorbei. Drinnen breitete ich Zeitungen aus, ich hatte mittlerweile eine Decke, die legte ich darüber. Dann zog ich noch einen dicken Pullover an, ich hatte ein paar Klamotten geschnorrt, und hockte mich hin. Wenn ich im Sitzen einschlief, kippte ich zwar zur Seite, aber die Wände hielten mich. Nur morgens wurde es beschwerlich mit dem Aufstehen, ich war steif, und immer drückte irgendwo eine Stelle.

Aber ich war jung, und ich war frei. Und man ließ mir die Freiheit. In den Einrichtungen der Obdachlosenhilfe interessierte niemanden, dass ich nicht volljährig war. Ich durfte zwar immer nur eine Nacht dort schlafen, vielleicht weil sie mich sonst hätten melden müssen, ich bin aber nie bei der Polizei gemeldet worden oder beim Jugendamt. Als es einmal eine Woche lang am Stück regnete und ich alle Notschlafstellen in der Gegend schon durch hatte, bin ich für ein paar Tage in einer Jugendeinrichtung untergekrochen. Als ich am dritten Abend dort wiederauftauchte, hat der Leiter mich aufgesucht. «Junge», hat er gesagt, «das geht so nicht weiter. Wir müssen was machen. Du musst zurück zu deinen Eltern. Wenn das gar nicht geht, dann brauchst du eine ordentliche Einweisung ins Heim. Das läuft über die Jugendhilfe bei der Fürsorge und dauert ein bisschen.

Aber einen anderen Weg gibt es nicht. Wir machen uns sonst strafbar.» Er schaute mich ernst an und wartete auf eine Reaktion. Ich schäumte innerlich. Warum konnten sie mich nicht in Ruhe lassen, warum durften nur Erwachsene wählen, wo und wie sie wohnen und leben wollten? Ich mochte nicht nach Hause, in dieses Schweigen, in diese tote Wohnung, in der mein Vater nicht mehr war. Ich wollte aufstehen, aber der Typ vor mir drückte mich wieder in den Sitz zurück. «Du bleibst, Richard. Du haust jetzt bitte nicht einfach ab, bloß, weil dir nicht passt, was ich gesagt habe.»

Der Heimleiter, ich glaube, er war ein guter Mensch, kein Schinder, kein Ordnungsfanatiker und sicher kein Päderast, wartete auf meine Antwort. «Wenn Sie mich nicht gehen lassen», sagte ich ganz ruhig, «wenn Sie mich nicht sofort gehen lassen und wenn Sie die Polizei holen, dann bringe ich mich um.» Mehr habe ich nicht gesagt und bin währenddessen auch ganz still sitzen geblieben. Ich habe ihn angeschaut dabei und gesehen, dass er meine Drohung ernst nahm. Ich war mir sicher, er würde mich jetzt gehen lassen, und ich stand auf, ging in mein Zimmer, packte meine paar Habseligkeiten in einen zerschlissenen Rucksack, den ich irgendwo aufgegabelt hatte, und verließ die Einrichtung.

Woher ich den Mut nahm? Es war der Mut der Verzweiflung. Und es war die jugendliche Kraft, mit der ich das Leben an mich reißen wollte. Ich war 16 Jahre alt, ich war kräftig, ich hatte aus Situationen wieder herausgefunden, die andere umgeworfen hätten, ich wollte mein Leben selbst in die Hand nehmen. Ich traf damals jeden Tag auf Menschen, die mir etwas gaben, Geld, wenn ich bettelte, etwas zu essen, wenn ich in Bäckereien oder bei Fleischern nachfragte. Kein optimales Leben für einen Heranwachsenden, natürlich habe ich mich miserabel ernährt.

Meine Nächte in Telefonzellen, auf Luftschächten und in Heizungskellern machten mich auch nicht gesünder. Aber das Gefühl von Freiheit half mir, diese Widrigkeiten wegzustecken. Nur fühlte ich mich zunehmend allein, ich hatte unter den Duisburger Punks nicht wirklich Freunde gefunden, nichts hielt mich an ihrer Seite.

Bis ich dann in Essen aufschlug und dort andere Punker kennenlernte, mit denen ich ein Vierteljahr umhergezogen bin. Sie waren top organisiert; sie wussten, wo es wann was gab, sie kannten die wichtigsten Orte für das Überleben auf der Straße: zum Essen, Trinken, Schnorren, Waschen, Schlafen. Wir waren sechs oder sieben Leute, 15 bis 21 Jahre alt. Die Gruppe gab uns Schutz, zu dem nicht zuletzt unsere Hunde beitrugen. Sie gehörten als gleichberechtigte Mitglieder dazu, sie bekamen immer zuerst ihr Essen, sie schliefen an unserer Seite, nie hätte jemand von uns einen von ihnen schlecht behandelt.

Es reichte, dass wir schlecht behandelt wurden. Als Gruppe, das merkte ich sofort, zog man eher die Beleidigungen des Publikums auf sich. Das konnten die Leute wohl noch weniger ertragen, dass da nicht nur ein Einzelner saß, sondern dass sich die Underdogs zusammenrotteten und auch noch Spaß dabei hatten, lachten, Musik machten und sich irgendwie verstanden. «Geht erst mal arbeiten, faules Pack, Dreckspack», waren so die üblichen Verbalattacken. Zu Handgreiflichkeiten kam es nicht, sicherlich auch wegen unserer Hunde.

Um ehrlich zu sein: Wir sahen durchaus asozial aus für den herkömmlichen Geschmack; ich hatte mir einen Irokesen geschnitten und ordentlich Rot reingemischt, die Klamotten waren gern angerissen und löchrig – so, wie man sie heute für teures Geld kaufen kann –, und manchmal beließen wir es auch nicht beim provokanten Aussehen, sondern pöbelten zurück, feixten über die sauberen Bürger, die uns nichts gaben außer Schimpf-worte. Dabei lagen wir ihnen nicht einmal auf der Tasche, keiner von uns bekam Stütze, wir lebten nur vom Schnorren. Und die wenigen öffentlich finanzierten Schlafplätze, die wir aufsuchten, konnten nicht wirklich große Löcher ins Stadtsäckel der Kommune reißen.

Verständlicher wäre schon die Bürgerwut auf unseren Drogenkonsum gewesen, der sich ja nicht in Bier erschöpfte, sondern auch Canabis bzw. Gras einschloss, damals noch nicht so populär und geduldet wie heute. Aber wir rauchten nicht so offensiv, wie wir tranken, also bekamen die Leute das nicht wirklich mit. Und meinen selten gewordenen Kokainkonsum genoss ich ebenfalls heimlich. Damit mochte ich nicht einmal vor meinen Punk-Genossen strunzen.

Immer mal wieder reisten wir ins nah gelegene Holland, in die Coffee-Shops. Dort durfte man aber pro Person nur fünf Gramm kaufen, pro Shop, versteht sich. Wir klapperten also einige der Läden ab, kauften, was wir bezahlen konnten, und versteckten die 30, 40 Gramm in unseren Schuhen, um unbeschadet die Grenze passieren zu können. Zoll und Polizei kontrollierten hier gern, besonders Leute wie uns, und also hatten wir uns einen Trick ausgedacht, der auf bestechende Weise funktionierte. Wir hatten über Wochen präparierte Socken dabei, die wir mit altem, ranzigem Stinkekäse zusammen in eine Tüte gepackt hatten. Die zogen wir an, das Canabis lag fein portioniert in Plastiktütchen eingepackt unter der Einlegesohle, und kein Spürhund witterte, was für Schätze wir dabeihatten. Hofften wir.

Bei einer der Rückfahrten aus Holland wurden wir wirklich einmal herausgewunken, fuhren rechts ran, hatten totalen Schiss und stiegen notgedrungen aus, vier Jungs, die übel und zerrissen aussahen und noch übler rochen. Als habe man von unsereinem nichts anderes erwartet, wandten sich die zwei Beamten angewidert ab und verzichteten auf eine Leibesvisitation, nicht einmal die Schuhe mussten wir auszuziehen. Einer der Beamten öffnete meinen Rucksack, doch da lag die Stinketüte drin, und er drehte sich abrupt, mit Ekel im Gesicht, weg. Nicht ohne uns noch den guten Rat mit auf den Weg zu geben, wir möchten uns doch möglichst bald einer gründlichen Körperreinigung unterziehen.

Verkauft haben wir von unseren Schätzen nie etwas, wir haben nur anderen Punks etwas abgegeben, immerhin wurden wir ja auch von ihnen eingeladen. Das gehörte zur Solidarität der Straße, die ich hier zum ersten Mal ohne Dach über dem Leben kennenlernen durfte.

Meine Punkzeit ging zu Ende, noch bevor ich 18 Jahre und damit volljährig wurde. Ich blieb lieber allein, auch wenn ich immer den heimlichen Wunsch hegte, es möge mich jemand in die Arme schließen und mit mir eine neue, verschworene Familie gründen. Es zog mich dann in diesen Jahren immer wieder nach Hause zu meiner Mutter. Sie nahm mich bis zu ihrem Tod 1985 jedes Mal klaglos auf, wenn ich an die Tür klopfte. Wie den verlorenen Sohn. Aber sie fragte mich nie etwas. Unsere Sprachlosigkeit hatte sich auch nach dem Tod meines Vaters nicht geändert. Sie akzeptierte meine wilde Zeit, die mich zwischen Ruhrpott und Mannheim durch die Lande trieb. Manchmal sah ich in ihren Augen Unverständnis, oft sah ich nur Erschöpfung und tiefe Leere. Und manchmal Erleichterung, dass ich noch lebte.

Ich stieg zwar allmählich aus der Punk-Szene aus, blieb aber der Straße treu, auf der Suche nach einer Heimat, die ich nicht fand, auf der Suche nach Nähe, die ich selbst nicht geben konnte, und auf der Suche nach dem nötigen Kleingeld, das mich über

Wasser hielt. Schritt für Schritt rutschte ich in diesen Jahren weiter ab: in die Kokainabhängigkeit und in die untrennbar damit verbundene Kleinkriminalität.

Jahrzehnte später, nach Jahren in der Drogengosse, nach gelungenem Entzug, nach Jahren als Berber, nach meinen Erfolgen als Internet-Aktivist und als Wallraff-Berater, hatte ich anscheinend noch immer nicht genug von der Straße. Die seltsame Treue, die mich mit ihr verband, blieb.

III

WENDEPUNKT
Knapp am Tod vorbei

Wie viele Jahre lag das alles zurück, meine wüste Heimkindheit, mein gar nicht trautes Zuhause, meine Drogenzeit! Und dann mein Berberleben, das mich ins weltweite Netz gespült hatte und am Ende bei Günter Wallraff hatte stranden und vor Anker gehen lassen! Im Juni 2009 verließ ich die Gästewohnung im Haus von Günter Wallraff wieder. Sein Film- und Buch-Projekt «Unter Null» war für mich beendet. Meine nächste Wohnung lag nur einige Straßen weiter, nach etlichen Streitereien mit den Kölner Ämtern wurde sie akzeptiert und die Miete übernommen. Aber ich merkte schon, dass ich den Umzug nur halbherzig in Angriff nahm. Ich hatte mich noch nicht mit ganzem Herzen auf Sesshaftigkeit eingestellt. Die Heimatlosigkeit der Straße war so viele Jahre meine Heimat gewesen – diese Lebenseinstellung war auch nach den Monaten gemeinsamer Recherchen und Diskussionen für «Unter Null» nicht verflogen; mein Misstrauen gegen eine feste Heimat unter einem stabilen Dach rückte nur vorübergehend in den Hintergrund. Als die Anspannung wich, die mich während der Arbeiten am Film gepackt hatte, spürte ich, wie erneut die Ruhelosigkeit nach mir griff und mich zum Aufbruch drängte.

Einen Tag vor meinem Geburtstag rief mich ein alter Berber-Kumpel an. Mick stammte aus Oschersleben, einem Örtchen in

Sachsen-Anhalt, eine halbe Autostunde südwestlich von Magdeburg. Ihm erzählte ich, dass ich rauswollte. Umherziehen. Wieder auf Reisen gehen. Ins Ausland! Frankreich vielleicht? Frankreich! Ja, ich hatte einiges Geld verdient, wir würden nicht Hunger leiden müssen, auch wenn wir mal zu wenig beim Betteln einnehmen sollten, wir würden leben wie Gott in Frankreich. Eine schöne Phantasie, wir berauschten uns daran und wollten eine Woche später gemeinsam in Heidelberg aufbrechen. Mick sprach ziemlich gut Französisch. Gut, dass ich ihn dabeihaben würde.

Am 18. Juni traf ich mich noch einmal mit Günter Wallraff, in einem französischen Bistro in Ehrenfeld, zum Abschiedsessen. Am nächsten Morgen verließ ich die Wohnung, ich hatte wieder das Nötige in meinen Rucksack gepackt: Wechselkleidung, Schuhe, Handtuch und Zahnputz- und Rasierzeug, Isomatte und Schlafsack. Ich kaufte mir am Hauptbahnhof eine BahnCard 50 und die Fahrkarte und fuhr entspannt zum vereinbarten Treffpunkt nach Heidelberg ins Wichernhaus, ein Wohnheim für Obdachlose, in dem Mick auf mich wartete und in dem ich einige Jahre später mit den Vertretern von Stutensee aufeinandertreffen sollte.

Wir hatten uns lange nicht gesehen und allerlei zu erzählen. Ich berichtete von meinen Abenteuern in Köln und meinen neuen Erfahrungen als Filmassistent und Berater. Mick hörte staunend und etwas ungläubig zu. Er war normalerweise ein stiller Mensch und sehr verlässlich. Er fragte nicht viel und sagte wenig, jetzt schwärmte er aber von Frankreich und besonders vom Elsass, er war in den letzten Jahren mehrfach dort gewesen. Das klang auch in meinen Ohren gut. Dahin wollten wir, und schon am nächsten Tag führte uns die Reise über Baden-Baden bis nach Straßburg. Dort kamen wir an einem Samstag an. Ich

wollte mir gern den Europäischen Gerichtshof für Menschen-
rechte ansehen, der aber war am Wochenende geschlossen. Also
bummelten wir durch die historische Altstadt. Irgendwann taten
uns die Füße weh, wir setzten uns auf den Bürgersteig, den Rücken an eine Hauswand gelehnt, stellten einen Pappbecher vor
uns hin und bettelten. Zwei stabile Männer in den besten Jahren,
beide größer als einen Meter achtzig, kräftig und für Leute von
der Straße passabel gekleidet, sympathische Gestalten irgendwie,
also gab man uns.

Von den freundlichen Spenden konnten wir uns ausreichend
Baguettes und Käse, Choucroute, Flammkuchen, Wein und Bier
kaufen. Mick trank keinen Wein, dafür konnte er Unmengen
Bier vertilgen. Abseits der Touristenviertel fanden wir gegen
Abend eine kleine Sackgasse, wo wir Platte machen und uns
am Straßengrün zum Schlafen hinlegen konnten. Es war wie
in meinen besten Berberzeiten, meine morbiden Träume von
einem festen Wohnsitz verflogen, ich erinnerte mich kaum
noch, wie es in den letzten Monaten unter einem Dach gewesen
war.

Auch am Sonntag waren wir recht erfolgreich im «Schmale
machen» und gönnten uns einen weiteren entspannten Tag in
der Weltkulturstadt. Die zweite Übernachtung verlief ebenso
reibungslos und ruhig wie die erste, Frankreich schien mir ein
außerordentlich angenehmes Pflaster. Ich hatte eine gute Entscheidung getroffen, hier fiel ich keinem Menschen und keiner
Behörde zur Last, ich musste mich nicht erklären oder rechtfertigen, ich atmete, aß, trank; wer mir geben wollte, gab, wer nicht,
der nicht. Die Freiheit der Straße hatte all ihre guten Seiten aus-
gepackt und präsentierte sie mir mit Stolz und sogar ein wenig
protzig. Einverständnis mit meinem Schicksal wehte mich an,
doch, so würde ich wieder leben, so würde ich weiterleben, die

Welt der Verpflichtungen und Verdienste würde niemals meine werden.

Am Montag zogen wir per Anhalter weiter. Unsere Tour sollte nach Süden gehen, vielleicht würden wir es bis in die Schweiz schaffen. Am Mittag setzte uns ein freundlicher Autofahrer, der uns in Straßburg aufgesammelt hatte, am Stadtrand von Colmar ab. Am späten Nachmittag wollten wir uns in einem Supermarché mit Essen und Getränken eindecken. Wir fanden schließlich einen von diesen geschmackvollen und überbordenden Märkten, die auf Hunderten Quadratmetern alles bieten, was dem Auge schmeichelt und dem Magen guttut.

Mick hatte offensichtlich einen seiner Kollertage, ich kannte diese dunkle Seite an ihm, er betrank sich dann in großer Hast, vielleicht musste auch er irgendwelche Dämonen verscheuchen. Heute hatte er bereits vier Literbüchsen Bier intus und war schon ziemlich hinüber. Er wartete an der Kasse auf mich, als ich noch hinten an der Fleischtheke zu tun hatte. Aber selbst dort bekam ich mit, dass er zwei junge Männer lauthals anpöbelte. Ich sah ihn gestikulieren, ich sah die unterdrückte Wut in der Körperhaltung der Männer und fürchtete schon eine Schlägerei. Das war typisch für ihn, kippte er in einen seiner Saufexzesse, wurde er schrecklich aggressiv und suchte häufig Streit mit irgendwelchen wildfremden Menschen. Ich beeilte mich in der Hoffnung, ihn möglichst schnell aus dem Verkehr zu ziehen und aus dem Laden zu bugsieren.

Als der Metzger die letzten Fleischstücke eingepackt hatte, eilte ich mit meinem Einkauf zur Kasse. Gerade wollte die Kassiererin die Gendarmerie alarmieren und griff schon zum Telefon. Mein Freund, so erklärte sie mir aufgebracht in ihrem elsässisch akzentuierten Deutsch, hätte zwei andere Kunden ohne jeden Grund unflätig beschimpft. Ich entschuldigte mich in einem deutsch-französischen Kauderwelsch wortreich und mit bedauernden Gesten für meinen Kumpel. Mick war endlich hinausgegangen. Während ich zahlte und die Kassiererin auf ihren Anruf bei der Polizei verzichtete, schimpfte er draußen weiter auf die beiden jungen Männer ein.

Ich trat aus der Tür, rechts und links unsere Tüten in der Hand, die beiden Männer schauten uns böse an, ich zog Mick aus der Schusslinie, und wir verdrückten uns. Die frische Luft tat gut, wir beruhigten uns, Mick gab die Richtung vor, wir wanderten bis zu der Stelle, die Mick im Kopf hatte, einem Wäldchen, in dem wir bald einen himmlischen Platz für die Nacht fanden. Wir machten ein kleines Lagerfeuer, packten unsere Vorräte aus, speisten wie die Könige und rollten danach unsere Schlafsäcke aus. Langsam machte mich der gute französische Wein schläfrig und Mick das Bier. Ich brachte noch einmal die Sprache auf den Streit an der Kasse und draußen vor der Tür des Supermarktes. Was denn eigentlich los gewesen sei, warum er denn so furchtbar geschimpft habe. Mick rappelte sich hoch, schnaufte wütend und lallte im Brustton der Überzeugung:

«Scheiß Zigeuner waren das! Hab ich gleich gewusst! Ich seh das den Leuten an der Fresse an! Was wollen die bei uns!? Hab ich denen gesagt: ‹Unter Hitler hätten sie euch vergast!› Pack. Gesindel.»

Die Nacht war sternenklar. Ein paar Fledermäuse torkelten durch die warme Luft, ab und zu rief ein Käuzchen. Was hatte Mick da gerade gelallt? Mick war im nüchternen Zustand ein netter Kumpel und viel zu schüchtern für solche Ausfälle. Brach solcher Fremdenhass erst in seinen Alkoholeskapaden aus diesem sonst so stillen Mann heraus? Wieder schrie ein Käuzchen. «Du bist ein totaler Idiot», entgegnete ich. Stille auf der anderen Seite. Schlief er?

«Vergiss es», hörte ich nach einer Weile.

Ich trank noch einen Schluck vom Elsässer Wein. «Morgen», dachte ich, «werd ich mir den Volldepp vorknöpfen. Gleich nach dem Aufstehen.» Ich kroch in meinen Schlafsack. Eine Zeitlang noch schaute ich den Sternen zu, wie sie blinkten, wie sie mir zuzwinkerten, wie sie mich klein machten und ruhig. Dann schlief ich ein.

Mitten in der Nacht schreckte ich plötzlich hoch. Da traf mich schon ein Schlag gegen den Kopf. Dann ein Tritt in den Bauch. Ich hatte keine Chance, mich aus meinem Schlafsack zu befreien, ich konnte mich nur zur Seite rollen, sah im Dunkel mehrere Gestalten, fünf Männer mögen es gewesen sein, drei von ihnen umstanden Mick und traktierten ihn, zwei von ihnen erkannte ich als die beiden Männer im Supermarkt, die Mick so übel beleidigt hatte. Alle brüllten und schimpften. Ich verstand ihre Sprache nicht, nur das eine Wort hörte ich mehrfach: «Nazis!», hörte ich, «Nazis!» Einer hatte ein Messer in der Hand. Ich krümmte mich zusammen, hielt meine Arme schützend über meinen Kopf und spürte kurz danach zwei oder drei gewaltige Tritte in meinem Rücken. Danach verlor ich das Bewusstsein. Aus weiter Ferne hörte ich noch die Schreie von Mick. Dann wurde es still in meinem Kopf.

Ich wachte erst im Krankenhaus wieder auf. Irgendwer hatte einen Krankenwagen alarmiert, der mich in ein Spital gebracht hatte. Hier attestierten die Ärzte drei angebrochene Wirbel. Als man feststellte, dass ich ohne festen Wohnsitz war und keine Krankenversicherung hatte, entließ man mich nach 24 Stunden; eine Krankenschwester steckte mir meine Röntgenaufnahmen mit einer achselzuckenden oder vielleicht auch bedauernden Geste in einem Umschlag zu. Ich humpelte nach draußen.

Die Sonne schien. Mein Rücken schmerzte, mein Kopf

schmerzte, mein Gesicht schmerzte. Ich war so brutal noch nie zusammengedroschen worden. In den vielen Schlägereien, die ich schon erlebt hatte, war mir wenigstens die Chance einer Gegenwehr geblieben, wenn ich schon nicht selbst als Erster ausgeteilt hatte. Das gestern war anders gewesen, das war keine Schlägerei, das war ein Vernichtungsversuch. Die Tritte der Männer hätten mich lähmen oder sogar töten können; ich konnte von Glück reden, dass ich nur stabile Frakturen davongetragen hatte: Risse an den Wirbelkörpern; mein Rückenmark war unverletzt geblieben. Was blieb, waren irreparable Schäden im Bereich meiner Brust- und meiner Halswirbelsäule.

Die Schmerzen waren kaum zu ertragen. Und auch die Gründe für den Überfall schmerzten. Ich musste mir eingestehen, dass Mick mit seinen widerlichen Nazi-Sprüchen im Supermarkt die Attacken der Männer provoziert hatte. Mildernde Umstände wegen seines Alkoholkonsums konnte ich nicht sehen, es war unerträglich, was er da geäußert hatte. Ich war ohne eigene Absicht oder Beteiligung in einen lebensbedrohlichen Kampf geraten, der verbal von Neonazi-Sprüchen – meines Kumpels! – ausgelöst und handgreiflich von den Beschimpften zu Ende gebracht worden war.

Weit entfernt davon, den Männern, die uns überfallen hatten, das Recht auf Selbstjustiz zuzusprechen, konnte ich dennoch keinen Hass auf sie empfinden. Stattdessen warf ich mir vor, dass ich viel zu blauäugig auf Mick vertraut hatte. Erst jetzt fiel mir ein, dass er auch schon früher finstere Äußerungen auf Lager hatte, die ich damals als «blöde Sprüche» abtat. Die klassische Erzählung von den Autobahnen, die Hitler immerhin gebaut hätte … Oder dass es doch niemals sechs Millionen Juden gewesen wären … Oder sein auffälliger Hass auf Schwule, obwohl er sich unter Vertrauten als bisexuell outete und hin und wieder Kontakt zu Schwulen suchte … Ich hatte immer Contra gegeben – und Mick war mein Kumpel geblieben.

Monate später erfuhr ich von ihm selbst, dass er nach der Racheaktion der rumänischen Männer in ein anderes Krankenhaus gefahren worden war. Er hatte in Lebensgefahr geschwebt, mehrere Messerstiche hatten zu hohen Blutverlusten geführt, innere Organe waren verletzt. Als ich ihn nach meiner Entlassung aus dem Krankenhaus in Colmar suchte, fand ich ihn nicht. Niemand gab mir Auskunft über sein Verbleiben. Am Telefon erhielt ich entweder keine Antwort, oder ich verstand nicht, was der andere sagte. Ich sah mich mit meinem zerschlagenen Rücken nicht in der Lage, die Polizeiwachen und die Krankenhäuser zu Fuß abzuklappern, um ihn ausfindig zu machen. Also blieb mir erst einmal nur der Weg zurück nach Deutschland. Ich schleppte mich zum Bahnhof, nicht einmal Krücken hatten sie mir im Krankenhaus mitgegeben, und setzte mich in den nächsten Zug nach Freiburg.

Fast ein Jahr später war Mick plötzlich am Telefon. Er hatte vorher offensichtlich nicht nach mir gesucht, er hätte mich leicht finden können. Ich ihn umgekehrt nicht. Seine Handynummer war tot, er war anscheinend untergetaucht. Es war ein kurzes Telefonat. Außer seiner Krankengeschichte ließ er mich noch an seinen unerschütterten Überzeugungen teilhaben: «Die Zigeuner musst du vergasen. Oder: peng.» Von Nachdenken keine Spur. Von eigener Verantwortung für den Überfall kein Wort. Wir haben uns seitdem nur noch ein einziges Mal gesehen. Er blieb bei seiner Auffassung. Danach habe ich den Kontakt zu ihm abgebrochen. Ich hatte begriffen, dass nicht die Rumänen, ob nun «Zigeuner» oder nicht, am Geschehen schuld waren, sondern er selbst.

Ich kehrte nach dem grausig gescheiterten Urlaubstrip in

Frankreich mit ständigen, teils heftigen Schmerzen im Rücken nicht nach Köln zurück. Ich mochte mich nicht anvertrauen, ich fürchtete die Kritik meiner Unterstützer dort. Und ich war verwirrter als bei meinem Aufbruch zurück auf die Straße. Was sollte aus mir werden? Hatten mir nun andere die Entscheidung über mein künftiges Leben aus der Hand genommen und mein Berberdasein mit Gewalt beendet?

Wenn schon nicht nach Köln, so kehrte ich immerhin ins Internet zurück. Vervollständigte nach Kräften meine Einträge über Hilfsangebote und Schlafstellen für Obdachlose. Ich reiste fast manisch in ganz Deutschland umher, nicht in der Überzeugung, dass ich weiterhin so leben wollte wie alle anderen um mich herum, sondern als Chronist, Rechercheur und Helfer für die anderen, zu denen ich nicht mehr wirklich gehörte.

Mir half während dieser Zeit der Getriebenheit, dass mich wegen meiner Website ohnewohnung-wasnun.de und auch wegen meiner Arbeit für den Film «Unter Null» viele Medienleute als Experten ansprachen. So erfuhr ich, dass meine Arbeit nicht umsonst gewesen war, dass sie endlich Respekt auch bei den Wohnhaften auslöste und dass ich trotz meiner Hektik Spuren hinterließ. Ich habe schon im vierten Kapitel darüber berichtet, an dieser Stelle füge ich noch meinen Dank an all die Journalisten und Redaktionen hinzu, die, ohne es zu ahnen, mir geholfen haben, aus der tiefen Senke wieder herauszufinden, in die mich der Überfall in Colmar geworfen hatte.

Ich konnte in den Jahren nach 2009, mit stetigem medialem Rückenwind, auch einige praktische Erfolge in Sachen Obdachloseneinrichtungen erzielen. So erfuhr ich 2011 davon, dass die Stadt Göttingen das Wohnheim der Heilsarmee schließen wollte. Die Kommune kappte die unerlässliche Unterstützung für das Haus: Sie wollte die Mieten für die Bewohner nicht mehr bezahlen. Den Heimleiter kannte ich seit meiner ersten Unterkunft als Berber in Kassel. Klaus war mit seiner Frau Esther und Familie nach Göttingen gezogen; die beiden hatten dort eine ebenso großartige und vorzeigbare Einrichtung aufgebaut. Das Heilsarmee-Haus in Göttingen gehörte zum Besten, was Obdachlosen in Deutschland passieren konnte. Und dieses Haus sollte geschlossen werden?

Ich wollte ihnen helfen und klinkte mich in den örtlichen Widerstand ein. Das Göttinger Tageblatt brachte ein langes Interview mit mir, das lokale Radio berichtete. Stadt- und Kreisverwaltung gerieten in die Defensive, sie schoben den Schwarzen Peter den Bundesgesetzen zu. Im Januar 2012 war der Kampf gewonnen, das Haus konnte gesichert und weitergeführt werden, Stadt und Kreis hatten nachgegeben.

Einen umgekehrten Erfolg konnte ich in Offenbach verbuchen. Dort wurde die städtische Einrichtung nach zahlreichen Protesten geschlossen. Schwarzschimmel war die Pilzsorte in diesem Haus, die den Bewohnern zu jeder Mahlzeit und auch zwischendurch gereicht wurde; es war eine der Bruchbuden, wie es sie zu Dutzenden gab und leider noch immer gibt. Offenbach musste das Haus 2013 schließen. Die Stadt und seine obdachlosen Bürger haben mittlerweile ein neues, besseres.

Als Einzelkämpfer, der ich war, wurde ich dennoch zunehmend in Strukturen und Vernetzungen einbezogen. Die Bundesarbeitsgemeinschaft Wohnungslosenhilfe bestellte mich 2011 zu ihrem Vertreter und schickte mich zur Nationalen Armutskonferenz nach Berlin. Ich kam in Kontakt mit Industriellen, die als Mäzene Gelder für die Unterstützung Obdachloser lockermachten; ich lernte einige Manager aus der Auto- und der Energieindustrie kennen, Verantwortliche aus Stadtverwaltungen und Wohlfahrtsverbänden. Menschen, denen ich abnahm, dass sie Gutes mit ihrem Geld und ihrer politischen Macht tun wollten. Manchmal klappte es, manche Ideen versandeten. Die große Fahrt Richtung Elend, wie sie 2005 die Hartz-IV-Gesetze forcierten, stoppten wir nicht, von Umkehr gar nicht zu reden.

2013 strandete ich dann doch wieder in Köln und fand – es konnte eigentlich nicht anders sein – erneut Unterschlupf im Haus von Günter Wallraff. Vielleicht steuerte ich auch diesen Hafen selber an. Ich fühlte mich zwar nach wie vor getrieben, aber hatte ich nicht das Steuer fester in die Hand genommen? Doch, ich war entschlossener als noch 2009, bei meinem ersten längeren Aufenthalt in Köln, der Straße den Rücken zu kehren. Bei meinem Aufbruch Richtung Frankreich hatte ich es noch einmal wissen wollen. Ich hatte zu spüren bekommen, dass die Straße kein Pardon kennt. Ich wäre fast umgekommen – das Erlebnis begleitete mich durch alle Auftritte und alle Interviews, die ich seitdem gegeben hatte, und in alle Notschlafstellen, in denen ich seitdem Gast war.

Es wurde Zeit zu bleiben. Ich lernte in Köln Dirk Kästel kennen, einen Mann, der schon seit Jahren mit seinem Verein «Kunst hilft geben für Arme und Obdachlose in Köln» für die Unterstützung von Obdachlosen warb. Er fand für mich eine Wohnung in einem anderen Stadtteil. Ich zog ein, nur hatte ich sehr schnell den Eindruck, ich lebte hier gleichzeitig in der Enge einer Wohnung und auf einem Präsentierteller. Die vielbefahrene Hauptstraße vor meinem Fenster lud die vorübergehenden Passanten ein, bei mir hineinzuschauen, mein Nachbar über mir dröhnte mich mit Musik zu, der ich nicht entkommen konnte. Ich kam mir vor wie ein Zooinsasse, der schutzlos dem Lärm und der Neugier ausgesetzt ist.

Das Vorankergehen war eben doch schwieriger als erträumt. Ich sehe mich noch voller Wut in diesen vier Wänden auf und ab tigern, ich hätte wegrennen mögen – aber wohin? Die Straße war nicht mehr meine Alternative. Was also dann? Wie gut, dass ich in Dirk Kästel einen Menschen gefunden hatte, der sich in meinen Zustand einfühlen konnte, der mit mir beriet und mit mir nach Alternativen suchte. In unseren vielen Gesprächen nahm außerdem mein Entschluss Gestalt an, mein Leben aufzuschreiben. Ich hatte mich schon dazu entschieden, bevor ich nach Köln zurückkam. Ich wollte nicht nur mein Leben auf der Straße aufschreiben, ich wollte auch nicht mehr vor meinen Albträumen weglaufen, die mich nachts in Kinderheime sperrten oder an die Geschichte meiner Eltern ketteten. Ich wollte den Bestien in die Augen schauen, ich wollte mich auf die Suche nach meiner eigenen Vergangenheit und nach der meiner Eltern machen.

Allein würde ich das nicht schaffen, das war mir klar. Dass Dirk Kästel bereit war, sich mit mir auf den Weg zu machen, war eines der Geschenke, die ich in meinem schwierigen Leben nun erneut erhielt. Dirk machte Ernst mit der Suche, ermutigte mich, wenn ich aufgeben wollte, reiste mit mir zu den Anstalten des Schreckens, die man Kinder- und Jugendheime nennt. Er blieb auf der Spur meiner Eltern, obwohl wir nach Monaten noch immer nicht wussten, wo wir überhaupt suchen mussten; als wir dann die richtigen Archive gefunden hatten, grub er sich mit bewundernswerter Energie hinein, und wir fanden bestätigt, was ich aufgrund der Satzfetzen meines Vaters und der letzten Botschaften meiner Mutter an ihrem Sterbebett bereits erahnt hatte.

SPURENSUCHE
Die Geschichte meiner Eltern

Mein Vater wurde am 20. Januar 1926 in Mannheim geboren. Über sein Leben hat er mir nichts erzählt. Ich begleitete ihn in die US-Kaserne und manchmal in seine Stammkneipe, ich hörte seine Musik, ich hörte seine Schreie und sein Weinen am Ende seiner nächtlichen Albträume, ich sah die verstörten Blicke am Morgen, ich teilte seine Wut auf Nachbarn, die uns nicht wohlgesonnen waren, ich litt unter der Unerreichbarkeit seiner Liebe. Aber all das blieb unerklärt. Als mein Vater 1977 starb, war ich 13 Jahre alt und stand am Grab eines mir fast unbekannten Menschen. Mit seinem Tod löschte ich ihn aus meiner Welt. Ich begrub ihn tief in meinem Geist, seine Musik, seinen amerikanischen Slang, und verdrängte die Verlorenheit, die er in mir hinterließ. Das Gleiche machte ich dann auch nach dem Tod meiner Mutter, auch hier löschte ich meine Erinnerungen.

Es gingen über 35 Jahre ins Land. Erst jetzt fand ich nach Heimgewalt, Alkohol- und Drogenexzessen, Gefängnisaufenthalten, brutalen und schönen Erfahrungen auf der Straße, kurzen Liebschaften, langen Einsamkeiten, vielen Siegen im Schachspiel und erfolgreichem Netzengagement für Obdachlose den Mut, mich meinem Vater noch einmal zuzuwenden. So, wie er in den Erzählungen meiner Halbgeschwister und in den Akten staatlicher Institutionen Spuren hinterlassen hatte.

In den 1990er Jahren hatte ich mir schon einmal eine eigene Familienbiographie zusammenfabuliert. Mit der Wahrheit hatte sie wenig zu tun. Es war eine dramatische Geschichte – von der Art, wie sie die Leute auf der Straße hören wollen und ähnlich selbst erzählen. Als ich es nämlich mit der Wahrheit versucht hatte und zu Beginn meiner Berberzeit Anfang der 1990er Jahre meinem damaligen Mentor von meinem verzweifelten Zuhause erzählte, winkte der ab. «Mach hier keinen Offenbarungseid», meinte er, «das braucht auf der Straße keiner. Die Leute schleppen selber genügend Müll mit sich rum. Erzähl was Spannendes. Wir brauchen tolle Geschichten. Wir brauchen keine Wahrheiten, wir brauchen Märchen. Wer will denn schon die Wahrheit wissen?»

Eine Mahnung, die bei mir auf fruchtbaren Boden fiel. Denn schon als Kind hatte ich lernen müssen, dass mir Erzieher, Ärzte und Lehrer nicht glaubten, wenn ich berichtete, wie ich in den Heimen Gewalt und Missbrauch ausgesetzt gewesen war. Auch bei ihnen war ich mit der Wahrheit gescheitert.

Nach dem Ratschlag meines Mentors hörte ich genauer hin, wenn mir Obdachlose ihre Geschichten erzählten. Und ich merkte, wie sich alle mit Legenden umgaben – und wie die anderen sie glauben wollten. Wenn sie gut waren, jedenfalls. Schlechte Geschichten vergaß man, gute wurden weitererzählt. Die Wahrheit hörte ich nur selten. Voraussetzung war, dass man sich schon öfter getroffen hatte und dass man Vertrauen zueinander gefasst hatte. Dann kam es noch auf den richtigen Moment an und darauf, dass man unter vier Augen miteinander sprach.

Auch was meine eigene Geschichte betraf, hielt ich mich an den Rat, nicht mit der Tür ins Haus zu fallen und mit der Wahrheit ins Gemüt anderer Leute. Ein Unglücksfall bot mir das Material, mit dem ich über das Ende meiner Eltern eine spannende, ja grausige Geschichte erzählen konnte, eine Legende, von der meine Zuhörer gefesselt waren.

Ich hatte mir im August 1988 die Luftwaffenshow in Ramstein angeschaut und wurde Augenzeuge des Zusammenstoßes dreier Kunstflieger, die bei ihrem Absturz 70 Zuschauer mit in den Tod rissen. Ich selbst wurde nicht verletzt, aber ich sah die drei rasenden Himmelsfackeln, ich sah Verletzte und Tote, ich sah Menschen, die lichterloh brannten, hinfielen und nicht mehr aufstanden, ich sah den Einsatz der Rettungskräfte, die Panik, die Schreie, ich roch den Gestank verbrannten Fleisches. Bis heute sind diese Bilder und Gerüche in meinem Kopf.

Einige Jahre später sprach mich ein Berber auf meine Eltern an, und ich schickte die beiden, die schon Jahre zuvor gestorben waren, erneut in den Tod, in den, den die abgestürzten Kampfflieger angerichtet hatten. Bei dieser Geschichte blieb ich zwei Jahrzehnte, schmückte sie in vielen Einzelheiten aus, konnte beschreiben, wie ich meine Eltern identifizieren musste, litt mit ihrem absurden Kalten Kriegstod und fühlte mich ihnen in diesem Tod nah und verbunden. Ich spürte das Bedauern und das Mitgefühl der Zuhörer, es galt auch mir, der hinterbliebenen Waise, die, wenn auch schon erwachsen, durch dieses brutale Sterben aus der Bahn gerissen worden war.

Viele Jahre später fragten einige Leute in meiner Umgebung nach, ihnen fielen Unstimmigkeiten in meiner Geschichte auf, und sie waren irgendwann davon überzeugt, dass das alles so nicht stimmen konnte. Einer von ihnen war Günter Wallraff, und er bat mich schließlich eindringlich, mich von meiner Legende zu verabschieden. Ich fühlte mich schrecklich ertappt, aber er wollte mich ja nicht demütigen. Er meinte es gut mit mir, und meinen Eltern sollte Gerechtigkeit widerfahren.

Der Beweggrund für meine Erzählung vom Tod der Eltern war nicht hinfällig geworden. Er wurde mir vielmehr klarer als je zuvor: Ich wollte endlich wissen, woher ich eigentlich kam, warum meine Eltern so zerstört und verzweifelt gewesen waren. Was hatte sie in diesen Zustand versetzt, in dem sie mich oft gar nicht wahrnahmen, vernachlässigten und wir uns untereinander keine Hilfe sein konnten? Welchen Anteil hatten sie an meiner kaputten Kindheit? Warum hinterließen sie in mir diese Wunden?

Ich versuchte, zu meinem ältesten Bruder Jürgen Kontakt aufzunehmen, der noch im Krieg, im Mai 1943, geboren wurde, Spross der Verbindung unseres Vaters mit einer Jugendliebe aus Mannheim. Ich fand im Telefonbuch seine aktuelle Telefonnummer, denn ich kannte seine letzte Adresse in Mannheim, und er wohnte tatsächlich noch immer dort. Mein erster Anruf nach 30 Jahren war nicht einfach; er hatte den Kontakt, der bis Mitte der 1980er Jahre noch bestanden hatte, abgebrochen und danach auf keinen meiner Hilferufe mehr reagiert.

Nach mehreren Telefonaten verabredeten wir uns zu einem persönlichen Treffen. Jürgen berichtete, was er über die Vergangenheit meines Vaters, besonders über die Nazi-Zeit, wusste. Ich war mit Dirk Kästel gekommen. Parallel zu diesen Gesprächen machten wir uns auf die Suche nach Akten der Wehrmacht und möglichen Dokumentationen aus den Konzentrationslagern. Die Berichte meines Bruders und die Gerichtsakten über meinen Vater, die wir nach langem Suchen fanden, erschütterten mich zutiefst. Ich verstand endlich, warum mein Vater sich derart eingemauert hatte und welche Erlebnisse ihn daran gehindert hatten, mit mir als seinem Sohn liebevoll umzugehen.

Fahnenflüchtig

Ende des Jahres 1943 kam der Einberufungsbefehl für den 17-jäh-
rigen Helmut Hans Brox, kurz bevor er seine Lehre als Kfz-
Mechaniker hätte abschließen können. Schon 1942 war er für
sechs Monate «als Kraftfahrer im Osten eingesetzt» worden, bei
der «O. T.-Ferntransportstaffel Speer», wie die Wehrmachtsak-
ten vermerkten. O. T. stand für «Organisation Todt», nach dem
Namen des «Reichsministers für Bewaffnung und Munition».
Das muss für den Sechzehnjährigen eine Herausforderung
gewesen sein, aber keine, die ihn zu einem Soldaten geformt
hatte. Seine weitere Wehrmachtsbiographie lässt keinen anderen Schluss zu.

In den mehr als 100 Seiten Kriegsprozessakten (Haftbefehle,
Verhörprotokolle und Gerichtsurteile) las ich: Mein Vater wurde
viermal wegen unerlaubten Entfernens von der Truppe gesucht
und viermal von Wehrmachts- bzw. Kriegsgerichten verurteilt,
nachdem sie ihn gefasst hatten oder er sich mehr oder weniger
freiwillig gestellt hatte. Alle Verurteilungen aus den Kriegszei-
ten wurden 1955 aufgrund eines Straftilgungsgesuches durch die
Staatsanwaltschaft Mannheim annulliert. Grundlage war ein Erlass des Justizministeriums Württemberg-Baden vom 31. 7. 1947
über die Tilgung von Militärstrafen im Strafregister. Das Gesuch
hatte Helmut Brox aus der Haft gestellt, in die er geraten war,
weil er sich mit alten Nazis angelegt hatte, wie sich mein Halbbruder Jürgen erinnerte:

«Vater wurde wegen Körperverletzung zu einer Gefängnisstrafe verurteilt. Er hatte nämlich einen Augenklinikarzt in
Erlangen verprügelt, weil er ihn als denjenigen wiedererkannt
hatte, der in Mauthausen Todkranke zu Zwangsarbeiten ge-
sundschrieb. Als sich im weiteren seine Version vom Vorleben

des KZ-Arztes in Linz als richtig herausstellte, wurde Vater vorzeitig entlassen. Wegen geringer Schuld bzw. wegen einer nachvollziehbaren Kurzschlusshandlung, wie es wohl hieß. Er wurde noch ein weiteres Mal wegen Körperverletzung zu einer Gefängnisstrafe verurteilt. Da hatte er einen Amtsträger vermöbelt. Dieser Sachbearbeiter der Rentenanstalt Mannheim hatte ihm bei seiner Antragstellung auf eine NS-Verfolgtenrente geantwortet: ‹Ein Vaterlandsverräter bekommt bei mir keine Leistungen.›»

Als Jürgen davon erzählte, kamen mir die Tränen. Meine Familien-Trutzburg, wir verschworenen drei Musketiere, standen plötzlich wieder zusammen, zusammen gegen eine feindliche Umgebung, gegen die Mächtigen, die uns Böses wollten. Wie gerne hätte ich diese Geschichte aus dem Munde meines Vaters gehört, ich, der ich doch so gerne stolz auf meine Eltern gewesen war.

Dass sich während seines Gefängnisaufenthalts die Staatsanwaltschaft um den «Fall Brox» und sein Vorstrafenregister kümmerte, war erstaunlich. Nicht wenige Staatsanwälte hatten sich aus dem «Dritten Reich» hinübergerettet in die neue Republik, waren aber im Innern überzeugte NS-Anhänger geblieben und auch weiter der Ansicht, dass Fahnenflüchtige unbedingt verurteilt werden mussten. In Falle meines Vaters waren Prüfung und nachträgliche Annulierung der Gerichtsurteile durchaus eine Art Wiedergutmachung. Etwas, worauf viele NS-Fahnenflüchtige bis zum Jahr 2002 warten mussten, als der Bundestag die Unrechtsurteile gegen Wehrmachtsdeserteure endlich aufhob.

Nach der Aufstellung der Staatsanwaltschaft in Mannheim war mein Vater von den Nazis zum ersten Mal am 4. Februar 1944 zu drei Wochen Arrest verurteilt worden, weil er sich unerlaubt aus einem Lazarett entfernt hatte, in das er bald nach seiner

Einberufung im Dezember 1943 wegen einer Schussverletzung eingeliefert werden musste. Fünf Tage blieb er verschwunden. Er hielt sich nach seinen eigenen Aussagen in Mannheim auf, schlief mal hier, mal dort, immer die Angst im Nacken, er könne geschnappt und wegen Fahnenflucht standrechtlich erschossen werden. Den Eid hatte er ja schon ablegen müssen, er band ihn natürlich trotz der Krankheit weiter. Sicher wusste er, dass die Zahl der hingerichteten Deserteure nach 1942 steil angestiegen war, die Nazis wollten an ihnen Exempel statuieren, um besonders den jungen, nicht einmal volljährigen Soldaten jeden Gedanken an Flucht auszutreiben. Über 20 000 Fahnenflüchtige wurden bis Kriegsende umgebracht – mein Vater nicht.

Nach fünf Tagen brachte mein Großvater seinen Sohn zurück ins Lazarett. In Anbetracht seiner Jugend, so die Begründung in der eiligst anberaumten Gerichtsverhandlung, sei von einer härteren Strafe abgesehen worden, drei Wochen Arrest sollten hinreichen, um ihn zu disziplinieren. In unserer Familie, so mein Halbbruder Jürgen, wurde dazu die Geschichte erzählt, unseres Vaters älterer Bruder habe sich für ihn eingesetzt; er sei ein NSDAP-Mann der ersten Stunde gewesen.

Im Lazarett blieb mein Vater bis in den März 1944 hinein, es mussten ihm nämlich zwei Zehen amputiert werden; der Vorwurf, er habe sich die Verletzung mutwillig selber beigebracht, wurde nicht geklärt. Und noch einmal entfernte sich mein Vater unerlaubt aus dem Lazarett, allerdings nur für ein paar Stunden. Dafür wurde er vom Oberstabsarzt drei Tage in die hauseigene Arrestzelle gesperrt.

Nach der Entlassung aus dem Lazarett sollte er den dreiwöchigen Arrest antreten, den ihm seine erste, fünftägige Flucht eingebracht hatte. Doch kurz vorher, am 19. März, verschwand er ein weiteres Mal. Am 1. April wurde er zur Fahndung ausgeschrieben und steckbrieflich gesucht. Nach seiner eigenen Aussage, die im nächsten Gerichtsverfahren protokolliert wurde, hielt er sich auch jetzt, und zwar bis zum 7. April, meist in Mannheim auf. Wieder die Panik, geschnappt zu werden, zudem hin- und hergerissen zwischen den Ängsten in den Bombennächten und der Lust auf Leben und Liebe. Am 7. April dann suchte er seinen Vater auf und bat ihn, ihn in die Kaserne zurückzubringen, was mein Großvater, so die Gerichtsakten, auch tat. Mein Vater kam wieder in Untersuchungshaft.

Am 11. April 1944 ließ sich Helmut Brox ausführlich vor dem Militärgericht über sein mehrfaches Fernbleiben von der Truppe ein:

«Am 19.3.44 bekam ich mittags Besuch von Frl. Ina Eichmann aus Meckenheim bei Ludwigshafen. Ich ging mit ihr erst spazieren. Dabei äußerte ich ohne bestimmte Absicht: ‹Am liebsten würde ich mit dir mitfahren›, worauf sie freudig einging. Ich ging nun in die Kaserne zurück und holte mir dort einen Zivilanzug des Panzergrenadiers Zilinski, und zwar ohne dessen Wissen.» So beginnt das Aussageprotokoll des 18-jährigen Helmut Brox. Es verschweigt, dass er mit seinem Kumpel, den er aus Mannheim gut kannte, diese Aussage für alle Fälle vereinbart hatte. Er war ja bereits als Fahnenflüchtiger aufgefallen und durfte deshalb keine eigene Zivilkleidung mehr in der Kaserne haben. Aus der Patsche half ihm sein Freund Zilinski.

Am 23. und 24. März, so ließ sich der Angeklagte weiter ein, habe er dann «die Nacht bei Frl. Erna Scheer verbracht». Er habe «aus der Enge der Arrestzelle, die mich dem Wahnsinn nahe zu bringen drohte», unbedingt herausgewollt. Nach den drei Tagen Arrest im Lazarett wollte er so etwas kein zweites Mal erleben.

Helmut Brox war als Siebzehnjähriger, kurz vor seiner Einberufung, zum ersten Mal Vater geworden. In den damaligen

Zeiten nicht die absolute Ausnahme, aber auch nicht gerade die Regel. Wie er laut Gerichtsakte bei seiner zweiten Einlassung zwei Tage später erweiternd zu seiner Verteidigung ausführte, sei er wegen der Mutter dieses Kindes, Thea Becker, und wegen ihres gemeinsamen Kindes, das er sehr liebe, seelisch völlig durcheinander gewesen und habe nicht wahrhaben wollen, welche Folge das Fernbleiben von der Truppe für ihn haben würde. Er habe nur sein Kind sehen wollen und dessen Mutter, die ihm noch immer das Ja-Wort für eine Ehe verweigere. Die beiden ihm liebsten Menschen hätte er möglicherweise aufgrund einer drohenden Verurteilung zu einer Freiheitsstrafe für längere Zeit nicht mehr sehen können. Deshalb habe er sie aufgesucht.

Ob sich mein Vater mit Ina, Erna und Thea möglicherweise ein Alibi verschaffen wollte, damit seine politischen Aktivitäten nicht aufflogen? Das legen die Erzählungen in der Familie nahe. Danach ist Helmut Brox nach seiner Flucht in Berlin untergetaucht, beteiligte sich dort am Widerstand gegen Adolf Hitler und verteilte Flugblätter.

Oder waren es allein die Liebe und die Weigerung eines jungen Mannes, der später mein Vater wurde, sie für den Krieg zu opfern? Das lässt sich heute nicht mehr klären, zu wenige Spuren seines Lebens sind noch sichtbar bzw. zu rekonstruieren – und was in den Gerichtsakten der Nazis steht, ist mit der Wahrheit nicht unbedingt deckungsgleich.

So oder so: Die Entschlossenheit meines Vaters, sich in dieser Zeit derart nachdrücklich und wiederholt (es blieb nicht bei den drei Vorfällen) von der Wehrmacht zu verabschieden, ist außerordentlich mutig. «Bei Brox», so notiert denn auch der Oberstleutnant seiner Kompanie, «sind schwerste Strafen ohne jeden Einfluss auf Besserung in Bezug auf Führung und Dienstauffassung geblieben. Nach Ansicht der Kompanie will sich B. mit allen Mitteln vom Einsatz fernhalten.» Wenn das kein Kompliment ist, jedenfalls aus meiner Sicht als Nazi- und Kriegsgegner. Kein Wunder, dass sein ausbildender Leutnant ihm laut Wehrmachtakten attestierte, «disziplinlos und unzufrieden» zu sein.

Am 23. Mai 1944 wurde mein Vater wegen erneuten Fernbleibens von der Truppe zu einem Jahr und drei Monaten Gefängnis verurteilt. Aber er musste die Haft nicht antreten, sondern wurde zu seiner Einheit zurückgeschickt; das Gericht setzte die Strafe zur Bewährung im Fronteinsatz aus.

Das Angebot zur «Resozialisierung» nahm mein Vater offensichtlich nicht an. Er verweigerte sich dem Frontdienst und tauchte noch am Abend der Urteilsverkündung erneut unter, kurz nachdem er zurück in die Kaserne transportiert worden war. Wieder wurde Haftbefehl gegen ihn erlassen. Am 1. Juni, also eine Woche später, brachte sein Vater ihn zum dritten Mal zurück zu seiner Einheit. Wieder landete er in Untersuchungshaft. Am 19. Juli desselben Jahres erfolgte dann eine weitere Verurteilung wegen Fernbleibens von der Truppe. Das Urteil fiel strenger aus, zwei Jahre und sechs Monate sollte mein Vater ins Gefängnis. Zuvor allerdings sollte er noch die 21 Tage Arrest absitzen, zu denen er im Februar 1944 verurteilt worden war. Laut Justizakten geschah das auch; danach, am 26. August 1944, trat er seine mehrjährige Haftstrafe in der Wehrmachtshaftanstalt Germersheim an.

Wie seit 1942 bei Strafen über drei Monaten Dauer üblich, beschloss der sogenannte Oberkriegsgerichtsrat allerdings, mein Vater müsse seine Strafe in einer sogenannten Feldstrafgefangenen-Abteilung verbüßen. Die Feldstrafgefangenen-Abteilungen, auch Strafbataillone genannt, waren eine Art offener Vollzug. Die verurteilten Männer wurden zur Leichenbergung, zum Bunkerbau, zur Minenräumung und zu anderen besonders gefährlichen Aufgaben eingesetzt. So sollten die überfüllten Wehrmachtsgefängnisse entlastet und die hohen Verluste der Wehrmacht an der Ostfront aufgefangen werden. Die Haftanstalt Germersheim war zuständig für die Feldstrafgefangenen-Abteilung 2.

Mein Vater wurde zum Einsatz nach Ungarn abkommandiert. Leider beginnen die Akten seit dieser Zeit lückenhaft zu werden. Aber wenn ich mir die Albträume meines Vaters in Erinnerung rufe, dann wurde er tatsächlich auch eingesetzt und sollte zum ersten Mal in seinem Leben seine Waffe gebrauchen. Zur Ermordung von Zivilisten. Diesen Einsatz verweigerte er. Unsere Oma erzählte meinem Halbbruder Jürgen: «Dein Vater Helmut hat das Gewehr auf den Boden gelegt und dem befehlshabenden Offizier gesagt, er werde diesen Befehl nicht befolgen, wehrlose Menschen werde er nicht töten.»

Die Akten notieren, dass mein Vater kurz nach seinem Einsatz in Ungarn erkrankte und in ein Kriegslazarett, ins Reservelazarett nach Linz in Österreich, verlegt wurde. Von dort kam er ins Wehrmachtsgefängnis Linz. Lückenhaft sind die nächsten Akteneinträge, aus denen nur hervorgeht, dass mein Vater kurz vor Kriegsende, am 16. Februar 1945, noch ein viertes und letztes Mal vor ein Kriegsgericht gestellt wurde. Das Gericht der Division 487 Linz/Donau verurteilte ihn wegen unerlaubter Entfernung von der Truppe und wegen Unterschlagung zu drei Jahren und fünf Monaten Zuchthaus und erklärte ihn für «wehrunwürdig».

Was immer mein Vater «unterschlagen» haben sollte, vielleicht die Kommissstiefel, die er angehabt haben mag, als er erneut desertierte: Als wir nach langem Schriftverkehr und vielen Mühen die Akten beisammenhatten, die meinen Vater als notorischen Kriegsverweigerer zeigten, war ich sehr stolz. Und ich sah ihn in seiner Einsamkeit zu Hause in Mannheim mit ganz anderen Augen.

Lange bevor den Deserteuren der Wehrmacht Denkmäler gesetzt und sie als mutige Männer geehrt wurden, die sich dem Nazi-Krieg verweigert hatten, musste er sich noch mit dem ungebrochenen Hass seiner Generation auf die «Vaterlandsverräter», wie man sie bezeichnete, herumschlagen. Musste die Verachtung derjenigen ertragen, die sich nicht gewehrt, sondern am Massenmorden teilgenommen oder das System stillschweigend geduldet hatten. Musste zu seiner Blindheit noch ihre Gehässigkeit ertragen. Und ständig traf er auf solche Männer, die ihn in den Krieg gehetzt hatten und die ihn nach dem Krieg durch den sogenannten Frieden hetzten.

In KZ-Haft

Mein Vater blieb nach seiner letzten Verurteilung im Wehrmachtsgefängnis Linz, das beschlagnahmte Kloster Ursulinenhof musste dafür herhalten. Möglicherweise wurden Teile des Gefängnisses geschlossen, als sich der Krieg dem Ende zuneigte. Das legen die Erzählungen meines Vaters nahe, wie meine Oma sie an meinen Bruder Jürgen und er sie an mich weitergegeben hat.

Eine nicht zu eruierende Zahl von Wehrmachtsgefangenen könnte aus dem Ursulinenhof ins nur 20 Kilometer entfernte KZ Mauthausen verlegt worden sein. Dokumentiert sind diese Vorgänge nicht, aber so wäre nachvollziehbar, dass mein Vater seiner Mutter sehr detailliert von zahlreichen Gräueltaten in Mauthausen berichtet hat, das im Volksmund nur «Mordhausen» hieß. Dort, so erzählte meine Oma ihrem ältesten Enkel Jürgen, habe mein Vater mit ansehen müssen, wie Mithäftlinge an den Händen aufgehängt wurden und unter schlimmsten Qualen das Bewusstsein verloren oder sogar starben. Die Wachmannschaften hätten oft wahllos mit Stöcken auf die Häftlinge eingeprügelt und einzelne einfach totgeschlagen. 19 Jahre war mein Vater alt, als er das miterleben musste. Spätere Berichte von Überlebenden zeigen, dass das KZ Mauthausen zu den grausigsten Arbeits- und Vernichtungseinrichtungen der Nazis gehörte.

Mit Kriegsende befreite eine US-Einheit fast 20 000 Überlebende des KZ Mauthausen, von denen Tausende noch in den Wochen danach an Unterernährung und Entkräftung starben. Mein Vater war nach dem, was er seinen Eltern berichtete, dabei. Jürgen erinnerte sich an die Berichte unserer Oma, dass die US-Soldaten in unserem Vater einen Widerstandskämpfer sahen, er hatte ja auch eine eintätowierte Häftlingsnummer, die ihn als «Politischen» auswies. Bald nach seiner Freilassung und Gesundung konnte mein Vater deshalb in Linz für die US-Armee arbeiten.

Die Häftlingsnummer unseres Vaters hat mein Bruder Jürgen auch 70 Jahre nach Kriegsende nicht vergessen: P 14783. Auch ich habe gesehen, dass auf seinem Unterarm eine Nummer eintätowiert war. Aber als Kind dachte ich mir nichts dabei, mein Vater hatte noch andere Tätowierungen. Die Geschichte dieser Nummer hat er vor mir ebenso verborgen wie die gesamte Geschichte seines Leidens in der NS-Zeit.

Ich habe mit Dirk Kästel nachgeforscht und gehofft, anhand der Häftlingsnummer Genaueres über das Schicksal meines Vaters in Mauthausen zu erfahren. Wir fanden heraus, dass drei verschiedene KZ-Häftlinge nacheinander diese Nummer trugen. Das war durchaus nicht ungewöhnlich. Bis Anfang 1942 wurde eine Häftlingsnummer erneut vergeben, wenn der Häftling, der diese Nummer trug, gestorben war oder aus dem KZ verlegt wurde. Zwei Träger dieser Nummer waren tatsächlich umgebracht worden, wie unser Aktenstudium ergab, der dritte wurde im Mai 1945 von der US-Army befreit. Aber es war nicht mein Vater.

Warum die Häftlingsnummer im Chaos der letzten Kriegsmonate noch ein zweites Mal vergeben wurde, lässt sich nicht mehr herausfinden. Es hängt vermutlich mit der zusammenbrechenden Ordnung des Regimes zusammen.

Auch dass ein Helmut Brox in den Unterlagen der KZ-Verwaltung nicht auftauchte, verweist auf die sich auflösenden Strukturen der Bürokratie. «In den letzten Wochen des Lagers», so berichtet die Gedenkstätte Mauthausen, «wurde eine große Zahl von Häftlingen nicht mehr registriert.» Von den etwa 200 000 Gefangenen im KZ Mauthausen waren das vermutlich 20 000 bis 30 000. Alle Anzeichen sprechen dafür, dass mein Vater einer dieser Nichtregistrierten gewesen ist.

Nach Kriegsende nahm mein Bruder Jürgen ein einziges Mal all seinen Mut zusammen und fragte unseren Vater, wie das damals im KZ gewesen sei. Vater antwortete ihm nur knapp: «Jürgen, frag bitte nicht. Das kann ich nicht mit Worten beschreiben. Es war barbarisch! Das prägt mein ganzes Leben. Das vergesse ich nie, das verfolgt mich ständig.» Mein Bruder hat später bei einer Familienfeier seine Reaktionen erlebt, als die Erlebnisse in der Kriegszeit zur Sprache kamen. «Vater fing regelrecht zu zittern an», erinnert sich Jürgen. «Das Zittern wurde immer stärker, bis er anfing, heftig und unkontrolliert zu weinen. Das war für alle bestürzend, und wir wechselten sofort das Thema. Alles Dunkle und Unvorstellbare kam offensichtlich nach oben.» Was Jürgen über unseren Vater wusste, hat er aus den Schilderungen von dessen Mutter, unserer Oma also, erfahren. Unser Vater hat auch ihm nicht ein einziges Mal über diese Zeit erzählt.

Helmut Brox war am Tag der Befreiung des KZ Mauthausen von der nationalsozialistischen Herrschaft 19 Jahre und vier Monate alt. Davor war er 17 Monate lang zwischen Bombenexplosionen, Gefängnis- und Lazarettaufenthalten, Gerichtsverfahren, Ostfronteinsatz und KZ zerrieben worden. Als Folge der Schrecken des Nazi-Regimes blieb ihm außer den traumatischen Erlebnissen und seiner Häftlingsnummer eine schwere Augenentzündung. Sie führte wegen schlechter ärztlicher Behandlung und fehlender Medikamente einige Jahre nach dem Krieg zu seiner Erblindung. Seine Augäpfel mussten ausgeschält werden.

Meine Mutter

Das Schicksal meiner Mutter hat mich nicht weniger erschüttert als das meines Vaters. Auch sie wurde aus dem KZ befreit. Sie konnte mir nach ihren zwei Schlaganfällen im November und Dezember 1985, die sie im Krankenhaus nur wenige Tage überlebte, nicht mehr als Bruchstücke von dem erzählen, was sie unter den Nazis und nach dem Ende ihrer Herrschaft erlebt hatte. Weitere Informationen fanden Dirk Kästel und ich mit Hilfe des Internationalen Suchdienstes ITS (International Tracking Service) heraus. Das Bild blieb dennoch lückenhaft, nur einige Stationen ihres Lebens konnte ich nachzeichnen.

Meine Mutter war 23 Jahre alt, als sie im April 1945 aus dem KZ Ravensbrück befreit wurde. Sie war dorthin deportiert worden, weil die Gestapo sie im November 1944 in Leipzig verhaftet hatte. In dieser Stadt hätte sie sich nach den Bestimmungen des Regimes gar nicht aufhalten dürfen, der ihr zugewiesene Platz war Kassel. Dorthin war sie aus Polen transportiert worden, um im «Kernreich» der Nazis Zwangsarbeit zu leisten, so wie über zwei Millionen Polinnen und Polen. Am 15. November 1942 vermerken die Akten ihr Eintreffen in Kassel bzw. im dortigen Mattenberg-Lager. Es war das zweitgrößte von 21 Zwangsarbeiterlagern in der Stadt und pferchte in 54 Baracken 6000 Menschen zusammen. Die meisten schufteten bei den Henschel-Flugzeugmotorenwerken.

Die Akten nennen nach dem 15. November 1942 ein weiteres Datum: den 1. Februar 1943. An diesem Tag floh meine Mutter aus dem Lager, und ihre Spur verlor sich, bis sie am 22. November 1944, also 22 Monate später, in Leipzig aufgegriffen und ins KZ Ravensbrück deportiert wurde. Dort erhielt sie die Häftlingsnummer 85 381 und wurde unter der NS-Häftlingskategorie «politisch» geführt.

Meine Mutter hat mir über die Zwangsarbeit und die annähernd zwei Jahre in der Illegalität und im Widerstand nichts erzählen können, als sie mich an ihr Sterbebett im Krankenhaus rufen ließ. Dazu war sie nach den Schlaganfällen zu schwach.

Ihr war etwas anderes wichtig. Denn obwohl sie als Polin nach Deutschland verschleppt und als «Politische» im KZ interniert wurde und Schreckliches erlitten haben musste, hatte sie überlebt. Hätten die Nazis die ganze Wahrheit über ihre Familie gewusst, wären ihre Überlebenschancen wohl auf null gesunken. Sie hatten nämlich nicht entdeckt, dass meine Mutter Jüdin war. Das war es, was sie mir auf ihrem Sterbebett erzählen wollte. «Ich bin Jüdin», flüsterte sie mir zu. Und sie warnte mich: «Sag niemals, dass du Jude bist. Sie schlagen dir den Schädel ein», raunte sie mir ins Ohr. Das waren ihre letzten Worte.

Was sie mir offenbarte und was ich durch Nachfragen in Polen bestätigt fand: Meine Mutter stammte mütterlicherseits aus einer jüdischen Kaufmannsfamilie; ihre Mutter, meine Großmutter also, war Jüdin, eine geborene Goldmann. Sie starb Anfang der 1930er Jahre bei der Geburt ihres jüngsten Kindes. Mein Großvater war katholisch und heiratete einige Zeit später das ebenfalls katholische Kindermädchen der Familie. Er ließ sehr bald die fünf Kinder seiner verstorbenen jüdischen Frau, unter ihnen meine Mutter, katholisch taufen, kurz nach der Machtergreifung der Nazis und noch vor dem Überfall Deutschlands auf Polen. So wurde meine Mutter nicht als Jüdin nach Auschwitz, sondern als polnische Zwangsarbeiterin nach Kassel deportiert.

Auch ein Bruder meiner Mutter, Jerzy, überlebte die Nazizeit, er wanderte nach Kriegsende wahrscheinlich nach Israel aus, wo sich seine Spur verliert. Ihr ältester Bruder Ryszard wurde von der deutschen Wehrmacht als Soldat eingezogen und fiel, möglicherweise wurde er als Deserteur standrechtlich erschossen. Über ihre zwei Schwestern sagen die Akten nichts.

Das Stadtarchiv in Kattowice teilte uns nur die letzte Adresse der Familie Apostel bzw. Apostol im Jahr 1942 mit. Weder über den Verbleib meiner Großeltern noch über den Verbleib meiner Urgroßeltern – mein Urgroßvater mütterlicherseits war Rabbi in der Stadt – gab es Einträge. Nur, dass meine Mutter in der Stadt geboren wurde und die Großfamilie bis 1942 dort lebte, wusste das Archiv.

Nach der Befreiung vom Nationalsozialismus setzte sich die Odyssee meiner Mutter fort. Sie kehrte nicht nach Polen zurück, sie blieb in Deutschland. Und zwar erst einmal im Ostteil von Berlin. Dort arbeitete sie für die sowjetischen Truppen, dank ihrer Sprachkompetenz übersetzte sie unter anderem für einen russischen Offizier. Von ihm stammt ihre erste Tochter, die 1952 geboren wurde, meine Halbschwester Ursula. Meine

Mutter blieb mit ihr allein, ihr Mann, mit dem sie allerdings nicht verheiratet war, wurde bald nach Ursulas Geburt in die Sowjetunion zurückbeordert. Meine Mutter verließ noch im selben Jahr ihren damaligen Wohnort Saalfeld in der Nähe von Berlin, kehrte also der DDR den Rücken und zog in den Westteil Berlins, nach Charlottenburg.

Im Frühjahr 1953 siedelte sie in den Westen über, die Akten vermerken ihre Ankunft und die ihrer Tochter Ursula im Durchgangslager Osthofen in Rheinland-Pfalz. Von dort kam sie 1957 über Kaiserslautern, wo sie wohl bereits als Dolmetscherin für die US-Armee arbeitete, nach Mannheim. Auch mein Vater landete nach dem Krieg schließlich in Mannheim. Er arbeitete ebenfalls bei der US-Armee.

Bevor er dort meine Mutter kennenlernte, hatte sie noch zwei Töchtern das Leben geschenkt, aber die Beziehungen zu deren Vätern waren nur von kurzer Dauer gewesen. Als meine Eltern 1964 heirateten, war sie bereits mit mir schwanger. Die Heirat fand an einem reichlich ungeeigneten Ort statt: im Gefängnis. Mein Vater saß seine Haftstrafe für die Prügel ab, die er einem Amtsträger der Rentenversicherung verabreicht hatte, weil der ihm die Rente als Kriegsopfer hatte versagen wollen.

Ich war also in vielerlei Hinsicht ein Kind des Krieges. Nicht nur, weil meine Eltern beide Kriegs- und Nazi-Opfer waren, sondern auch, weil die wirren Nachkriegszeiten sie zueinandergeweht hatten. Beider Wege kreuzten sich, weil der Krieg kein Ende fand, weil er zwar nicht mehr hässlich und heiß, aber dafür hässlich und kalt geworden war. Das Gefängnis war ein Synonym für den gepflegten Hass jener Jahre, und meine Eltern hofften auf einen Ausweg aus den Klauen des Krieges durch ihre Liebe. Gefunden haben sie ihn nicht.

FESTGEMACHT

Mein schönes Traum-Hotel

Ich liege im Bett und werde von einer Eiseskälte geweckt, die um mich herum ist und die in mich hineinströmt. Es ist stockdunkel, ich verkrieche mich unter meine Decke. Die Kälte lässt nicht nach. Eine Hand, ich fühle es genau, greift in meinen Hinterkopf. Ich kann keinen Widerstand leisten. Meine Schädeldecke gibt nach; die Hand fährt in mich hinein und versucht, mein Inneres herauszuziehen. Ich spüre, wie die Hand zupackt, wie sie von der Innenseite meiner Knochen an den Muskeln und Sehnen zerrt, wie sie meinen ganzen inneren Leib herausreißt. Wie die Hand schmerzhaft meine Organe herausbricht aus meiner Brust- und meiner Bauchhöhle, als würde sie einem Fisch die Gedärme herausreißen. Aus toten Augen sehe ich mich rechts neben mir liegen, so, wie mich die Hand aus mir selbst entfernt hat. Mein Körper, aus dem meine Augen herausschauen, ist eiskalt, nur noch knöcherne Hülle, überzogen mit totem Fleisch und toter Haut. Ich liege da. Ich schaue mein anderes Ich entsetzt an. Die Hand, jetzt riesig groß, packt erneut, was sie gerade aus mir herausgezogen hat, und stopft es in meinen neuen, fremden, kalten Körper hinein.

Seit vielen Jahren verfolgt mich dieser Albtraum, greift nach mir, stellt sich quer vor eine bessere Zukunft. Als er mich zum ersten Mal überfiel, wachte ich auf und erkannte mich selbst nicht mehr. Von einem Tag auf den anderen war alles anders. Nichts ist seitdem mehr so, wie es einmal war. Nichts.

Dennoch. Es wird Zeit für mich zu bleiben. Nachdem ich so viele verschwiegene Erlebnisse meiner Eltern ausgegraben habe, nachdem ich mich meiner eigenen Geschichte gestellt, meinen letzten Trip auf der Straße bitter bezahlt habe und nachdem meine Erfahrungen als Berber und meine Forderungen für Obdachlose endlich gehört werden, will ich bleiben und nicht mehr fliehen. Nicht auf die Straße und auch sonst nirgendwohin.

Die Geister der Vergangenheit, die ich aus ihren Gruften und Verstecken aufgescheucht habe, erschöpfen mich. Sie leibhaftig zu betrachten ist vielleicht weniger schrecklich, als wenn sie mich in meinen Albträumen krallen. Aber es ist dennoch das Gegenteil von erholsam, mich wieder als Kind in den schreienden Nächten meiner Eltern zu fühlen oder als Jugendlicher vor einem gewalttätigen Erzieher. Und auch wenn ich froh bin, herausgefunden zu haben, was meine Eltern in der Nazi-Zeit tatsächlich erlebten, sind diese Erlebnisse doch alles andere als leicht zu ertragen.

Ich will mich festmachen, wie es in der Berbersprache heißt. Und zum dritten Mal hilft mir Günter Wallraff mit einem großzügigen Angebot. Er stellt mir eine Wohnung zur Verfügung, in einem alten Haus mit einem Garten, der Stein- und Holzskulpturen von Künstlern vieler Länder beherbergt. Die Fenster meiner neuen Wohnung blicken auf den Rhein, nur ein Wanderweg und eine zum Ufer hin abschüssige Wiese trennen das Haus vom träge vorbeifließenden Strom. Ich kann mir ein paar Sachen anschaffen, einen neuen Computer, Hanteln für mein Krafttraining. Denn im Mai 2016 erklärt sich der «Fonds Heimerziehung» bereit, mir insgesamt 10 000 Euro Entschädigung für meine Leiden in den Kinder- und Jugendheimen und meine verpfuschte Schullaufbahn zu zahlen. Ich erhalte das Geld nicht zur freien Verwendung, sondern bekomme nur einzelne Beträge ausgezahlt. Dafür muss ich dem Fonds Quittungen für Ausgaben vorlegen, die er als erstattungswürdig qualifiziert. Ein ziemlich abgebremstes Gerechtigkeitsverständnis.

Vielleicht werde ich endlich einen Schulabschluss machen? Könnte ich nicht noch studieren und als Sozialarbeiter professionell und gegen Honorar oder sogar feste Bezahlung den Menschen helfen, mit denen mich mein halbes Leben verbindet?

Manchmal fahre ich zum Schachspielen in einen Klub nach Bonn oder Köln.

Und ich habe einen Traum. Ich will ein Hotel für Obdachlose bauen. Es wird alles bieten, was unser Leben auf der Straße sonst entbehren muss: Zufriedenheit. Würde. Respekt. Gleichheit. Es werden kleine Appartementzimmer sein, die Bettwäsche und die Handtücher sind sauber und werden wöchentlich gewaschen. Wer nicht kochen möchte oder kann, wird mit drei Mahlzeiten am Tag verwöhnt – ja: verwöhnt. Ich will meine Gäste verwöhnen. Besonders mit dem Respekt all derer, die in meinem Hotel arbeiten werden. Es werden Menschen sein, die mitfühlend sind, die wissen, dass jeder Mensch Respekt braucht, damit er seine Würde nicht verliert. Und damit er sie wiedergewinnt, wenn er sie verloren hat. Wenigstens für die Zeit in meinem Hotel. Wenn er herkommt aus der Erschöpfung der Straße und aufgepäppelt wird mit Zuwendung und gutem Essen und einem sicheren Schlaf. Mein Hotel wird das Hotel von uns allen sein, es wird mit Obdachlosen gemeinsam hergerichtet werden. Aus der schlimmsten Absteige, die ich in Deutschland kenne, werden wir ein kleines Glück bauen. Wir werden sie gemeinsam verwandeln zu einem Refugium der Getretenen und Ausgestoßenen, egal, aus welcher Herren Länder sie irgendwann einmal nach Deutschland gekommen sind. Ärzte und Psychologen werden meine Gäste respektvoll behandeln, wenn sie zur Linderung ihrer Leiden nötig sind. Denn auch sie werden wissen, wie elementar für die menschliche Gesundheit würdevolles Miteinander ist.

Mein Hotel wird ganz sicher Wirklichkeit werden. So, wie dieses Buch Wirklichkeit geworden ist.

DIRK KÄSTEL
Nachwort

Im Sommer 2013 lernte ich Richard Brox durch einen Anruf von Günter Wallraff kennen. Ob ich nicht eine Wohnung in Köln für einen Wohnungslosen besorgen könne. Ich konnte. Ich bin von Haus aus Journalist und seit 2001 bei Kölns größter Wohnungsgesellschaft im Bereich Kommunikation tätig. Außerdem bin ich der Vorsitzende des Vereins *kunst hilft geben für Arme und Wohnungslose in Köln e.V.*

Anfang Juni erreichte mich eine Mail von Richard Brox. Er schrieb, wie glücklich er sei, wieder ein Dach über den Kopf zu bekommen. Kurz darauf trafen wir uns in Köln.

Wir machten uns gemeinsam auf den Weg zum Wohnungsamt, den Papierkram erledigen. Gingen ins Einwohnermeldeamt in Ehrenfeld, um aus dem Status «Ohne festen Wohnsitz» herauszukommen. Die größte Kölner Wohnungsgesellschaft war bereit, Richard Brox als Mieter zu akzeptieren. Am 1. September 2013 zog Richard ein, und wir kauften bei Emmaus gebrauchte Möbel, die unser Verein spendierte.

Während wir uns näher kennen- und schätzen lernten, erzählte Richard so manche Begebenheit, die es in sich hatte. Was er durchlebte, reicht für sieben Leben nicht, und es klang im ersten Moment unglaublich. Auch ich gab mich zu erkennen. Mein Engagement für Wohnungslose kommt nicht von ungefähr. Ich hatte einen Bruder, der wie Richard Alkohol und Drogen verfallen war. Er konnte die Drogen nicht besiegen. Mein Bruder starb im Dezember 1992 an seiner Kokainsucht. Mit 32 Jahren. Am Ende seines Lebensweges war er obdachlos.

Was Richard mir erzählte, war so unfassbar, dass ich schon früh dachte, diese Lebensgeschichte müsste eigentlich in Buchform festgehalten werden. Um anderen Menschen auf der Straße Mut zu machen und in der Gesellschaft Vorurteile wie «Obdachlose sind doch selber schuld» abzubauen. Es stellte sich heraus, dass Richard selbst schon einmal angefangen hatte, seine Biographie zu Papier zu bringen.

Es folgten über viele Monate hinweg unzählige Sitzungen in seiner Wohnung. Stundenlang erzählte mir Richard sein bewegtes Leben. Ich zeichnete alles als Sprachmemo auf und tippte es ab. Es wurde zu einer der Grundlagen des vorliegenden Buches.

Wir begaben uns, teils gemeinsam, auf Spurensuche bei Ämtern und Einrichtungen, um Richards Erinnerungen zu unterstützen. Alles, was er mir anvertraute, stellte sich während meiner Recherchen als zutreffend heraus.

Beispiel 1: Das Schicksal seiner Mutter ist dokumentiert durch Unterlagen von ITS (International Tracking-Service) in Arolsen. Dort sind alle Vermissten aus dem Krieg, insbesondere KZ-Schicksale, archiviert, soweit sie von den Nazis registriert und dokumentiert worden sind. Richards Mutter kam ins KZ Ravensbrück und entging nur knapp dem Tod.

Auskunft aus dem ITS-Archiv

Die folgenden Angaben konnten den Dokumenten des ITS-Archivs entnommen werden:

Name: APOSTEL   Vorname: Gertrud

Geburtsdatum: 30.12.1921   Geburtsort: Schoppenitz

Namen der Eltern:

Zuletzt bekannte Adresse:

Informationen zum Verfolgungsweg während der NS-Zeit:

Informationen zur Internierung:

22. Nov. 1944   eingeliefert in das KZ Ravensbrück aus Leipzig
                       Häftlingsnummer: 85 381
                       NS-Häftlingskategorie: politisch
                       Teilbestand: 1.1.35.1 , Doc. ID. 3766597

Zwangsarbeit: Registrierungszeiten/Meldedaten/Aufenthaltszeiten/-orte:
Angaben in chronologischer Reihenfolge:

                       Nationalität: polnisch

15. Nov. 1942 bis   gemeldet gewesen in Kassel
1. Februar 1943   Teilbestand: 2.1.1.1 , Doc. ID. 70427764

Auskunft über die Mutter von Richard Brox, Gertrud Apostel, von ITS,
dem Internationalen Suchdienst.

Beispiel 2: Richards Vater war «Kriegsdienstverweigerer». Er
entfernte sich wiederholt als junger Soldat der Wehrmacht von
der Truppe und wurde zu immer längeren Haftstrafen bis hin
zu vier Jahren Zuchthaus verurteilt. Weil er noch so jung war,
wurde er zu Bewährung an der Front «begnadigt». Dies belegen
über 100 DIN-A4-Seiten starke Prozessakten aus dem Bundes-
archiv, in dem die Wehrmachtdokumente aufbewahrt werden.

Straftilgungsgesuch des B r o x
Helmut Hans, geboren am 20.I.1926
in Mannheim, z.Zt.Landesgefängnis
Mannheim.

1. Durch Urteil des Ger.d.Komm.d.Bef.Eifel-u.Saarpfalz
Kaiserslautern und Ger.d.Div.487 Linz/Donau vom
4.2., 23.5., 19.7.1944 und 16.2.1945 Aktenzeichen:
IV, 34/44, IV, 102/44, IV 137/44, III 13/45 wurden
gegen Helmut Hans B r o x , geboren am 20.1.1926 in
Mannheim wegen unerlaubter Entfernung folgende Strafen
ausgesprochen:

1. 4.2.44 Ger.d.Kommandantur d.Bef.Eifel-u.Saarpfalz
Kaiserslautern - Str.L.Nr.IV 34/44 - wegen unerl.
Entfernung § 64 MStGB zu 3 Wochen gesch.Arrest

2. 23.5.44 dto. - Str.L. IV 102/44 - wegen unerl.
Entfernung § 64 MStGB zu 1 Nahr 3 Monaten Gefängnis
Vollstreckung ist bis Kriegsende zur Frontbewährung
ausgesetzt am 26.5.1944. Widerrufen am 4.8.1944

3. 19.7.44. dto. - Str.L.IV. 137/44 wegen unerl.
Entfernung § 64 MStGB zu 2 Jahren 6 Monaten Gefängni

4. 16.2.1945 Gericht der Div.487 Linz/Donau - Str.L.
Nr. III 13/45 - wegen unerl.Entfernung, Unterschlagung xx § 5a Abs.I KSSVO. § 246 StGB zu 3 Jahren
5 Monaten Zuchthaus, Wehrunwürdigkeit .

Unter Bezugnahme auf den Erlass des Just.Min.Württem-
berg-Baden vom 31.7.1947 Nr. 424-19/9, betreffend
Tilgung von Militärstrafen im Strafregister ordne ich
die Tilgung dieser Verurteilungen an.

Ein Dokument der Staatsanwaltschaft Mannheim: Die Urteile gegen
Richards Vater wegen unerlaubter Entfernung von der Wehrmacht
wurden annulliert.

Beispiel 3: Richards frühe Kindheit und seine Odyssee durch
verschiedene Kinderheime sind belegt durch Akten der Stadt
Mannheim und unsere eigenen mehrwöchigen Recherchen vor
Ort in den Kinderheimen. Viele Gespräche mit heute Verant-
wortlichen verifizierten alle Aussagen von Richard.

Bestätigt werden sie ebenso durch die Anerkennung unserer
Anträge für Richard beim Heimentschädigungsfonds des Land-

schaftsverbandes Rheinland. Das ist ein öffentlich-rechtlicher Zusammenschluss der kommunalen Selbstverwaltung in NRW, der sich vor allem um soziale Einrichtungen kümmert. Freilich erhielt Richard trotz mehrfach zugefügten Leids nur einmal 10000 Euro Entschädigung, die 2016 zuerkannt und 2017 ausgezahlt wurden. Viel zu wenig für das, was katholische Kinderheimmitarbeiter ihm angetan und ihn damit zur Flucht auf die Straße und ins Obdachlosendasein getrieben haben. Zumal

Zeitstrahl für
Herrn **Helmut Brox**, geboren 08.07.1964 in Mannheim

Eltern:	
Vater	Helmut Hans Brox geboren 20.01.1926 in Mannheim verstorben 14.09.1977 in Mannheim Religion: katholisch
Mutter	Getrud Brox, Geburtsname: Apostel geboren 30.12.1921 in Schoppinitz verstorben 04.12.1985 in Mannheim_Waldhof Religion: katholisch
1968	Kindergarten St. Raphael
1971	von Schulbesuch zurückgestellt
1972	Einschulung Käthe-Kollwitz-Schule → nach 2 Monaten ferngeblieben
1973	Schule für ʹLernbehinderteʹ
1972	Begutachtung durch Sozialpsychiatrische Klinik der Universität Heidelberg - Kinder- und Jugendpsychiatrie -
1973.08	Erzbischöfliches Kinderheim „St. Kilian" in Walldürn
1973.09	Haushalt der Eltern Eltern bringen Kind nicht zurück in Kinderheim
1975.09	Heilpädagogisches Kinderheim Ladenburg → angeschlossene Sonderschule für ʹerziehungsschwierige Kinder
1975.09.22	Anhörungstermin Landgericht Mannheim, Zivilkammer IV in Sachen elterliche Gewalt über Helmut Brox Antrag: Aufhebung des Beschlusses des Amtsgericht 27.08.1975
1976.06	Entweichen in elterlichen Haushalt → Drohung mit Selbstverletzung, bei erzwungener Rückkehr in Heim

Auszug einer Dokumentation des Mannheimer Stadtarchivs über Familie Brox, in der unter anderem Richards «Heimkarriere» genau dokumentiert ist.

hier nicht nur einzelne Heimmitarbeiter versagt haben, sondern auch die staatliche Heimaufsicht.

Ich ziehe den Hut vor meinem Freund Richard Brox und seiner Lebensleistung. Mit seinem Blog

http://ohnewohnung-wasnun.blogspot.de/

hat er vielen Menschen in Not helfen können.

Den Verein *kunst hilft geben für Arme und Wohnungslose in Köln e. V.* habe ich 2013 gemeinsam mit einem Dutzend Freunden und Gleichgesinnten offiziell durch den Notar Dr. Konrad Adenauer in Köln eintragen lassen. Ein Jahr zuvor, 20 Jahre nach dem Tod meines Bruders, hatten wir als Privatinitiative begonnen. Wir sammelten Erlöse aus Kunstverkäufen. Die ersten 12 000 Euro stellten wir 12 Kölner Vereinen zur Verfügung, die sich um Arme und Wohnungslose kümmern. Von den 12 Einrichtungen ist eine bis heute mit uns sehr eng verbunden.

Unser gemeinnütziger und mildtätiger Verein hat sich konkrete Ziele gesteckt. Wir wollen ein Zeichen setzen, ein Leuchtturmprojekt in die Tat umsetzen. Obdachlose haben leider in Politik, Verwaltung und Gesellschaft keine Lobby und werden auch heute noch allzu oft nicht menschenwürdig behandelt und untergebracht. Unser Engagement soll nicht zuletzt dazu beitragen, dass sich die Seh-, Denk- und Handlungsweise im Umgang mit Obdachlosen positiv ändert.

Unsere wichtigsten Ziele / Visionen sind:

1. Wir wollen ein menschenwürdiges Haus für Wohnungslose bauen und unterhalten. Der Name soll CASA COLONIA lauten. Wohnungslose, die dafür bereit sind, sollen mit Studenten und Künstlern in einem öffentlich geförderten Haus friedlich und solidarisch unter einem Dach leben und arbeiten.

2. Mit dem Kolping-Bildungswerk möchten wir außerdem ein ART-Café / Restaurant als Integrationsbetrieb für Menschen mit körperlichem, geistigem oder sozialem Handicap betreiben. Sie werden durch das Kolping-Werk ausgebildet und sollen dadurch die Perspektive auf eine Beschäftigungsmöglichkeit auf dem regulären Arbeitsmarkt erhalten.

Um seine Ziele zu finanzieren, veranstaltet der Verein regelmäßig Benefiz-Kunstausstellungen. In fünf Jahren haben wir mit 33 Ausstellungen rund 360 000 Euro Eigenkapital für unsere Utopie gesammelt. Ein Grundstück ist seit kurzem auch in Sicht.

Wir freuen uns über jedermann, der uns dabei unterstützt und hilft, als Spender, Sponsor oder sozialer Ko-Investor an dieser «sozialen Skulptur» mitzuwirken, um es im Sinne von Joseph Beuys zu formulieren. Unsere Unterstützer sind unter anderem Gerhard Richter, Rosemarie Trockel und Boris Becker, der Fotograf, René Böll, Oliver Jordan und noch viele andere Künstler.

Nach Joseph Beuys sind alle Menschen Künstler. So sehen wir das auch. In jedem steckt ein Talent. Und wir wenden uns denen zu, die «Überlebenskünstler» sind und zur Reintegration fähig und willens.

Nähere Informationen gibt es auf

www.kunsthilftgeben.de

www.casacolonia.org

www.casa-utopia.de

Auch um dieses Buch zu unterstützen, um die Recherchen dazu und mit Albrecht Kieser seinen professionellen Autor zu finanzieren, haben wir uns Partner gesucht. Wir danken dem Ministerium für Arbeit, Integration und Soziales des Landes Nordrhein-Westfalen sowie der Bethe-Stiftung.